Hermann Kunz

Der Feldzug der Mainarmee im Jahre 1866

Hermann Kunz

Der Feldzug der Mainarmee im Jahre 1866

ISBN/EAN: 9783742896971

Hergestellt in Europa, USA, Kanada, Australien, Japan

Cover: Foto ©ninafisch / pixelio.de

Manufactured and distributed by brebook publishing software
(www.brebook.com)

Hermann Kunz

Der Feldzug der Mainarmee im Jahre 1866

Der

Feldzug der Mainarmee

im Jahre 1866.

Von

Hermann Kunz,

Major a. D.

—— Mit 9 Plänen. ——

Berlin 1890.
Verlag von Friedrich Luckhardt.

Vorwort.

Wie alle meine bisherigen Arbeiten, so ist auch die vorliegende für den jungen Offizier geschrieben, welchem eigene Kriegserfahrungen noch fehlen. Das Buch soll das Studium des Mainfeldzuges thunlichst erleichtern, einen klaren Ueberblick über die Ereignisse liefern und den Leser sowohl zum Nachdenken über die von mir gemachten taktischen Bemerkungen, als auch zu eigenen, gründlichen Studien anregen. Die strategische Seite des Feldzuges ist, dem Zwecke des Buches entsprechend, nur insoweit berührt worden, als dies zum Verständnisse der Ereignisse unbedingt geboten erschien.

Der junge Offizier soll vor allen Dingen taktische Kenntnisse sich erwerben, strategische Kenntnisse treten für ihn vollständig in den Hintergrund. Auch ist es, nach meiner Meinung, überaus schwer, über strategische Entschlüsse richtig zu urtheilen. Wer nicht das Glück gehabt hat, in dem Hauptquartier des betreffenden Feldherrn an verantwortlicher Stelle den Feldzug mitzumachen, ist nicht in der Lage, die außerordentlich mannigfachen Einflüsse zu kennen, welche in jedem einzelnen Falle auf den Entschluß des Feldherrn eingewirkt haben. Von diesen Einflüssen dringt nur sehr wenig in die Oeffentlichkeit; selbst die Operationsakten eines Hauptquartiers berühren nur einen kleinen Theil der überaus verwickelten Eindrücke, welche auf den Feldherrn einstürmen.

Der Kritiker kommt daher leicht dazu, ungerecht zu werden. Ja ich fürchte, daß der Kritiker sogar auf diesem Wege zur Selbstüberschätzung gelangen kann. Ungerechtigkeit und Selbstüberschätzung weit von mir entfernt zu halten, ist aber mein redliches und eifriges Streben.

So möge denn das kleine Buch seinen Weg gehen und hoffentlich dieselbe freundliche Aufnahme finden, welche meinen bisherigen Arbeiten in so reichem Maße zu Theil geworden ist.

Die jetzt schon sehr zahlreichen mir vorliegenden, höchst anerkennenden Kritiken bezw. direkt an mich gerichteten Zuschriften haben mir große Herzensfreude bereitet. Ich benutze daher diese Gelegenheit, um für die vielen Beweise von Wohlwollen und Anerkennung meinen aufrichtigsten und wärmsten Dank nochmals auszusprechen.

Berlin, im Oktober 1890.

Der Verfasser.

Inhaltsverzeichniß.

Quellen.

1) Das preußische Generalstabswerk über den Krieg von 1866.
2) Das österreichische Generalstabswerk über den Krieg von 1866.
3) Offizieller Bericht über die Kriegsereignisse zwischen Hannover und Preußen im Juni 1866.
4) Die Operationen des 8. deutschen Bundeskorps im Feldzuge des Jahres 1866.
5) Antheil der Königlich bayerischen Armee am Kriege des Jahres 1866. Bearbeitet vom Generalquartiermeisterstabe.
6) Feldzugsjournal des Ober=Befehlshabers des 8. deutschen Bundes= Armeekorps im Feldzuge des Jahres 1866 in Westdeutschland.
7) von Göben, Das Treffen bei Kissingen am 10. Juli 1866.
8) von Göben, Das Gefecht bei Dermbach am 4. Juli 1866.
9) Knorr, Der Feldzug des Jahres 1866 in West = und Südwest= Deutschland.
10) Das Gefecht von Frohnhofen, Laufach und Weiler am 13. Juli 1866.
11) von der Wengen, Geschichte der Kriegsereignisse zwischen Preußen und Hannover 1866.
12) von der Wengen, General Vogel von Falckenstein und der hannoversche Feldzug von 1866.
13) Die 13er in Feindesland.
14) Das Kriegstagebuch des 15. preußischen Regiments.
15) Der Antheil der badischen Felddivision am Feldzuge von 1866.
16) von Henning, Das Gefecht von Kissingen.
17) Preußische Regimentsgeschichten:

1) Regiment Nr. 11.	8) Regiment Nr. 36.
2) „ „ 13.	9) „ „ 53.
3) „ „ 15.	10) „ „ 55.
4) „ „ 20.	11) „ „ 59.
5) „ „ 25.	12) Dragoner „ 6.
6) „ „ 30.	13) Husaren „ 8.
7) „ „ 32.	14) „ „ 9.

18) Süddeutsche Regimentsgeschichten:

1) Regiment Nr. 110.	6) Regiment Nr. 118.
2) „ „ 111.	7) „ „ 119.
3) „ „ 114.	8) „ „ 120.
4) „ „ 116.	9) Dragoner „ 20.
5) „ „ 117.	10) „ „ 23.

12) Bayerische Regimentsgeschichten:

1) Leibregiment.	5) Regiment Nr. 16.
2) Regiment Nr. 4.	6) Chevaurlegers=
3) „ „ 9.	Regiment Nr. 1.
4) „ „ 10.	7) Ulanen=Regiment Nr. 2.

I.

Die Ereignisse bis zum Treffen von Langensalza.

Es liegt nicht in unserer Absicht, die traurigen Ursachen nochmals zu erörtern, welche den Ausbruch des Bruderkrieges von 1866 zur Folge hatten. So Gott will, werden nie wieder Deutsche gegen Deutsche kämpfen, die Zeiten des gegenseitigen Hasses und Neides sind Gottlob vorüber, die Wunden, welche jener Krieg schlug, sind vernarbt. Wir glauben also, daß wir ohne irgendwo Bitterkeit zu erregen, die hoch= interessanten militärischen Verhältnisse des Mainfeldzuges recht eingehend betrachten können.

Am 5. Juni 1866 berief FML.*) von Gablenz die Stände des Herzogthums Holstein für den 11. Juni nach Itzehoe ein. Am 6. Juni erklärte in Folge dessen General von Manteuffel, daß er am folgenden Tage mit den preußischen Truppen, welche in Schleswig standen, in Holstein einrücken werde.

Von diesen Truppen standen am 6. Juni abends 11 Bataillone, 6 Schwadronen und 4 Batterien an der Straße von Schleswig nach Rendsburg staffelförmig zum Vormarsch bereit.

Am Morgen des 7. Juni verließ die österreichische Besatzung von Rendsburg diese Stadt, bald darauf überschritt General von Manteuffel die Eider. Die Oesterreicher, in der Stärke von nur 5 Bataillonen, 2 Schwadronen und 1 Batterie versammelten sich bei Altona. Ihre Lage war schwierig. Auf der Elbe lagen bei Altona das preußische Panzerschiff „Arminius" und mehrere Kanonenboote. Die preußischen Landwehr=Regimenter Nr. 16 und 17 nebst 2 Schwadronen Dragoner Nr. 6 waren aus dem Lauenburgischen auf Altona in Marsch gesetzt

---

*) FML. =: Feldmarschall=Lieutenant.

worden und standen am 11. Juni nur noch einen Tagemarsch von dieser Stadt entfernt, während von Norden her General von Manteuffel ebenfalls Altona bedrohte.

F.M.L. von Gablenz führte daher in der Nacht zum 12. Juni seine Truppen nach Harburg, von wo sie in den nächsten Tagen per Eisen= bahn nach Süddeutschland gebracht wurden.

Am 14. Juni erfolgte der denkwürdige Beschluß des deutschen Bundes zur Mobilmachung aller nicht zur preußischen Armee gehörigen Bundes= kontingente.

Am 15. Juni überreichten die preußischen Gesandten in Dresden, Hannover und Kassel gleichlautende Noten, worin den betreffenden Regierungen Neutralität angeboten wurde.

Dieser Vorschlag wurde in Dresden sofort zurückgewiesen, in Hannover und Kassel bis abends 12 Uhr nicht befriedigend beantwortet, worauf die Kriegserklärung Preußens an diese drei Staaten erfolgte. General von Manteuffel überschritt mit seiner Avantgarde schon am 15. Juni die Elbe und besetzte Harburg. Es geschah dies allerdings vor der Kriegserklärung, war aber rechtlich begründet, da Preußen die Erlaubniß zum Durchzuge seiner Truppen von Holstein nach Minden erhalten hatte. Am 16. Juni folgte das Gros der Division Manteuffel. Der weitere Vormarsch auf Hannover bezw. auf Celle wurde alsbald angetreten.

Die Division Manteuffel bestand aus folgenden Truppen: Infanterie= Regimentern Nr. 11, 25, 36, 59; Dragoner=Regimentern Nr. 5, 6; 2 ge= zogenen 4pfdg., 1 gezogenen 6pfdg., 1 glatten 12pfdg. Batterien = 12 Bataillonen, 8 Schwadronen, 24 Geschützen.

Man wird das Bataillon am 15. Juni durchschnittlich zu 925 Ge= wehren, die Schwadron zu 140 Säbeln annehmen können, da bei der Infanterie ein gewisser Abgang an Kranken bereits zu dieser Zeit ver= anschlagt werden muß. Dies ergiebt also: 11 100 Gewehre, 1 120 Säbel, 24 Geschütze. In den Provinzen Schleswig und Holstein blieben nur ganz geringe Kräfte zurück und zwar das Landwehr=Regiment Nr. 16, die Ersatzbataillone der Regimenter Nr. 11 und 25, eine Festungs= artillerie=Kompagnie und das 7. schwere Landwehr=Reiterregiment.

Am 18. Juni wurde die Festung Stade durch das*) Füsilier= Bataillon Regiments Nr. 25 überrumpelt und zur Kapitulation gezwungen.

---

*) Der Kürze halber werden wir stets die Bataillone mit I, II F./25, die Kompagnien mit 1/25, die Schwadronen mit 1/Huf. 8 u s. w. bezeichnen.

Das Bataillon wurde auf dem Kanonenboote „Cyklop", dem Aviso „Loreley" und dem Privatdampfer „Harburg" eingeschifft; es gelang, die schwache Besatzung zu überraschen und das Festungsthor einzurennen. Zu einem eigentlichen Kampfe kam es nicht. Die hannoversche Besatzung, etwa 300 Mann Infanterie und 200 Mann Artillerie, wurde in die Heimath entlassen. Große Vorräthe fielen in die Hände der Preußen. 21 gezogene Geschütze, 14 Haubitzen und Mörser, 38 alte eiserne Geschütze, 14 000 Gewehre, 10 600 neue wollene Decken, große Massen von Munition u. s. w. bildeten den Hauptbestandtheil der Beute.

Der Vormarsch der Division Manteuffel stieß nirgends auf Schwierigkeiten; ihr war das Landwehr-Regiment Nr. 17 überwiesen worden, so daß sie nunmehr 15 Bataillone zählte. 8 Bataillone, 4 Schwadronen, 2 Batterien marschirten auf Lüneburg und wurden von hier auf der Eisenbahn nach Hannover gefahren, woselbst sie am 19. Juni versammelt waren. 6 Bataillone, 4 Schwadronen, 2 Batterien erreichten am 20. Juni Celle, 1 Bataillon war in Stade verblieben.

Während von Norden her die Division Manteuffel in Hannover einrückte, geschah dasselbe Seitens der Division des Generals von Göben von Minden aus. Diese Division bestand aus den Regimentern Nr. 13, 15, 53, 55; den Husaren Nr. 8, den Kürassieren Nr. 4; 2 gezogenen 4pfdg., 1 gezogenen 6pfdg., 1 glatten 12pfdg. Batterien = 12 Bataillonen, 9 Schwadronen (das 8. Husaren-Regiment hatte 5 Schwadronen) und 24 Geschützen, oder 11 100 Gewehren, 1 260 Säbeln, 24 Geschützen. Diese Truppen waren am 15. Juni bei Minden versammelt, begannen am 16. Juni den Vormarsch auf Hannover und erreichten diese Stadt nach zwei sehr anstrengenden Märschen am 17. Juni.

Die hannoversche Armee war noch keineswegs kriegsbereit. Zwar waren die Bataillone auf 560 Mann, die Schwadronen auf 80—90 Pferde gebracht worden, auch hatte man die Frühjahrsübungen, welche gewöhnlich nur für die Kavallerie und Artillerie stattfanden, auf die ganze Armee ausgedehnt, allein man hatte noch keine Pferde angekauft, auch sonst nichts für die Mobilmachung des Heeres vorbereitet. Die Infanterie führte ein gezogenes Vorderladegewehr, dessen wirksame Schußweite sich bis auf 800 Schritte erstreckte.

Augenscheinlich kam das energische Handeln Preußens überraschend. In aller Eile beschloß man nun, die hannoversche Armee bei Göttingen zu versammeln. Die Kavallerie und die reitende Artillerie marschirten, die Infanterie und Artillerie wurden per Eisenbahn nach Göttingen gebracht, woselbst die Armee am 18. Juni versammelt war. Sie hatte folgende Zusammensetzung:

Brigade von Knesebeck: Infanterie: Garde-Regiment, Leib-Regiment, Garde-Jäger,
    Kavallerie: Königin-Husaren-Regiment,
    Artillerie: 6 glatte 12-Pfünder.

Brigade de Vaux: Infanterie: Regimenter Nr. 2 u. 3, Jäger-Bataillon Nr. 1,
    Kavallerie: Cambridge-Dragoner-Regiment,
    Artillerie: 6 gezogene 6-Pfünder.

Brigade von Bülow: Infanterie: Regimenter Nr. 4 u. 5, Jäger-Bataillon Nr. 2,
    Kavallerie: Kronprinz-Dragoner-Regiment,
    Artillerie: 6 gezogene 6-Pfünder.

Brigade von Bothmer: Infanterie: Regimenter Nr. 6 u. 7, Jäger-bataillon Nr. 3,
    Kavallerie: Garde-Husaren-Regiment,
    Artillerie: 4 gezogene 6-Pfünder, 4 glatte 12-Pfünder (reitende).

Reserve-Kavalleriebrigade: Regimenter Garde du Corps und Garde-Kürassiere,
    4 glatte 12-Pfünder (reitende).

Reserve-Artillerie: 6 gezogene 6-Pfünder, 6 24pfdg. Haubitzen.

Außerdem wurden 16 Geschütze durch Vorspannpferde von der Armee mitgeführt, waren jedoch nicht mobil, also für ein Gefecht nur unter besonderen Umständen zu gebrauchen.

Das Infanterie-Regiment hatte 2 Bataillone, das Kavallerie-Regiment 4 Schwadronen. Dies ergiebt 20 Bataillone, 24 Schwadronen.

Einschließlich der Offiziere, der Rekruten und der unberittenen Kavalleristen betrug die Stärke der hannoverschen Armee, nach dem Eintreffen der Reservisten, auf dem Verpflegsstande:

15 684 Mann Infanterie,
2 388   „   Kavallerie,
58 Geschütze.

Die Verpflegsstärke der gesammten Armee erreichte die Ziffer von 20 569 Mann.

Der für den 27. Juni vorhandene Stärkenachweis der hannoverschen Armee ist zwar sehr genau, ergiebt aber dennoch kein richtiges

Bild, weil verschiedene, zu besonderen Aufgaben abgezweigte Abtheilungen nicht mitgerechnet sind. Berücksichtigt man diesen Umstand, so erhält man, nach demselben Maßstabe wie bei den Preußen berechnet:

rund 14000 Gewehre,
1800 Säbel.

Einzelne hannoversche Truppentheile mußten sehr große Anstrengungen machen, um Göttingen noch rechtzeitig zu erreichen, so legte z. B. das Regiment Königin-Husaren in nicht ganz 2½ Tagen 20 Meilen zu Pferde und 11 Meilen per Eisenbahn zurück, das Infanterie-Regiment Nr. 4 machte einen Nachtmarsch von 8 Meilen. Während des Verweilens der hannoverschen Armee bei Göttingen kamen etwa 3000 Beurlaubte an. Es gelang freilich nicht, in der kurzen verfügbaren Zeit das Versäumte nachzuholen. Der Train blieb recht ungenügend organisirt, ebenso stand es mit der Intendantur, mit den Einrichtungen für Verwundete und Kranke, mit der Armeepolizei.

Die Absicht der Hannoveraner ging zunächst dahin, über Witzenhausen, Allendorf auf Eschwege und von hier je nach den Umständen, auf Eisenach oder auf Bebra zu marschiren. —

Unterdessen hatte eine dritte preußische Kampfgruppe den Einmarsch in das Kurfürstenthum Hessen vollzogen.

Es war dies die Division des Generals von Beyer, welche aus folgenden Truppentheilen bestand: Infanterie-Regimentern Nr. 19, 20, 30, 32, 39, 70; Husaren Nr. 9; 1 gezogenen 4pfdg. und 2 glatten 12pfdg. Batterien = 18 Bataillonen, 5 Schwadronen, 18 Geschützen = 16650 Gewehren, 700 Säbeln, 18 Geschützen.

Diese Truppen waren am 15. Juni bei Wetzlar versammelt und begannen am 16. Juni den Vormarsch nach Kassel.

Die kurhessische Armee war in keiner Weise auf den Krieg vorbereitet und befand sich völlig auf dem Friedensfuße. Sie bestand aus 4 Infanterie-Regimentern zu je 2 Bataillonen, 1 Jäger- und 1 Schützen-Bataillone, 2 Husaren-Regimentern, zu je 4 Schwadronen, 2 Schwadronen Garde du Corps, 1 gezogenen 6pfdg. und 3 glatten 6pfdg. Batterien zu je 4 Geschützen. Außerdem waren noch 4 unbespannte gezogene 6-Pfünder und 6 unbespannte gezogene 4-Pfünder vorhanden. Die kurhessische Armee zählte also zusammen 10 Bataillone, 10 Schwadronen, 16 bespannte und 10 nicht bespannte Geschütze. Die Truppen aus Kassel und Hofgeismar wurden noch am 16. Juni mit der Eisenbahn nach Bebra gebracht und marschirten von da über Herzfeld, Fulda nach Hanau, wo sie sich mit den Garnisonen der beiden letzten Städte vereinigten und einstweilen verblieben. Am 22. Juni war die kurhessische Division bei Hanau versammelt; zahlreiche Reservisten strömten hier zu den Fahnen, so daß die Division Ende Juni eine Stärke von mehr als 8500 Mann erreichte.

Am 19. Juni rückten die ersten Abtheilungen der Division Beyer in Kassel ein. Da diese Division erst im letzten Augenblicke aus einzelnen Regimentern zusammengesetzt worden war, so fehlte es ihr in empfindlicher Weise an Trains und an Verwaltungszweigen. In Kassel konnte aus den dort vorgefundenen Vorräthen diesem Mangel einigermaßen abge= holfen werden.

Sowohl die Hannoveraner, als die kurhessischen Truppen hatten bei ihrem Abzuge das Eisenbahnmaterial, so viel als irgend möglich, mit sich entführt und außerdem die Eisenbahnen zerstört, besonders wirksam war letzteres auf der Strecke Hannover—Göttingen geschehen, welche erst am 23. Juni abends wieder fahrbar gemacht werden konnte. Dennoch gelang es den Preußen sowohl im Königreiche Hannover, als im Kurfürstenthume Hessen, einiges Eisenbahnbetriebsmaterial zu sammeln und zum Transport der eigenen Truppen zu benutzen.

Die telegraphische Verbindung mit dem General von Beyer wurde am 19. Juni hergestellt. Am 20. Juni hatte die Division Beyer Ruhe= tag; es ging jedoch die Nachricht ein, daß 1200 Hannoveraner auf dem Marsche von Münden auf Witzenhausen seien. In Folge dessen beschloß General von Beyer, diese Abtheilung abzufangen und entsandte eine Truppenabtheilung nach Walburg, dem Knotenpunkte der Straßen von Witzenhausen, von Allendorf und von Eschwege. General von Glümer marschirte mit II/19, 2/Huf. 9 und 2 gezogenen 4=Pfündern sofort in der befohlenen Richtung ab; überzeugte sich jedoch, daß es vortheilhafter sein würde, anstatt nach Walburg, vielmehr nach Oetmannshausen zu marschiren, zwischen Waldkappel und Eschwege. Nachts 4 Uhr kam die preußische Abtheilung in Waldkappel an, ruhte dort 2 Stunden und marschirte dann sofort weiter nach Reichensachsen, zwischen Oetmanns= hausen und Eschwege. General von Glümer beschloß, das Gros der Division Beyer, welches ihm unterstellt war, nach Reichensachsen heran= zuziehen. Der hierauf bezügliche Befehl wurde mit Bleistift auf einen Zettel geschrieben und einem Husaren zur Beförderung übergeben, welcher den Zettel in der rechten Hand zwischen den Fingern trug.

Man sieht, daß wir im Jahre 1866 noch recht vieles zu lernen hatten. Heute würde so etwas Aehnliches **nicht** vorkommen. Die Folge dieser Maßregel war, daß die Bleistiftschrift sich verwischte und zum Theil unleserlich wurde.

Die Truppen des Gros der Division Beyer setzten sich auf Grund jenes Befehls alsbald in Marsch und erreichten am 21. Juni folgende Punkte:

I u. F/19 Allendorf an der Werra,
I/20 Harmuthsachsen,
II u. F/20 Küchen und Hasselbach,
bie 12pfdige Batterie Waldkappel,
I u. II/32 Lichtenau und Walburg.

Alle diese Orte liegen an der im Jahre 1866 noch nicht dem Be= triebe übergebenen Eisenbahn Kassel—Niederhohne (bei Eschwege).

Eine Patrouille von 1 Offizier, 12 Mann der 9. Husaren stieß am 21. Juni bei Arnstein, nordöstlich von Witzenhausen, auf dem östlichen Ufer der Werra, auf eine Schwadron hannoverscher Garde=Husaren und wurde unter einem Verluste von 7 Mann zersprengt. Bei dieser Gelegenheit muß erwähnt werden, daß ein hannoverscher Husar mit einem einzigen wuchtigen Hiebe einem zu Fuß kämpfenden preußischen Husaren den Kopf vom Rumpfe trennte. Gewiß eine seltene Kraftleistung.

General von Glümer erfuhr durch die Versprengten jener Offizier= patrouille und auch auf anderem Wege, daß die hannoversche Armee im Abmarsche von Göttingen nach Süden begriffen sei und meldete diese Nachrichten sofort nach Kassel an den General von Beyer.

Die beiden Bataillone I u. F/19, unter Oberstlieutenant von Henning, hatten mit dem General von Glümer keine Verbindung, jedoch war der Offizier jener zersprengten Husarenpatrouille auf sie gestoßen; auch be= stätigten anderweitige, zuverlässige Nachrichten die Ankunft der Han= noveraner in Heiligenstadt.

In der Nacht zum 22. Juni kam eine Husarenpatrouille des Ge= nerals von Glümer beim Oberstlieutenant von Henning an, so daß die Verbindung nunmehr hergestellt war.

Oberstlieutenant von Henning beschloß, am 22. Juni gegen Dingelstedt, an der Straße Heiligenstadt—Mühlhausen, vorzumarschiren und hier die Hannoveraner überraschend anzugreifen, wobei er auf die Unterstützung des Generals von Glümer rechnete. Letzterer hatte die Versammlung . seiner Truppen bei Oetmannshausen beschlossen, um spätestens am 23. Juni gegen Mühlhausen vorzumarschiren und sich dem Weitermarsche der

Hannoveraner entgegen zu stellen, wobei er wiederum auf die Mit=
wirkung der übrigen Truppen der Division Beyer und auf die Unter=
stützung der bei Eisenach stehenden Truppen des Obersten von Fabeck
rechnete.

Um 12 Uhr nachts (zum 22. Juni) erhielt jedoch General von Glümer
den Befehl des Generals von Beyer zum Rückmarsche nach Kassel. Es
war nämlich am 21. Juni die Division Beyer dem General von Falcken=
stein unterstellt worden, welcher am 23. Juni die noch immer bei
Göttingen vermuthete hannoversche Armee angreifen wollte. Zwar er=
schien der Generalstabsoffizier der Division Beyer, Hauptmann von Scherff,
persönlich am 22. Juni früh ½7 Uhr beim General von Beyer, so daß
derselbe sich von der gänzlich veränderten Sachlage genügend überzeugen
konnte; indessen blieb es trotzdem bei dem einmal erlassenen Befehle.

Von Kassel aus war die Avantgarde der Division Beyer, Regi=
ment Nr. 39, F/32, 4/Huf. 9, 4 gezogene 4=Pfünder, bereits am Nach=
mittage des 21. Juni nach Münden marschirt, nur F/32 blieb bei
Lutterberg zurück.

Am 22. Juni marschirte in Folge jenes Befehls des Generals
von Falckenstein (behufs eines Angriffs auf die noch bei Göttingen ver=
mutheten Hannoveraner) die Division Beyer nach Norden, während die
Hannoveraner zur selben Zeit nach Süden marschirten.

Es erreichten die Truppen der Division Beyer am 22. Juni fol=
gende Punkte:

Regiment Nr. 19, I u. II/32, 2/Huf. 9, 2 gezogene 4=Pfünder
Witzenhausen.

Regiment Nr. 20, 6 12=Pfünder Allendorf.

Die Avantgarde der Division, unter General von Schacht=
mayer, erreichte Dransfeld um 10 Uhr abends.

Die Reserve der Division, unter Oberst von Selchow, II u.
F/30, I u. F/70, 1, 3, ½ 5/Huf. 9, 6 12=Pfünder kamen
um 6 Uhr nachmittags bei Lutterberg an.

I/30, II/70, ¼ 5/Huf. 9 blieben in Kassel.

Unterdessen hatte aber General von Falckenstein den Abmarsch der
Hannoveraner von Göttingen erfahren und es war in Folge dessen der
Vormarsch der Division Beyer auf Oetmannshausen befohlen worden.

Die Avantgarde und die Reserve der Division erhielten diesen
neuen Befehl noch am 22. Juni. Die Avantgarde blieb jedoch in
Dransfeld, da sie erst um 10 Uhr abends den abändernden Befehl er=

hielt, wonach sie zunächst nach Kassel zurückkehren sollte, und da die Truppen äußerst ermüdet waren.

Die Reserve erhielt den Befehl zur Umkehr um 6 Uhr abends und marschirte noch am selben Abende nach Kassel zurück.

Wir müssen uns jetzt zunächst zu den Divisionen Göben und Manteuffel wenden, um die sonderbaren Ereignisse verstehen zu lernen, welche wir soeben gesehen haben.

Die Avantgarde der Division Göben begann am 19. Juni den Vormarsch über Hildesheim, Northeim auf Göttingen, der Rest der Division folgte. Im nördlichen Hannover blieben als Besatzung zurück das Landwehr-Regiment Nr. 17 und die 10. Landwehr-Husaren. Die Division Manteuffel begann am 21. Juni ihren Vormarsch auf Nort-heim, wobei die Eisenbahn Hannover—Lehrte--Braunschweig—Seesen bis zu letzterem Orte benutzt wurde.

Am 21. Juni abends befanden sich die Division Göben und die Abtheilung des Generals von Korth: Regiment Nr. 59, I u. II/25, Dra-goner Nr. 6, 6 gezogene 4-Pfünder, 6 glatte 12-Pfünder etwa 1½ bis 2 Meilen nördlich von Northeim, der Rest der Division Manteuffel sollte am nächsten Tage per Eisenbahn von Celle aus folgen.

Die dem General von Falckenstein direkt unterstellten Truppen hatten also noch keine Fühlung mit den Hannoveranern gewonnen; Falckenstein selbst befand sich noch in Hannover. Nun erhielt zwar die oberste Heeresleitung in Berlin am 21. Juni die Nachricht vom Ab-marsche der Hannoveraner auf Heiligenstadt, theilte diese höchst wichtige Nachricht auch sofort dem General von Falckenstein mit, indem sie dem-selben vorschlug, Truppen per Eisenbahn über Magdeburg nach Gotha zu senden; allein Falckenstein glaubte von seinen bisherigen Anordnungen nicht abgehen zu sollen.

Er beabsichtigte am 22. Juni bis Nörten vorzugehen und am folgenden Tage die Hannoveraner bei Göttingen anzugreifen. In Folge dessen erhielt die Division Beyer den Befehl, dem Feinde den Rückzug auf den von Göttingen nach Süden führenden Straßen zu verlegen.

Es war hier nicht alles so, wie es sein sollte. Die telegraphische Verbindung zwischen Berlin und Hannover war im ungestörten Betriebe, wir glauben also, daß General von Falckenstein recht gut durch An-fragen an die oberste Heeresleitung sich über die wahre Sachlage hätte unterrichten können. Jedenfalls mußte er seine Absichten nach Berlin genau melden, dann würde die oberste Heeresleitung vermuthlich ein Veto eingelegt haben.

Er konnte am 21. Juni den Abmarsch der Hannoveraner noch nicht wissen, in Berlin kannte man ihn aber. Es ist nicht unsere Sache zu untersuchen, an wem die Schuld für die nun folgenden, recht wenig zweckentsprechenden Anordnungen lag. Es ist aber die Pflicht eines wahrheitliebenden Historikers, die Thatsache festzustellen, daß schwerwiegende Versehen hier vorlagen.

Wir wenden uns nunmehr zu den Hannoveranern.

Hier hatte die Nachricht von der Besetzung Kassels durch die Division Beyer eine Aenderung der Entschlüsse hervorgebracht. Man gab die Absicht auf, über Witzenhausen, Allendorf auf Eschwege zu marschiren und wählte nunmehr die Straße über Heiligenstadt auf Mühlhausen und Eisenach.

Am 21. Juni brach die Armee von Göttingen auf, sie erreichte an diesem Tage Heiligenstadt, am 22. Juni Mühlhausen.

In Berlin hatte man bei Zeiten die Absicht der Hannoveraner, durch das Eichsfeld und das Hainich nach Süden zu entkommen, richtig vermuthet und alsbald Maßregeln getroffen, um diesen Abmarsch zu verhindern. Die nächste größere Garnison war die Festung Erfurt. Hier standen die Ersatz-Bataillone der Regimenter Nr. 31 und 71, die Landwehr-Regimenter Nr. 27 und 32, die Besatzungs-Schwadronen 7. Dragoner und 12. Husaren, sowie eine Ausfallbatterie von 2 glatten 6-Pfündern und 2 7pfdg. Haubitzen. Die Ersatz-Bataillone zählten je 1000 Mann, darunter aber je 600 Rekruten; die Landwehr-Bataillone hatten eine Stärke von kaum 450 Mann durchschnittlich, die Schwadronen eine solche von etwa 100 Mann.

Die Landwehr war mit dem Miniégewehr bewaffnet, welches die Mannschaften gar nicht kannten, es fehlten die Kochgeschirre, die Helme bezw. die Käppis. Seitengewehre hatten nur die Unteroffiziere und Gefreiten, viele Leute hatten nur ein Hemd und ein Paar recht schlechte Stiefel. Die Mannschaften der Besatzungs-Schwadronen hatten weder Kochgeschirre, noch Fouragierleinen, ein Theil hatte sogar nur Drillichjacken anstatt des Waffenrocks bezw. des Attilas. Die gesammte Landwehr trug die Feldmütze als Kopfbedeckung.

Die Schuld für diese höchst mangelhafte Ausrüstung der Landwehr-Truppen trifft keineswegs die preußische Kriegsverwaltung, sondern vielmehr ganz allein den Landtag, welcher von seinem engherzigen Parteiſtandpunkte aus der Kriegsverwaltung die Mittel verweigerte, um den durch die Reorganiſation der Armee ſehr hoch geſteigerten Anforde= rungen in Bezug auf Bekleidung, Ausrüſtung und Bewaffnung gerecht werden zu können.

Am 20. Juni wurden die Bataillone Aſchersleben, Torgau und Naumburg, die Beſatzungs=Schwadron der 12. Huſaren und die Ausfall= Batterie von Erfurt aus nach Eiſenach befördert. Man kann das Bataillon im Durchſchnitt nur zu 400 Gewehren, die Schwadron zu 70 Säbeln berechnen, wobei wir allerdings den ziemlich großen Ausfall der Landwehr=Infanterie durch Marode und Kranke bereits berückſichtigt haben. Bei der großen Ungeübtheit im Marſchiren hatte nämlich die Landwehr ungewöhnlich viele Nachzügler auf den Märſchen.

Gleichzeitig rückte das Regiment Koburg=Gotha nach Eiſenach; es hatte freilich zunächſt nur 950 Mann Kopfſtärke, erhöhte ſich jedoch bald auf 1300 Mann = 1200 Gewehre.

Von den Kontingenten der kleinen thüringiſchen Staaten, welche auf der Seite Preußens ſtanden, kamen in Betracht: das Regiment Alten= burg 2 Bataillone zu je 450 Gewehren, das Bataillon Rudolſtadt mit 650 Gewehren und das Bataillon Sondershauſen mit 550 Gewehren, die übrigen waren mit der Mobilmachung noch nicht fertig. Das Re= giment Altenburg ſtand zunächſt in Schmölln und Ronneburg und wurde ſpäter nach Erfurt herangezogen, wo es am 25. Juni eintraf; die beiden Bataillone Rudolſtadt und Sondershauſen verblieben vorläufig in ihren gleichnamigen Garniſonen; ſie hatten beide nach Gotha etwa 7 Meilen zu marſchiren, hätten alſo recht gut herangezogen werden können, da ſie operationsfähig waren.

Am 21. Juni wurden die Bataillone Potsdam und Treuenbrießen des 20. Landwehr=Regiments mit zuſammen 900 Gewehren von Magde= burg nach Nordhauſen befördert, von wo ſie per Fußmarſch am 24. Juni abends Ballſtedt, 1¼ Meile nördlich von Gotha, erreichten. Die Erſatz=Schwadron des 10. Huſaren=Regiments war gleichfalls aus Aſchers= leben herangezogen worden; ſie wurde von Eisleben nach Nordhauſen per Eiſenbahn gebracht und erreichte am 24. Juni Groß=Fahner, 2 Meilen nordöſtlich von Gotha, ſie war 80 Säbel ſtark.

Wir wollen der Ueberſicht halber gleich hier die weiteren Ver= ſtärkungen angeben, welche nach der Linie Eiſenach—Gotha herangezogen wurden. Es waren dies folgende Truppentheile: am 22. Juni nach= mittags traf ein Theil der Beſatzungs=Schwadron 7. Dragoner in der

Stärke von 70 Säbeln in Gotha ein; am 23. Juni früh 11 Uhr traf F/4. Garde und 22 Pferde der Ersatz=Schwadron 1. Garde=Dragoner= Regiments in Gotha ein; abends kamen 2 reitende Batterien 7. Armee= korps aus Dresden in Gotha an; in der Nacht zum 24. Juni 1/4. Garde. Am 24. Juni, früh 6 Uhr, traf aus Erfurt das Ersatz=Bataillon des Regiments Nr. 71 ein in der Stärke von 350 Gewehren. Endlich kamen am 23. Juni nachmittags in Weimar an: das Ersatz=Bataillon Regiments Nr. 27 in der Stärke von 350 Gewehren, und das Landwehr= Bataillon Spandau in der Stärke von etwa 500 Gewehren, beide aus Magdeburg.

Am 22. Juni erreichte die Division Göben Göttingen. Jeder Zweifel über den Abmarsch der Hannoveraner schwand nunmehr. Die Truppen des Generals von Korth erreichten Northeim, der Rest der Division Manteuffel unter General von Flies war noch im Bahn= transporte von Celle über Lehrte und Braunschweig nach Seesen be= griffen; am 23. Juni vormittags waren aber auch diese Truppen in der Gegend zwischen Northeim und Duderode eingetroffen.

General von Falckenstein selbst ging am 22. Juni nach Göttingen. Er neigte zu der Ansicht, daß der Abmarsch der Hannoveraner nach Süddeutschland nicht mehr zu verhindern sein werde; man dachte schon jetzt daran, die Operationen gegen die Hannoveraner ganz einzustellen und einen großen Schlag gegen das 8. Bundes=Armeekorps bei Frank= furt a./M. auszuführen.

Am 23. Juni früh marschirte das Gros der Division Beyer unter dem General von Glümer aus seinen Quartieren Witzenhausen und Allendorf in der Richtung auf Göttingen weiter.

Der abändernde Befehl vom 22. Juni hatte nämlich diese Truppen nicht erreicht, so daß General von Glümer dem zuerst erhaltenen Befehle gemäß auf Göttingen weiter marschiren mußte, obschon gerade er am genauesten über die Zwecklosigkeit seines eigenen Marsches unterrichtet war. Erst 2½ Stunden jenseits Witzenhausen ereilte der Generalstabs= Offizier Hauptmann von Scherff den General Glümer und brachte ihm den Befehl zum Rückmarsche nach Oetmannshausen.

Die Truppen machten sofort Kehrt, erreichten aber wegen Ermüdung der Mannschaften nur ihre alten Quartiere Witzenhausen und Allendorf. Der ganze Tag war also verloren worden, die Truppen standen abends ungefähr an denselben Punkten, die sie morgens verlassen hatten, waren aber dabei äußerst ermüdet. In Folge des Gerüchtes über ein unglückliches

Gefecht der Hannoveraner bei Mühlhausen und das Vorgehen versprengter Abtheilungen derselben auf Witzenhausen und Allendorf wurde aber noch am 23. Juni Regiment Nr. 19, ½ 2/Huf. 9, 2 gezogene 4=Pfünder unter Oberstlieutenant von Henning nach Hohenganbern (zwischen Witzenhausen und Heiligenstadt) vorgeschoben.

Bei Kirchganbern, dicht daneben, lagerte am Abende des 23. Juni die Avantgarde unter General von Schachtmeyer, welche, wie wir wissen, am vorhergehenden Tage in Dransfeld geblieben war. Die Reserve unter General von Selchow erreichte am 23. Juni spät nachts Reichen=sachsen, Oetmannshausen und Eschwege nach einem sehr anstrengenden Marsche.

Oberstlieutenant von Henning schickte Meldung über den angeblichen Anmarsch der Hannoveraner nach Göttingen an den General von Göben.

In Folge dessen sandte General von Göben II/15, I/55, F/55, 1. 3. 4./Huf. 8, 6 gezogene 4=Pfünder unter General von Wrangel in der Richtung auf Heiligenstadt vor. Es stellte sich heraus, daß das Gerücht jeder Begründung entbehrte. General von Wrangel marschirte daher am 24. Juni nach Göttingen zurück.

Die übrigen Theile der Division Göben und die Division Manteuffel hatten am 23. Juni Ruhetag.

Wir haben gesehen, daß die Werra=Uebergänge in Folge der zweck=losen Hin= und Hermärsche der Division Beyer am 22. und 23. Juni thatsächlich frei waren, so daß die Hannoveraner recht gut zwischen Eschwege und Kreuzburg die Werra hätten überschreiten können. Aller=bings ahnten sie nichts von jenen Hin= und Hermärschen und konnten auch nichts davon ahnen. Die hannoversche Armee marschirte daher am 23. Juni nach Langensalza; der günstige Augenblick zum Durchbruch in der Richtung auf Bebra ging verloren.

Preußischerseits hatte man gar nichts erreicht, dagegen die Truppen aufs äußerste angestrengt; das einzige Gute war die Herstellung der Verbindung zwischen den Divisionen Göben und Beyer. Falckenstein gab am 23. Juni die Hoffnung auf, die Hannoveraner an der Ueber=schreitung des Thüringer Waldes noch zu verhindern. Er befahl daher nur der Division Beyer, auf Eisenach vorzugehen, den übrigen Divisionen gab er dagegen den Befehl, sich für die Operationen gegen Frank=furt a. M. in Bereitschaft zu setzen und zwar sollte die Division Göben am 24. Juni nach Münden vorgehen, am 25. Juni Kassel erreichen, die Division Manteuffel sollte am 24. Juni nach Göttingen marschiren und am 26. Juni in Kassel eintreffen.

Am 23. Juni begannen zwischen den Hannoveranern in Langensalza und den Preußen in Gotha bezw. in Eisenach Unterhandlungen. Dieselben haben recht verschiedenartige, mitunter äußerst scharfe Beurtheilungen erfahren. Wir beabsichtigen keineswegs, näher auf den Gang dieser Verhandlungen einzugehen und beschränken uns auf einige kurze Bemerkungen. Die Schwankungen, welche im hannoverschen Hauptquartier vorherrschten, gehen mit voller Deutlichkeit aus dem Verhalten desselben während der Tage vom 23.—26. Juni hervor. Am 23. Juni nachmittags knüpft man Verhandlungen an, am Abende dieses Tages erfährt man, daß Eisenach unbesetzt sei. Sofort faßt man den Entschluß, am 24. Juni hier durchzubrechen. Dann führt man diesen Entschluß am 24. Juni nicht aus, sondern setzt die Unterhandlungen fort; später beschließt man abermals, Eisenach anzugreifen. Schon steht die Brigade Bülow zum Angriff bereit, als ein Telegramm des in Gotha verbliebenen hannoverschen Unterhändlers, Majors von Jacobi, den Beginn der Feindseligkeiten untersagte. Der Angriff auf Eisenach unterblieb in Folge dessen.

Während man nun aber erklärte, alle diplomatischen Verhandlungen abbrechen zu wollen, war man doch bereit, den preußischen Bevollmächtigten aus Berlin zu empfangen. Man faßte stets nur halbe Entschlüsse, man hätte gern den Abzug nach Süden durch Verhandlungen erreicht, aber man scheute sich vor Zugeständnissen; man hätte gern die preußischen Linien durchbrochen, aber man wollte den Kampf vermeiden. Diese Halbheit war das Verderben der tapferen hannoverschen Armee.

Man erreicht nun einmal etwas Großes nur, wenn man thatkräftig und beharrlich handelt, ohne sich in der Durchführung des einmal für richtig Erkannten irgendwie beirren zu lassen. —

Denjenigen unserer geehrten Lesern, welche sich besonders für die Verhandlungen vom 23. bis 26. Juni interessiren sollten, empfehlen wir das außerordentlich eingehende Buch Fr. von der Wengens: „Geschichte der Kriegsereignisse zwischen Preußen und Hannover 1866."

Für uns genügt die Stärke-Angabe der auf der Linie Eisenach—Gotha versammelten Preußen und der ihnen unmittelbar gegenüberstehenden Hannoveraner. Einschließlich der in Weimar stehenden Abtheilungen erreichten die Preußen auf der genannten Linie am 24. Juni abends folgenden Bestand:

6 Landwehr-Bataillone zusammen mit 2 600 Gewehren,
2 Bataillone Regiments Koburg-Gotha „ 1 200 „
2 Bataillone 4. Garde-Regiments „ 1 900 „
2 Ersatz-Bataillone „ 700 „
2 Besatzungs-Schwabronen „ 140 Säbeln,
1 Ersatz-Schwabron „ 80 „
1 Abtheilung 1. Garde-Dragoner „ 20 „
zusammen 6 400 Gewehre, 240 Säbel, 2 glatte 6-Pfünder, 2 7pfdg. Haubitzen und 2 reitende Batterieen = 12 Geschütze, zusammen 16 Geschütze.

Von der Infanterie waren 3 800 Mann mit dem Zündnadelgewehr bewaffnet, 2 600 Mann mit dem Miniégewehr.

Ihnen gegenüber standen in unmittelbarer Nähe die Hannoveraner mit 14 000 Gewehren, 1 800 Säbeln, 42 mobilen Feldgeschützen (darunter 22 gezogenen).

Für jeden Soldaten ist es klar, daß ein energischer Angriff der Hannoveraner am 24. oder am 25. Juni die schwachen preußischen Streitkräfte über den Haufen rennen mußte.

General von Beyer befahl seltsamerweise für seine Division trotz der äußerst gespannten Kriegslage einen Ruhetag für den 24. Juni. In Folge dessen ruhte die Avantgarde bei Hohenganbern, das Gros ein- schließlich der wieder herangezogenen Abtheilung des Oberst-Lieutenants von Henning bei Witzenhausen nnd Allendorf, die Reserve bei Oetmanns- hausen, Eschwege und Reichensachsen.

Nun hatte aber die oberste Heeresleitung in Berlin, auf Grund der drohenden Kriegslage bei Eisenach, an den General von Beyer tele- graphischen Befehl zum schleunigen Marsche nach Eisenach geschickt, zu dessen Uebermittelung der Oberst von Osten-Sacken, der Kommandeur des 4. Garde-Regiments, 2 Offiziere in der Richtung auf Oetmanns- hausen entsendete. General von Beyer erhielt um 1 Uhr mittags diesen Befehl und traf sofort die entsprechenden Maßregeln.

6 Kompagnien Regiments Nr. 70 wurden per Eisenbahn von Herles- hausen nach Eisenach befördert, wo sie abends 8½ Uhr eintrafen. Die Reserve unter Oberst von Selchow erreichte Kreuzburg, sie bestand noch aus 2½ Bataillonen, 2¾ Schwabronen und 6 Geschützen.

Das Gros der Division Beyer trat auch noch am 24. Juni den Marsch auf Eisenach an, die Truppen in Allendorf (Regiment Nr. 20 und die 12pfdg. Batterie) marschirten etwa um 6 Uhr abends ab und erreichten am 25. Juni früh Kreuzburg. I und II/32, welche zwischen Allendorf und Witzenhausen kantonnirten, marschirten etwa um 8 Uhr abends ab, Regiment Nr. 19, 2/Huf. 9 und die beiden gezogenen 4=Pfünder sollten erst am 25. Juni nach Treffurt folgen. Die Avant= garde unter General von Schachtmeyer folgte auch erst am 25. Juni in der befohlenen Richtung, da sie den bezüglichen Befehl erst sehr spät erhielt.

Die Infanterie der Division Göben wurde am 24. Juni von Göttingen nach Münden per Eisenbahn befördert, die Kavallerie und Artillerie marschirten, um demnächst Quartiere in der Richtung auf Kassel zu beziehen. Die am 23. Juni gegen Heiligenstadt vorgeschobene Abtheilung des Generals von Wrangel kehrte nach Göttingen zurück; nur zwei Schwabronen wurden direkt auf Kassel in Marsch gesetzt.

Nun bat aber Oberst von Osten=Sacken telegraphisch den General von Göben um Hülfe, um 1 Uhr mittags erhielt Göben das Telegramm in Münden und entsprach sofort der Bitte. Ohne Zögern alarmirte er seine Division, um von Kassel bezw. von Münden aus per Eisenbahn nach Eisenach Hülfe zu senden.

I/13, I u. F/15, Regiment Nr. 53 wurden per Eisenbahn nach Eisenach gesandt, wo das erste Bataillon am 25. Juni früh 1½ Uhr ankam. Der Rest der Division Göben kam nach Kassel, die Abtheilung des Generals von Wrangel blieb bei Göttingen.

Inzwischen war aber auch in Göttingen am 24. Juni gegen 3 Uhr nachmittags der kategorische Befehl der oberen Heeresleitung eingegangen, Truppen per Bahn über Magdeburg nach Thüringen zu werfen. In Folge dessen wurden Regiment Nr. 11 u. I u. II/25, 6 gezogene 4=Pfünder von Göttingen aus auf der Eisenbahn verladen, und fuhren über Braunschweig, Magdeburg, Halle, Erfurt nach Gotha. Der Bahnbetrieb war besonders in Folge der geringen Dienstwilligkeit der hannoverschen Eisenbahnbeamten noch sehr mangelhaft; es traten große Verspätungen ein, es mangelte sehr an Sitzvorrichtungen in den Wagen, welche zum Theil erst noch von den Mannschaften zu reinigen waren, da zumeist Wagen genommen werden mußten, welche ursprünglich zum Viehtransport gedient hatten.

Außerdem gab es unterwegs nirgends warme Verpflegung, so daß dieser Bahntransport für die Truppen sehr anstrengend wurde. Der erste Zug kam erst am 25. Juni um 5 Uhr nachmittags in Gotha an.

Der Rest der Division Manteuffel kam am 24. Juni nach Göttingen bezw. rückwärts bis Nörten.

Am 25. Juni folgten F/25, Regiment Nr. 59, 1. 2/Drag. 5, Dragoner-Regiment Nr. 6, 6 gezogene 4-Pfünder, 6 gezogene 6-Pfünder unter General von Freyhold der Division Göben nach Kassel und gelangten bis Münden und Gegend. Regiment Nr. 36, 3. 4/Dragoner 5, 6 glatte 12-Pfünder blieben unter General von Korth in Göttingen.

Die Abtheilung des Generals von Wrangel kam am 25. Juni nach Kassel.

In Eisenach kamen am 25. Juni endlich die sehnlichst erwarteten Verstärkungen an und zwar bis 5 Uhr früh: I/13, I/15, Regiment Nr. 53, so daß um diese Zeit einschließlich der 2 Bataillone 4. Garde-Regiments und der 6 Kompagnien Regiments Nr. 70, 8½ Bataillone in und bei Eisenach standen. Zwischen 6 und 9 Uhr früh kamen die 2½ Bataillone. 2¾ Schwadronen und 6 Geschütze des Obersten von Selchow an.

Damit war die Gefahr für Eisenach zunächst beschworen. Außerdem trafen noch ein: F/15, 2. 5/Huf. 8, 7 gezogene 4-Pfünder, 6 gezogene 6-Pfünder, so daß am 25. Juni abends in und bei Eisenach verfügbar waren:

2 Bataillone 4. Garde-Regiments,
6   „   2 Schwadronen, 13 Geschütze der Division Göben,
4   „   2¾   „   6   „   „   „   Beyer,
zusammen: 12 Bataillone, 4¾ Schwadronen, 19 Geschütze.

Regiment Nr. 20 und 6 Geschütze kamen am 25. Juni nach Kreuzburg und Gegend, I und II/32 etwa 1—2 Stunden westlich von Kreuzburg. Regiment Nr. 19 kam nach Treffurt und Gegend, ebenso 2/Huf. 9, die beiden gezogenen 4-Pfünder marschirten noch bis Kreuzburg.

Die Avantgarde der Division Beyer unter General von Schachtmeyer kam nach der Gegend von Eschwege.

General von Falckenstein begab sich am 25. Juni über Kassel nach Eisenach, wo er um 3 Uhr nachmittags eintraf. Von dem bestehenden Waffenstillstande hatte er keine offizielle Kenntniß und befahl daher für den 26. Juni den allgemeinen Angriff auf die Hannoveraner. Am 26. Juni früh erhielt General von Falckenstein jedoch diese offizielle Benachrichtigung und der Angriff unterblieb.

Auf den Gang der Verhandlungen zwischen Hannover und Preußen haben eine ganze Reihe von Personen Einfluß gehabt, nur der Oberfeldherr, der General von Falckenstein, hatte an denselben so gut wie gar keinen Antheil. Die preußischen Bevollmächtigten wurden direkt von Berlin nach Gotha geschickt. Es ist nicht unmöglich, daß General von Falckenstein, über dessen Kopf hinweg alle diese Dinge sich vollzogen, darüber ärgerlich war, und daß diese ärgerliche Stimmung auf sein eigenes Verhalten in jenen Tagen nicht ganz ohne Einfluß geblieben ist.

Wie bereits gesagt, wollen wir den Gang der Unterhandlungen nicht verfolgen. Uns genügt die Thatsache, daß der König von Hannover den letzten Versuch des Königs Wilhelm, ein Blutvergießen zu vermeiden, entschieden zurückwies, worauf dann der preußische Bevollmächtigte, Oberst von Döring, den Waffenstillstand kündigte.

Während der geschilderten Ereignisse hatte die bayerische Armee den Vormarsch auf Fulda am 22. Juni angetreten und stand am 24. Juni abends wie folgt:

bie 1. Infanterie=Division bei Lichtenfels,
„ 2. „ „ „ Bamberg,
„ 3. „ „ „ Schweinfurt,
„ 4. „ „ „ Brückenau,
bie Reserve=Kavallerie bei Bayreuth und Hof.

Die Nachrichten, welche am 24. Juni im bayerischen Hauptquartier eintrafen, bestimmten den Feldmarschall Prinzen Karl von Bayern, seine Armee in nördlicher Richtung vorzuschieben und zwar:

bie 1. leichte Kavallerie=Brigade nach Meßrichstadt und Meiningen,
„ 1. Infanterie=Division nach Königshofen,
„ 2. „ „ „ Lauringen,
„ 3. „ „ „ Münnerstadt,
„ 4. „ „ „ Neustadt a. d. Saale.

Der Marsch wurde am 25. Juni angetreten. Die Truppen trafen theils am selben, theils am folgenden Tage an ihren Bestimmungsorten ein, die Reserve=Kavallerie kam jedoch erst am 29. Juni nach Schweinfurt.

Meiningen liegt in der Luftlinie 6 Meilen von Gotha entfernt, Neustadt a. d. Saale 10 Meilen von Gotha.

Die Aufmerksamkeit des Generals von Falckenstein wurde mit Recht auf die bedrohliche Nähe der bayerischen Armee gelenkt, und es konnte eine kurze Zeit scheinen, als ob die gegenüber den Hannoveranern versammelten preußischen Streitkräfte zwischen zwei Feuer gerathen würden. Am 26. Juni befanden sich zwischen den Hannoveranern und den Bayern:

Bei Eisenach: 12 Bataillone, 4³/₄ Schwadronen, 19 Geschütze = rund 11 000 Gewehre, 650 Säbel. Wir rechnen hier die Bataillone des 4. Garde-Regiments zu 950, diejenigen der Division Göben und der Division Manteuffel zu 925, diejenigen der Division Beyer, in Folge ihrer ganz besonders großen Anstrengungen, zu 900 Gewehren und runden dann stark ab.

Bei Kreuzburg und Treffurt: 8 Bataillone, 1 Schwadron, 8 Geschütze = 7200 Gewehre, 140 Säbel.

Bei Gotha: 5 Landwehr-Bataillone mit zusammen 2050 Gewehren, 1 Ersatz-Bataillon mit 350 Gewehren, 2 Bataillone Regiments Koburg-Gotha mit 1200 Gewehren, 5 Bataillone der Division Manteuffel mit 4625 Gewehren, 2 Besatzungs- und 1 Ersatz-Schwadronen mit zusammen 220 Säbeln und 22 Geschützen, außerdem noch die kleine Abtheilung Garde-Dragoner. Wir haben bei der Landwehr und bei dem Ersatz-Bataillon berücksichtigt, daß die Mannschaften weder an die Strapazen der Märsche, noch an die Entbehrungen im Biwak gewöhnt waren und daher auffallend viele Erkrankte hatten. Die unzureichende Bekleidung und Ausrüstung der Landwehr trug wesentlich zur Erhöhung der Zahl der Erkrankungen bei, wie dies allerdings nicht anders sein konnte.

Wir hoffen, daß unsere Berechnung der Wahrheit sehr nahe kommen wird.

General von Flies vereinigte mithin bei Gotha 13 Bataillone, 3 Schwadronen, 22 Geschütze = 8225 Gewehre, 240 Säbel.

Außerdem befanden sich 2 Bataillone bei Weimar mit zusammen etwa noch 800 Gewehren.

Im Ganzen standen also dem General von Falckenstein am 26. Juni mittags zur Verfügung: 35 Bataillone, 8¾ Schwadronen, 49 Geschütze = rund 27200 Gewehre, 1000 Säbel. Unmittelbar gegenüber befanden sich die 14000 Gewehre, 1800 Säbel und 42 Geschütze der Hannoveraner. Die nächste bayerische Infanterie-Division stand 10 Meilen weit entfernt.

Die Festung Erfurt erhielt durch das Regiment Altenburg, dessen 2 Bataillone auf 1100 Gewehre gebracht worden waren, eine erwünschte Verstärkung, so daß auch hier keinerlei Veranlassung zu irgend welcher Besorgniß vorlag.

General von Falckenstein traf trotz dieser günstigen Sachlage seine Anordnungen mehr gegen die in weiter Ferne befindlichen Bayern, als gegen die ihm unmittelbar gegenüberstehenden Hannoveraner. Es mußten nämlich auf Befehl Falckensteins am 26. Juni folgende Märsche ausgeführt werden:

2*

Die Abtheilung des Obersten von Selchow: 4 Bataillone, 2³/₄ Schwabronen, 6 Geschütze marschirte nach der Gegend von Gerstungen, 2¹/₂ bis 3 Meilen von Eisenach.

Die Truppen des Generals von Glümer: 8 Bataillone, 1 Schwabron, 8 Geschütze marschirten nach der Gegend von Gerstungen — Lauchröden — Eisenach.

1/13, 1/15, 2 u. ¹/₂ 5/Husaren 8, 5 gezogene 4-Pfünder unter dem Obersten von der Goltz gingen zur Erkundung gegen Vacha vor.

Es wurden also am 26. Juni mit einem Schlage nicht weniger als 14 Bataillone, 5¹/₄ Schwabronen und 19 Geschütze = 12 650 Gewehre, 735 Säbel anderweitig verwendet, so daß die Lage gegenüber den Hannoveranern neuerdings gefährdet erschien. —

Diese Anordnungen waren bereits getroffen, als ein Telegramm der obersten Heeresleitung aus Berlin eintraf, welches folgenden Inhalt hatte: Die Hannoveraner seien seit dem 25. Juni abends im Abmarsche nach Norden über Mühlhausen; General von Falckenstein solle nur die nothwendigsten Truppen zur Beobachtung der Bayern bei Eisenach zurücklassen, mit allen übrigen Streitkräften aber den Hannoveranern nachrücken, während General von Manteuffel mit den bei Göttingen verfügbaren Truppen den Hannoveranern von dort aus entgegenrücken solle.

General von Falckenstein befahl nun folgendes:

General von Manteuffel erhielt den Befehl über alle Truppen seiner Division und der Division Göben, welche noch in Göttingen bezw. in Kassel waren, auch wurden ihm die beiden Bataillone 4. Garde-Regiments per Eisenbahn zugeschickt. Letztere Maßregel muß allerdings als höchst sonderbar bezeichnet werden; die beiden Bataillone standen dicht vor dem Feinde, dennoch schickte man sie einer Heeresgruppe zur Verstärkung, welche weit ab von dem Feinde stand und außerdem stark genug war, um den Hannoveranern Halt zu gebieten, bis die übrigen Truppen herankommen konnten, auch wenn die Hannoveraner wirklich über Mühlhausen abmarschirt wären, woran sie bekanntlich gar nicht dachten. Bei Langensalza hätten die beiden Garde-Bataillone vielleicht genügt, den Sieg an die preußischen Fahnen zu fesseln.

General von Manteuffel hatte demnach zu seiner Verfügung:

7 Bataillone, 8 Schwabronen, 18 Geschütze seiner eigenen Division,
4 „ 6 „ 14 „ der Division Göben,
2 „ 4. Garde-Regiments, also zusammen 13 Bataillone,

14 Schwadronen, 32 Geschütze, darunter 2 Ersatz-Batterien und die in Stabe neugebildete gezogene 6pfdg. Batterie. 2 Kompagnien Regiments Nr. 55 blieben in Göttingen als Besatzung zurück, so daß also nur 12½ Bataillone verfügbar waren.

In Kassel wurden 2 Bataillone, ¼ Schwadron der Division Beyer und 2 Bataillone, 1 Schwadron, 32 Geschütze der Division Göben zurückgelassen, darunter zwei neugebildete 12pfdg. Reserve-Batterien und 2 Ersatz-Batterien zu 4 Geschützen.

Die Truppen Manteuffels standen am 26. Juni abends in Göttingen, Rittmarshausen und Duderstadt, nördlich von Heiligenstadt.

General von Flies sollte mit den bei Gotha vereinigten Truppen den Hannoveranern an der Klinge bleiben.

Die Abtheilung des Generals von Schachtmeyer, 4 Bataillone, 1 Schwadron, 4 Geschütze, welche am 25. Juni die Gegend von Eschwege erreicht hatte, sollte den Marsch in der linken Flanke begleiten und die dortigen Werra-Uebergänge sichern.

Die Abtheilungen des Generals von Glümer und des Obersten von Selchow blieben dagegen in ihrer gegen die Bayern gerichteten Stellung; ebenso die Abtheilung des Obersten von Golz.

In Eisenach verblieben 4 Bataillone, ½ Schwadron und 8 Geschütze der Division Göben.

Die Avantgarde der Division Beyer unter General von Schachtmeyer war bereits bis Treffurt marschirt, als sie den bezüglichen Befehl erhielt, worauf sie alsbald nach Eschwege zurückmarschirte.

Um 1 Uhr nachmittags traf der Oberst von Döring im Auftrage des Königs Wilhelm in Langensalza ein, um einen letzten Versuch zur Vermeidung des Blutvergießens zu machen. Wie wir bereits wissen, wies der König von Hannover diesen Versuch zurück.

Die Operationen gegen die Hannoveraner geben ein wenig erfreuliches Bild. Ueberall herrschte preußischerseits Unklarheit, man könnte hier das französische Sprichwort anwenden: ordre, contreordre, désordre. Am richtigsten wurde jedenfalls die Lage in Berlin beurtheilt, obschon man hier den Ereignissen selbst sehr fern stand.

Es ist nicht unsere Absicht zu untersuchen, inwieweit die einzelnen preußischen Generäle an der allgemeinen Verwirrung und an den zwecklosen Hin- und Hermärschen der Truppen Schuld trugen. Nur folgendes möchten wir bemerken: Uns scheint, daß persönliche Momente bei diesen Ereignissen eine größere Rolle gespielt haben, als dies im Interesse des

Vaterlandes wünschenswerth war. Es ist ein altes wahres Wort: viele Köche verderben den Brei. Nun haben aber während der Tage vom 21. bis 26. Juni recht viele hochgestellte Männer in die Speichen des Rades der Geschichte eingegriffen, durchaus nicht immer in derselben Richtung, so daß das Rad oft genug stillstand, mitunter sogar rückwärts ging. In solchen Fällen neigen wir zu der Ansicht, daß die Schuld schwerlich einen einzelnen Mann trifft. Der allgemeine Wirrwarr trug redlich dazu bei, den Gang der Ereignisse zu erschweren.

Wir glauben, daß General von Falckenstein die vorgefaßte Meinung hatte, es sei besonders wichtig, dem 8. Bundes-Armeekorps bei Frankfurt a. M. einen entscheidenden Schlag beizubringen. Die oberste Heeresleitung war dagegen der Ansicht, daß zunächst die Hannoveraner, dann die Bayern kampfunfähig gemacht werden müßten. Thatsächlich würde nach der Vernichtung der Hannoveraner und nach einem glänzenden Siege der Preußen über die bayerische Armee das 8. Bundes-Armeekorps machtlos gewesen sein, während selbst eine völlige Zersprengung dieses letzteren noch immer den stärksten Gegner, die Bayern, unberührt im Felde gelassen haben würde. Es entsprach also die Anschauungsweise Falckensteins, nicht dem strategischen Grundsatze, daß man zunächst immer den gefährlichsten Gegner aus dem Felde schlagen müsse.

Man darf aber niemals vergessen, daß über die Geschicke Deutschlands in Böhmen entschieden wurde. Für eine zukünftige Einigung der deutschen Stämme unter Preußens Führung war es dann jedenfalls am besten, wenn kein einziger deutscher Stamm durch blutige Niederlagen erbittert zu werden brauchte. Gelang es also, große Schläge zu vermeiden, so ließ sich vielleicht hoffen, daß ein schneller Friedensschluß allen Hader beendigen könne, ohne großes Blutvergießen in Deutschland selbst heraufzubeschwören.

Aehnliche Gedanken mögen wohl auch damals im Hauptquartiere Falckensteins erwogen worden sein.

Jedenfalls aber hätte General von Glümer am 22. Juni energischer handeln können. Er war über die wahre Sachlage gut unterrichtet und wußte, daß die höhere Führung dies nicht war und nicht sein konnte; daß daher der ihm zugehende Befehl den Thatsachen durchaus nicht entsprach, sondern sogar direkt zuwiderlief. Er hat diesen Befehl dennoch buchstäblich befolgt und damit dem strengen Gehorsam der militärischen Hierarchie durchaus genügt, der Sache des Vaterlandes aber nicht genützt.

Wir glauben, daß sowohl General von Manteuffel, wie General von Göben an seiner Stelle anders gehandelt haben würden. Aber das rücksichtslose Einsetzen der eigenen Person in einer gefährlichen Lage ist eine große Seltenheit und würde nicht so ungeheuer hoch gepriesen werden, wenn es nicht eben so selten wäre. Dagegen leuchtet um so heller der Name Göben aus der trüben Dämmerung jener Tage hervor, seine Initiative, seine klare Auffassung auch der verwickeltsten Lage treten scharf in die Erscheinung.

Von der Kavallerie wurde preußischerseits ein höchst mittelmäßiger Gebrauch gemacht. Sie war freilich an Zahl sehr schwach, aber General von Falckenstein verfügte doch immerhin über 22 Schwadronen, welche den strategischen Aufklärungsdienst ganz anders hätten handhaben können, als es in Wirklichkeit geschah.

Es wäre vielleicht besser gewesen, wenn man die Main-Armee mit etwas mehr Kavallerie bedacht hätte. Manches preußische Kavallerie-Regiment hat auf seinem Ritte von den schlesischen Gebirgen bis zur Donau niemals Gelegenheit gehabt, auf dem Schlachtfelde oder im Aufklärungsdienste sich Lorbeeren zu holen. Allein man konnte das nicht im Voraus wissen. Die Entscheidung über das zukünftige Schicksal Deutschlands lag eben, wie bereits hervorgehoben wurde, in Böhmen, und es kam darauf an, hier so stark aufzutreten, wie nur irgend möglich, namentlich auch an Reiterei gegenüber der berühmten und vorzüglichen österreichischen Kavallerie.

Nicht dasselbe läßt sich über den Mangel an Pionieren sagen. Eine Armee wie die Main-Armee, gebrauchte allermindestens 3 Pionier-Kompagnien, sie besaß dagegen vorläufig nur 24 Pioniere. Im Feldzuge gegen Oesterreich haben die preußischen Pioniere herzlich wenig Gelegenheit gehabt, sich hervorzuthun; man hätte also wohl recht gut 3 Kompagnien abzweigen können, um wenigstens jeder Division eine Kompagnie Pioniere überweisen zu können. Dann konnten die Eisenbahnen schneller wieder hergestellt werden und auch sonst würden die Pioniere oft recht nützliche Dienste geleistet haben.

Unwillkürlich muß man hier daran denken, wie wohl die Dinge sich gestaltet haben würden, wenn Preußen schon damals eine Eisenbahn-Truppe besessen hätte!

Das Nachrichtenwesen durch Kundschafter war auf preußischer Seite höchst mangelhaft organisirt, sonst hätte man überall die wahre Sachlage sehr bald erfahren müssen.

Wenn man die Ereignisse vom 21. bis 2^c. Juni sorgfältig prüft und scharf abwägt, so gewinnt man den Eindruck, daß die Voraussicht auf preußischer Seite hätte größer sein können. Man mußte doch wohl im Voraus erwogen haben, daß die hannoversche Armee den Versuch machen würde, nach Süddeutschland zu entkommen. Im Hinblick auf diese mit Sicherheit zu erwartende Eventualität hätte man wohl von Anfang an die 3 Divisionen Manteuffel, Göben und Beyer unter dem General von Falckenstein vereinigen und mit diesem General die zu treffenden Gegenmaßregeln eingehend besprechen können.

An Zeit hierzu hat es nicht gefehlt. Die vielfachen späteren Un= klarheiten, das Auseinandergehen der Ansichten der obersten preußischen Heeresleitung und des Generals von Falckenstein würde man auf solche Weise vermieden haben. Letzterer General würde dann die Absichten der obersten preußischen Heeresleitung genau gekannt und ohne Zweifel in ihrem Sinne gehandelt haben.

Auch hätte man wohl früher Maßregeln vorbereiten können, um im Thüringer Walde rechtzeitig so bedeutende Truppenmassen zu ver= sammeln, daß diese allein im Stande waren, den Hannoveranern den Durchmarsch zu verwehren.

Jedenfalls ist ein greller Gegensatz zwischen den preußischen Maß= nahmen von 1866 und den klaren, durchsichtigen Anordnungen derselben Heeresleitung von 1870 unverkennbar. Auch die vorzügliche oberste preußische Heeresleitung sammelte eben im Jahre 1866 erst ihre Er= fahrungen, welche sie während eines 50jährigen Friedens nicht hatte sammeln können. Andererseits muß man aber um so mehr anerkennen, mit welcher Meisterschaft diese Heeresleitung es verstanden hat, die Er= fahrungen von 1866 später auszunützen. —

Thatsächlich ist das Bild, welches wir für den 26. Juni feststellen können, ein äußerst unerfreuliches. Alle drei Divisionen Falckensteins waren vollständig auseinander gerissen und ermangelten gänzlich einer einheitlichen Befehlsertheilung.

Wir finden dieselben am 26. Juni folgendermaßen vertheilt:

Division Göben:

4	Bataillone,	6	Schwadronen,	14	Geschütze bei Göttingen,
2	„	1	„	32	„ in Kassel,
6	„	2	„	13	„ bei Eisenach.

12 Bataillone, 9 Schwadronen, 59 Geschütze.

Eine Batterie war auf 7 Geschütze gebracht worden, es befanden sich ferner bei der Division Göben 4 Ersatzbatterien = 16 Geschütze und 3 neuformirte Batterien = 18 Geschütze.

Division Manteuffel:

7 Bataillone, 8 Schwadronen, 18 Geschütze bei Göttingen,
5　„　　　　　　　　6　„　　„　Gotha.

12 Bataillone, 8 Schwadronen, 24 Geschütze.

Division Beyer:

4 Bataillone, 2¾ Schwadronen, 6 Geschütze bei Eisenach,
8　„　　　1　　„　　8　„　„ Kreuzburg und Treffurt,
4　„　　　1　　„　　4　„　zwischen Treffurt und Eschwege,
2　„　　　¼　　„　　　　　in Kassel.

18 Bataillone, 5 Schwadronen, 18 Geschütze.

Wir finden also am Vorabende des Treffens von Langensalza die Truppen Falckensteins in 6, sage sechs verschiedene, räumlich weit von einander getrennte Gruppen zersplittert!!!

Am späten Abend des 26. Juni traf aus Berlin der bestimmte Befehl ein, die Kapitulation der hannoverschen Armee unter allen Umständen zu erzwingen. In Folge dessen wurde der Abtheilung des Obersten von Goltz befohlen, nach Gerstungen zu marschiren, um der Eisenbahn nahe zu sein, auf welcher man eine Verschiebung der Truppen in der Richtung auf Weimar vorzunehmen gedachte, falls sich dies als nothwendig herausstellen sollte. Im Uebrigen aber verblieb es bei den bisher getroffenen Anordnungen. Insbesondere wurden die Truppen des Generals von Flies bei Gotha n i c h t verstärkt, obschon General von Falckenstein wußte, daß die Hannoveraner jener Truppenabtheilung unmittelbar gegenüber standen.

Wir müssen gestehen, daß uns das Verständniß für die Anordnungen des Generals von Falckenstein am 26. Juni vollständig fehlt, jedoch ziehen wir es vor, uns hierüber n i c h t in langathmige Untersuchungen einzulassen.

II.

Das Treffen von Langensalza am 27. Juni.

Die Hannoveraner waren in der Nacht zum 27. Juni hinter die Unstrut zurückgegangen und bezogen folgende Stellungen:

Brigade Bülow:

Regiment Nr. 4:	1 043 Mann Infanterie,*)
„ „ 5:	1 122 „ „
Jäger-Bataillon Nr. 2:	699 „ „
Regiment Kronprinz-Dragoner:	328 Reiter,
6 gezogene 6-Pfünder.	

Außerdem ein Arbeitskommando von 300 Mann des 5. Regiments und 52 Mann des 2. Jäger-Bataillons, zur Herstellung der in Aussicht genommenen Erdwerke, welche bei Thamsbrück erbaut werden sollten.

Notiz. Regiment Nr. 4 hatte sein Depot in der Stärke von 4 Offizieren, 387 Mann in Stabe zurückgelassen.

Die Brigade befand sich bei Thamsbrück, bei ihr war die Reserve-Artillerie, 6 gezogene 6-Pfünder und 6 24pfdg. Haubitzen.

Brigade de Baur:

Regiment Nr. 2:	1 473 Mann Infanterie,
„ Nr. 3:	1 663 „ „
Jäger-Bataillon Nr. 1:	906 Mann Infanterie,
Regiment Cambridge-Dragoner:	276 Reiter,
6 gezogene 6-Pfünder.	

---

*) Ueberall einschließlich der Offiziere.

Notiz. ²/₃ Schwabronen der Cambridge-Dragoner bildeten die Stabs-
wache des Königs von Hannover, so daß das Regiment nur 3¹/₃ Schwabronen verfügbar hatte.

Die Brigade lagerte bei Merxleben.

Brigade Knesebeck:

Regiment Garde:	1 298 Mann,
Leib-Regiment:	1 513 „
Garde-Jägerbataillon:	738 „
Regiment Königin-Husaren:	290 Reiter,
6 glatte 12-Pfünder.	

Notiz: Eine Kompagnie des Garde-Regiments bildete die Bedeckung
der 10 Reservegeschütze, welche zur Ausrüstung der zu erbauenden Schanzen
bestimmt waren.

Das Regiment Königin-Husaren hatte eine Abtheilung zur Bedeckung
des Fuhrwesens abgegeben.

Die Brigade lagerte nordwestlich von Merxleben.

Brigade Bothmer:

Regiment Nr. 6:	1 134 Mann,
„ Nr. 7:	991 „
Jäger-Bataillon Nr. 3:	810 „
Regiment Garde-Husaren:	222 Reiter,
4 gezogene 6-Pfünder,	
4 glatte 12-Pfünder.	

Notiz. Die Rekruten waren beim Regiment Nr. 6 und bei dem
Jägerbataillon Nr. 3 nicht eingestellt.

Regiment Nr. 7 hatte sein Depot in der Stärke von 3 Offizieren,
371 Mann in Osnabrück zurückgelassen.

Vom Regiment Garde-Husaren waren 1¹/₃ Schwabronen zur Beobachtung in der linken Flanke abgezweigt.

Die Brigade befand sich bei Nägelstedt.

Reserve-Kavallerie:

Regiment Garde du Corps:	245 Reiter,
„ Garde-Küraffiere:	370 „
4 glatte 12-Pfünder.	

Notiz. Das Regiment Garde du Corps hatte 2 Schwabronen zu
größeren Fouragierungen abgezweigt, von welchen ein Theil so rechtzeitig
zurückkehrte, daß er am Kampfe noch theilnehmen konnte. Man kann
daher das Regiment zu 3 Schwabronen berechnen.

Die Reserve=Kavallerie lagerte bei Sundhausen, nordöstlich von Merxleben.

Das Hauptquartier befand sich in Merxleben, der König weilte in Thamsbrück.

Als Vorposten waren bei Henningsleben die 3½ Schwadronen Cambridge=Dragoner zurückgelassen worden, als fester Rückhalt für sie diente 1/3 bei Langensalza. Die hannoversche Armee zählte mithin einschl. der Offiziere am 27. Juni **für den Kampf**:

13 742 Mann Infanterie,
1 731 Reiter,
42 bespannte Feldgeschütze

Man erwartete keinen Kampf für den 27. Juni. Unbestimmte Gerüchte sprachen von einem entschiedenen Vormarsche der bayerischen Armee; man hoffte daher annehmen zu dürfen, daß die preußischen Truppen den Bayern entgegen gerückt seien.

Notiz. Die Stärke=Angaben sind nach dem offiziellen Berichte über die Kriegsereignisse zwischen Hannover und Preußen zusammengestellt. Sie umfassen alle Offiziere und Mannschaften, welche thatsächlich in den Kampf kamen. Da jedoch die Offiziere eingerechnet sind, so würde die Zahl der Gewehre bezw. Säbel sich erst ergeben, wenn man die Offiziere abrechnete, was leider unmöglich ist, da ihre Zahl sich nirgends angegeben findet.

Preußischerseits hatte das Regiment Altenburg (2 Bataillone mit zusammen 1 100 Gewehren), welches am 25. Juni in Erfurt eingetroffen war, den Befehl erhalten, die Räumung der Gewehrfabrik in Sömmerda zu decken, da dieselbe durch die Nähe der hannoverschen Armee gefährdet war. Das Regiment marschirte am 27. Juni früh 3 Uhr mit dem in Erfurt gebliebenen Reste der Dragoner=Schwadron Stendal und einem Pionierkommando aus Erfurt ab und besetzte die Uebergänge über die Gera, etwas mehr als 2 Meilen östlich von Nägelstedt.

Die Abtheilung des Generals von Flies biwakirte am 26. Juni bei Warza, 1¾ Meilen südlich von Langensalza, die Vorposten waren weiter vorgeschoben.

Regiment Nr. 11 hatte am 26. Juni den Befehl erhalten, mit der Dragoner=Schwadron Stendal und der gezogenen 4pfdg. Batterie den Hannoveranern in der Richtung auf Langensalza zu folgen. Dies geschah und führte zu einem sehr anstrengenden Marsche bei glühender Sonnen=

hitze. Beinahe wäre es in der Gegend von Henningsleben zu einem
Kampfe mit hannoverscher Kavallerie gekommen, jedoch kam eben, als die
preußische Batterie im Begriffe war, das Feuer zu eröffnen, der Befehl
an, „nicht über Sonneborn hinaus zu rücken". Dieser Befehl war bereits
um 10 Uhr früh abgeschickt worden, traf aber erst um 2 Uhr nachmittags
ein. Die preußische Abtheilung trat sofort den Rückmarsch an, 1½ Meilen
weit, und traf erst gegen 8 Uhr abends in Sonneborn und Brüheim
ein, woselbst enge Quartiere bezogen wurden, 1¾ Meilen südlich von
Langensalza.

Die Abtheilung des Generals von Flies hatte folgende Zusammen=
setzung und Stärke:

Avantgarde. Oberst von Fabeck:

Regiment Koburg=Gotha: 2 Bataillone — 1 200 Gewehre,
Besatzungs=Schwadron Merseburg   —   70 Säbel
6 gezogene 4=Pfünder.

Gros. Oberst Freiherr von Hanstein:

I und II/25: 2 Bataillone — 1 800 Gewehre,
Regiment Nr. 11: 3   „   = 2 700   „
Bataillon Torgau Landwehr=Regiments Nr. 32: 400 Gewehre,
Ersatz=Schwadron Husaren=Regiments Nr 10:   80 Säbel,
eine reitende Batterie — 6 glatte 12=Pfünder,
zusammen 4 900 Gewehre, 80 Säbel, 6 Geschütze.

Reserve. General=Major von Seckendorff:

Bataillon Naumburg   Landw.=Regts. Nr. 32: 400 Gewehre,
    „   Aschersleben   „   „   Nr. 27: 400   „
    „   Potsdam   „   „   Nr. 20: 425   „
    „   Treuenbrietzen   „   „   Nr. 20: 425   „
Ersatz=Bataillon Regiments Nr. 71:   350   „
Besatzungs=Schwadron Stendal: 70 Säbel,
eine reitende Batterie — 6 glatte 12=Pfünder,
die Ausfallbatterie von Erfurt — 2 glatte 6=Pfünder,
2 7pfdg. Haubitzen,
zusammen 2 000 Gewehre, 70 Säbel, 10 Geschütze.

Bei dieser Stärke=Angabe sind die in Folge der großen Anstrengungen
der vorhergegangenen Märsche eingetretenen Abgänge berücksichtigt. Die
Gesammtstärke der Preußen betrug also 8 100 Gewehre, 220 Säbel
und 22 Geschütze, unter letzteren jedoch nur 6 gezogene.

Vergeblich hatte der Herzog von Sachsen-Koburg-Gotha noch in der Nacht zum 27. Juni persönlich den Versuch gemacht, vom General von Falckenstein Verstärkungen für die Abtheilung des Generals von Flies zu erhalten. Falckenstein glaubte, angesichts der von den Bayern drohenden Gefahr, keinerlei Abänderungen vornehmen zu sollen. Er beschränkte sich auf die Anordnung, die Truppen der Generale von Beyer und von Göben möglichst nahe an die Eisenbahn zu verlegen, damit erforderlichen Falls schnell Truppen nach der Gegend von Weimar befördert werden könnten, falls es sich bewahrheiten sollte, daß die Hannoveraner den Durchbruch in dieser Richtung versuchen wollten.

Am frühen Morgen des 27. Juni wurden II und F/53 mit der Eisenbahn nach Gotha befördert, sollten aber hier weitere Befehle erwarten.

Das Zurückdrängen der Hannoveraner hinter die Unstrut.

Am 27. Juni früh 7 Uhr standen die Truppen des Generals von Flies in der angegebenen Zusammensetzung marschbereit. General von Flies wollte zunächst nach Langensalza vorgehen, um festzustellen, ob die Hannoveraner wirklich über Tennstedt, also in der Richtung auf Weimar, abmarschirt seien, wie das Gerücht besagte.

Um 8 Uhr früh begannen die preußischen Truppen den Vormarsch auf Langensalza. Sehr bald wurden die beiden Haubitzen der Ausfall= batterie zur Avantgarde vorgezogen, so daß dieselbe nunmehr über 8 Geschütze verfügte.

Etwa um 9½ Uhr fielen die ersten preußischen Kanonenschüsse auf die abziehenden Vorposten der Hannoveraner. Beiderseits glaubte man noch immer nicht an einen ernsten Kampf. Selbst das entschiedene Vor= gehen des Generals von Flies brachte den Hannoveranern nur die Ueber= zeugung bei, daß es sich um eine Erkundung handele. Da nun die Stadt Langensalza für die Verpflegung der hannoverschen Armee als besonders wichtig erachtet wurde, so erhielt die Brigade Knesebeck den Befehl, durch Merxleben vorzugehen und sich, wenn möglich, zwischen Langen= salza und Henningsleben aufzustellen, um den Besitz der Stadt sicher zu stellen. Gleichzeitig sollte die Brigade Bothmer über Nägelstedt gegen die rechte Flanke der Preußen vorgehen.

Gegen 11 Uhr näherte sich die preußische Avantgarde der Stadt Langensalza. Der Kommandeur des hier stehenden hannoverschen Ba= taillons 1/3 erkannte sehr bald die ihn bedrohende Uebermacht und zog ab, ohne sich auf ein ernstes Gefecht einzulassen. Er machte noch den

Versuch, auf dem Judenhügel von neuem Widerstand zu leisten, gab jedoch diesen Versuch sehr bald auf, da er in Front und Flanke von I./Koburg-Gotha angegriffen wurde. Drei Kompagnien dieses Bataillons 1, 2, 4 besetzten demnächst den Judenhügel, der abziehende Feind wurde mit Schnellfeuer verfolgt.

Es war etwa 11 Uhr früh.

Um diese Zeit überschritt nun gerade die Brigade Knesebeck den Brückenengweg von Merxleben und stieß hier auf die zurückgehenden Vorposten der Hannoveraner.

Bei der nunmehr vorgefundenen, gänzlich veränderten Sachlage blieb dem General von Knesebeck nichts anderes übrig, als auch seinerseits Kehrt zu machen und wieder über die Unstrut zurückzugehen. Die Batterie der Brigade be Vaux eröffnete ihr Feuer noch vor der Räumung des Judenhügels durch die Hannoveraner. Auf Seite der Preußen antwortete alsbald die gezogene 4pfdg. Batterie aus einer Stellung südlich von Langensalza. II/3 besetzte Merxleben, rückwärts des Kirchberges marschirte die Brigade be Vaux in zwei Treffen auf, während die gezogene 6pfdg. Batterie der Reserve-Artillerie neben der Batterie der Brigade be Vaux auf dem Kirchberge auffuhr. Es befand sich daher die Brigade be Vaux in einer sehr fehlerhaften Stellung, unmittelbar hinter der eigenen Artillerie und allen Geschossen ausgesetzt, welche über die letztere hinweg gingen.

Der Rückzug der Brigade Knesebeck wurde fast gar nicht belästigt. Allerdings gingen preußischerseits die beiden reitenden Batterien, die gezogene 4pfdg. Batterie und die beiden Haubitzen, also zusammen 20 Geschütze, auf dem Judenhügel in Stellung, allein sie konnten den Brückenengweg nicht einsehen, da sowohl die Kastanienallee, welche vom Babe nach Kallenbergs Mühle führt, als einige Pappeln an dem Wegeknotenpunkte den Engweg selbst dem Auge des Beobachters auf dem Judenhügel entzogen. In Folge dessen feuerte die preußische Artillerie nicht auf die zurückgehenden, dichten feindlichen Kolonnen der Brigade Knesebeck, sondern auf die feindliche Artillerie, welcher inzwischen 3 Geschütze der Batterie der Brigade Knesebeck eine willkommene Verstärkung gebracht hatten. Die eben genannte Brigade marschirte in eine Reservestellung nördlich von Merxleben zurück, jedoch blieben die beiden Bataillone des Garderegiments bei diesem Dorfe zurück und übernahmen aus eigener Initiative die Vertheidigung der Unstrut von Merxleben stromaufwärts in der Richtung auf Thamsbrück.

Preußischerseits besetzten 1, 2, 4, 5/Koburg-Gotha den Judenhügel, 3/K.G. ging bei Gräsers Fabrik über die Salza und drang gegen die Unstrut vor, wobei sie das Feuer auf die jenseits des Flusses befindlichen Schützenschwärme des hannoverschen Garde-Regiments eröffnete, während die beiden Schützenzüge Nr. 1 und 4 von 1/25 dasselbe von dem Wege aus thaten, welcher von der Rasenmühle nach Kallenbergs Mühle führt. 8/K.G. besetzte den Ausgang von Langensalza an der Gasanstalt, 6 und 7/K.G. nebst einem Zuge der Schwadron Merseburg besetzten das Mühlhausener Thor und beobachteten gegen Thamsbrück.

Das preußische Gros marschirte hinter dem Judenhügel auf.

Die Reserve setzte sich nach dem Siechenhofe in Marsch. Nur 4/71 blieb zur Bedeckung des Fuhrwerks hinter Henningsleben zurück.

Bald nach Beginn des Gefechtes erschien der Generalstabs-Offizier der Division Göben, Hauptmann von Jena, um sich über die Lage der Dinge zu unterrichten. Es schien damals noch, daß man nur die Nachhut der Hannoveraner vor sich habe, daß also ein ernster Kampf nicht in Aussicht stehe. General von Flies bat daher nicht um Unterstützung und Hauptmann von Jena kehrte nach Gotha zurück, wo er um 1 Uhr nachmittags eintraf und sofort telegraphische Meldung an General von Göben erstattete, um demnächst nach Eisenach zurück zu fahren.

Die beiden in Gotha befindlichen Bataillone Regiments Nr. 53 baten telegraphisch um die Erlaubniß, nach Langensalza marschiren zu dürfen, wurden jedoch gegen zwei Uhr wieder nach Eisenach per Eisenbahn zurückbefördert, weil man hier den Vormarsch der Bayern befürchten zu müssen glaubte.

Der Kampf
der Brigade Bothmer gegen die preußische Reserve.

Die Brigade Bothmer erhielt noch bei Nägelstedt die Weisung, hier die Unstrut zu überschreiten und gegen die rechte Flanke der Preußen vorzugehen. General von Bothmer weigerte sich aber, dieser Weisung Folge zu leisten und führte seine Brigade zunächst näher an Merxleben heran. Dieser Abmarsch erfolgte bald nach 11 1/4 Uhr früh. Die gezogene Batterie der Brigade protzte etwa 800 Schritte westlich von Nägelstedt ab und feuerte auf die gegen Langensalza marschirenden preußischen Kolonnen, stellte jedoch das Feuer sehr bald ein, da die Entfernung zu groß war.

Etwa um 12 Uhr protzte die reitende Batterie der Brigade Bothmer halbwegs zwischen Merxleben und Nägelstedt ab und eröffnete ihr Feuer gegen den Judenhügel, wegen der zu großen Entfernung nach dorthin aber bald darauf gegen die bei Kallenbergs Mühle sichtbare preußische Infanterie.

Das Garde-Husaren-Regiment erhielt den Befehl, die Unstrut zwischen den eben genannten beiden Dörfern zu überschreiten, mußte aber den Versuch aufgeben, weil die Ufer zu hoch und zu steil waren.

Nunmehr rückte die gezogene Batterie der Brigade ganz dicht an die Unstrut heran und zwar gegenüber vom Erbsberge; von hier aus eröffnete sie ein den Judenhügel flankirendes, außerordentlich erfolgreiches Feuer.

Unterdessen marschirte die Infanterie der Brigade Bothmer bis auf etwa 500 Schritte nördlich der Unstrut, den Klingenbach unmittelbar zur linken Hand. Man versuchte den Fluß durch gefällte Bäume zu überbrücken, jedoch gelang dies nicht.

Das Feuer der gezogenen Batterie der Brigade Bothmer war inzwischen so wirksam geworden, daß etwa um $\frac{1}{2}1$ Uhr die preußische gezogene Batterie den Judenhügel verließ, um aus einer geeigneten Stellung die feindliche Batterie zu bekämpfen. Sie fand eine solche Stellung auf dem Hügel nördlich vom Siechenhofe, wurde jedoch bald nach dem Judenhügel zurückgerufen. Das höchst unangenehme Flanken- feuer der Hannoveraner veranlaßte den Kommandeur der preußischen Artillerie zu der Bitte an den General von Flies, durch Infanterie- feuer die feindliche Batterie zum Abfahren zu zwingen. General von Flies befahl daher der Reserve, dieser Bitte zu entsprechen.

Die Reserve war inzwischen am Siechenhofe aufmarschirt; sie ent- sandte 1/71 nach dem Erbsberge, um die feindliche Batterie zu vertreiben. Als diese Kompagnie, nur 76 Mann stark, auf dem Erbsberge ankam, begann sie alsbald ihr Feuer gegen die 4 gezogenen Geschütze der Brigade Bothmer, bemerkte aber gleichzeitig auch die dichten Kolonnen der Infanterie dieser Brigade. Nicht eine einzige Kavallerie-Patrouille war nach dieser Richtung hin preußischerseits zur Beobachtung entsandt worden, so daß die Anwesenheit der 5 feindlichen Bataillone bisher ganz unbekannt geblieben war. Sofort wurde Meldung geschickt, auf welche hin die Bataillone Aschersleben und Naumburg, die beiden glatten 6=Pfünder und 3/71 nach dem Erbsberge entsandt wurden. 1/71 war inzwischen

bis zu dem Wiesengraben, zwischen dem Erbsberge und der Unstrut, vorgegangen und gab Schnellfeuer auf die feindliche Batterie ab.

General von Bothmer sah sich nun veranlaßt, die Unstrut mit seiner
Infanterie-Brigade zu durchwaten, da es unmöglich war, eine Laufbrücke
herzustellen. Zu diesem Zwecke wurde das 3. Jäger-Bataillon vorgezogen,
die Tornister wurden abgelegt und die Patronen herausgenommen. Das
3. Jäger-Bataillon ging jedoch nicht gegen die Unstrut vor, sondern in
der Richtung auf Merxleben, so daß die Brigade Bothmer ohne dasselbe
den Uebergangsversuch unternehmen mußte. Als die übrigen 4 Bataillone
nämlich auf Merxleben folgen wollten, erschienen die oben genannten
preußischen Truppen auf dem Erbsberge und begannen ihr Feuer.

9 und 12/Aschersleben gingen alsbald in die Feuerlinie vor, die
beiden glatten 6 = Pfünder protzten auf dem Erbsberge ab, auch 3/71
nahm an dem Schützengefechte Theil. 10 und 11/Aschersleben und das
Bataillon Naumburg blieben einstweilen in Reserve. Bataillon Torgau
stellte die Verbindung zwischen dem Erbsberge und dem Badewäldchen
her, entwickelte aber ebenfalls Schützen.

Etwa um 1¾ Uhr mußte die gezogene hannoversche Batterie in
Folge des heftigen, auf sie gerichteten Feuers zurückgehen, so daß die
Brigade Bothmer gerade in dem entscheidenden Augenblicke der Unterstützung durch ihre Artillerie verlustig ging, da auch die reitende Batterie
zu dem Garde = Husaren = Regiment zurück befohlen worden war.

Der Unstrut am nächsten stand II/6. Es warf sofort seine Scharf-
schützen und die 5. Kompagnie gegen den Fluß vor, welche das Feuer
der Preußen erwiderten, während der Rest des Bataillons halten blieb.

Nun warf I/6 drei Kompagnien an die Unstrut. Die 1. und 4. Kompagnie fanden diesen Fluß in einer Tiefe von 6—7 Fuß vor sich, konnten
also nicht herüber; sie lösten sich am Ufer in Schützen auf und begannen
ein lebhaftes Feuergefecht; 2/6 fand eine seichtere Stelle, auf welcher
etwa 50 Mann den Fluß überschritten und sich am jenseitigen Ufer
einnisteten, 3/6 blieb in Reserve.

I/7 ging gleichfalls vor, fand eine Wassertiefe von 4—5 Fuß vor
sich und überschritt die Unstrut, nur 4/7 konnte dies nicht ausführen
und blieb am nördlichen Ufer. Die 3 übergegangenen Kompagnien
schritten zum Angriff auf den Erbsberg. Hier eilten 10 und 11/Aschers-
leben in die Feuerlinie, auch 9 und 12/Naumburg entwickelten je 2 Züge
als Schützen.

Da die Munition der Hannoveraner größtenteils naß geworden war, konnten die übergegangenen Kompagnien das heftige Feuer der Preußen nur sehr schwach erwidern und wurden geworfen. 2 und 3/7 gingen wieder über die Unstrut zurück, 1/7 verblieb auf dem südlichen Ufer. II/7 war im 2. Treffen gefolgt, ging nun aber auch wieder zurück, als der Angriff des 1. Bataillons abgeschlagen war.

Etwa eine halbe Stunde später bemerkte man, daß weiter westlich han= noverschе Abtheilungen (vom 3. Jäger=Bataillon) die Unstrut überschritten. Dies gab den Anstoß zu einem neuen Angriff. 2 und 3/7 durchschritten den Fluß zum zweiten Male und gingen im Verein mit 1/7 wiederum gegen den Erbsberg vor. Allein auch dieser Angriff scheiterte, die 3 Kom= pagnien gingen an das Ufer zurück, überschritten aber demnächst die Unstrut, um ganz und gar auf das nördliche Ufer zurückzukehren.

Nun unternahm II/7 einen Versuch, den Fluß zu überschreiten. Die 5. Kompagnie kam herüber, allein die Munition wurde auch bei dieser Kompagnie durchnäßt, so daß dieselbe bald wieder zurückging.

Vergeblich versuchte die gezogene Batterie der Brigade Bothmer aus einer neuen Stellung ihre Infanterie zu unterstützen, das Gelände ge= stattete es nicht.

Gegen 2½ Uhr trat daher die Brigade Bothmer den Rückzug an. Sie marschirte bis halbwegs zwischen Merxleben und Nägelstedt, so daß sie den beide Orte verbindenden Weg im Rücken hatte. 5/6 und Theile von 2/6 setzten das Feuergefecht noch eine Weile fort, folgten dann aber ihrem Bataillon. Einige Schützengruppen von 4/6 und II/6 blieben ebenfalls zunächst noch am Ufer zurück, suchten aber später Anschluß an das 3. Jäger=Bataillon.

Jetzt traf der Major von Jacobi, vom hannoverschen Generalstabe, bei der Brigade Bothmer ein und versuchte den General zur Wieder= aufnahme der Offensive zu bewegen, allein vergeblich. Nur die beiden Batterien der Brigade gingen wieder vor und eröffneten auf's neue ihr Feuer, besonders die gezogene Batterie, welche gegen den Judenhügel feuerte. Die 4 Bataillone aber blieben bis zum Abend unthätig.

Preußischerseits war inzwischen auch das Bataillon Treuenbrietzen nach dem Erbsberge gezogen worden, so daß die gesammte Reserve ver= braucht war, da das Bataillon Potsdam und 2/71 nach dem Babe= wäldchen abrücken mußten.

Die Pontons der Hannoveraner befanden sich eine Meile hinter der Armee. Wären sie bei der Hand gewesen, so würden sie der Brigade Bothmer den Uebergang über die Unstrut ermöglicht haben, wodurch der

Gang des Gefechtes in einer für die Preußen höchst ungünstigen Weise beeinflußt werden mußte.

Wir haben bei Königgrätz genau denselben Fehler gemacht und die Folgen ebenso schmerzlich empfunden, wie die Hannoveraner bei Langen=salza. An solche Vorkommnisse muß erinnert werden. Beim Beginn eines ernsten Kampfes gehören alle Impedimenta weit zurück, das ist wahr. Es ist aber Sache des Kommandeurs der Pioniere, während des Kampfes mit den Brückentrains dauernd in Verbindung zu bleiben und dafür zu sorgen, daß dieselben rechtzeitig dorthin gezogen werden können, wo man sie braucht. Wo dies ist, kann man beim Brücken=train nicht wissen, wohl aber im Stabe des General=Kommandos. Es ist also Sache des dort weilenden Kommandeurs der Pioniere, die Brückentrains rechtzeitig heranzuholen.

Die Entwickelung des Kampfes vor Merxleben bis zum Beginn der hannoverschen Offensive.

Der Kommandeur der hannoverschen Armee General von Arents=schild erschien um 11½ Uhr früh auf dem Kirchberge bei Merxleben. Er sah, daß weit größere Streitkräfte gegen ihn anrückten, als man ursprünglich geglaubt hatte und beschloß, vorläufig in der Defensive zu verharren.

Brigade Bülow marschirte nach 11 Uhr näher an Merxleben heran und zwar bis etwa auf 2000 Schritte nördlich der Unstrut. Die Brigade=Batterie eröffnete um 12 Uhr 20 Min. vorwärts ihrer Infanterie ein langsames Feuer gegen den Judenhügel.

Später ging sie in eine neue Stellung, etwa 300 Schritte östlich des Kalkberges, woselbst sie vorzügliche Deckung fand und das Feuer fortsetzte.

Die Schanzarbeiten wurden fortgesetzt, das Arbeiterkommando rückte also nicht bei den Truppentheilen ein.

Brigade Knesebeck marschirte etwa 2000 Schritte nördlich von Merxleben auf, in gleicher Höhe mit der Brigade Bülow und links von ihr. Auch die Reserve=Kavallerie rückte näher heran und marschirte etwa um 12½ Uhr links der Brigade Knesebeck auf.

Auf Seite der Preußen war General von Flies vorübergehend heftig erkrankt, so daß er sein Kommando zunächst nicht ausüben konnte. Eine Art von Sonnenstich hatte ihn befallen, die Krankheit ging schnell vorüber, verhinderte jedoch den General gerade zu der Zeit am Handeln, wo man sich entscheiden mußte, was nun weiter geschehen sollte. Die Hannoveraner waren hinter die Unstrut zurückgegangen, Merxleben schien stark besetzt, auf dem Kirchberge feuerten 15 feindliche Geschütze. Die Absicht, den Feind zur Entwickelung zu zwingen, war also erreicht; an einen ernsthaften Angriff konnte man bei der Geringfügigkeit der eigenen Kräfte vernünftigerweise nicht benken; es wäre daher am richtigsten gewesen, das Gefecht abzubrechen. Allein General von Flies war nirgends zu finden, die verschiedenen Unterführer aber wagten es nicht, auf eigene Verantwortung einen so folgenschweren Entschluß zu fassen, wie das Abbrechen des Kampfes gewesen wäre. Man beschloß daher, das Gefecht vorläufig fortzusetzen. II/25 erhielt den Befehl, gegen Merxleben vor= zugehen und die feindliche Artillerie durch Schützenfeuer zu vertreiben. In Folge dessen ging 5/25 zwischen der Rasenmühle und Kallenbergs Mühle über die Salza, welche hier 4—5 Fuß tief war und verstärkte die jenseits bereits im Feuer befindliche 3. Kompagnie/K.G.; 6/25 ging nach Kallenbergs Mühle vor. Etwas später wurde 8/25 nach der Kastanienallee zwischen dem Babewäldchen und Kallenbergs Mühle vor= geschickt; sie besetzte diese Allee und den Rand des Babewäldchens, woselbst auch 2 Züge von 1/25 thätig waren, welche schon etwas früher sich hierher begeben hatten. 7/25 verblieb hinter Kallenbergs Mühle als Soutien. Etwa ¼ Stunde nach dem Eintreffen letzterer Kompagnie ging 6/25 noch etwa 100 Schritte vor und nistete sich dicht vor der Unstrut ein.

Die hinter dem Judenhügel haltenden Bataillone des Gros wurden durch das sehr wirksame Flankenfeuer der gezogenen Batterie der Brigade Bothmer in so empfindlicher Weise belästigt, daß II und F/11 mehr nach Langensalza gezogen werden mußten, auch die 4 Kompagnien/K.G. litten unter diesem Feuer.

8/11 wurde nach Thamsbrück entsandt, um über die dortigen Ver= hältnisse aufzuklären; sie begegnete am Mühlhausener Thore den dort stehenden Kompagnien 6 und 7/K.G., welche (nach eingeholter Erlaubniß) ebenfalls nach Thamsbrück abrückten. Dieses Städchen wurde von 8/11 etwa um 1¾ Uhr erreicht und unbesetzt gefunden. Die dortigen Unstrutbrücken waren unversehrt. Der Ort wurde nunmehr preußischerseits besetzt.

Gegen 1 Uhr marschirte I/11 nach dem Babewäldchen ab. Bei der ungeheuren Hitze an diesem Tage kam das Bataillon so erschöpft im

Wäldchen an, daß sofort 40—50 Mann bewußtlos niederstürzten. Der vor dem Wäldchen liegende Wiesengraben und die Umfassung des Wäldchens wurden nun stark besetzt, und alsbald begann ein lebhaftes Feuergefecht mit den jenseits der Unstrut befindlichen Schützen der Brigade be Vaux.

Um 1 Uhr nachmittags etwa trafen 2 und 3/25 bei Kallenbergs Mühle ein, 1 Zug von 3/25 überschritt die Salza und verstärkte die hier kämpfenden 3/R.G. und 5/25.

Um diese Zeit glaubte Major Bassenge, der Kommandeur von II/25, einen Angriff auf die Brücke versuchen zu sollen; er bestimmte hierzu die 7. Kompagnie seines Bataillons, welche den Angriff sofort ausführte und durch Schützenschwärme von 6 und 8/25 dabei unterstützt wurde. Ein furchtbares Feuer ergoß sich alsbald über die anstürmende Kompagnie, Shrapnels, Kartätschen und Gewehrkugeln schmetterten dieselbe aus= einander, der Angriff scheiterte. Ein Theil der Angreifer warf sich hinter den Chausseedamm, ein anderer Theil nach dem Bette der Salza, ein dritter Theil eilte hinter Kallenbergs Mühle zurück, woselbst etwa ein Zug gesammelt wurde.

Etwas später schritten die jenseits der Salza befindlichen preußischen Abtheilungen ebenfalls zum Angriffe, zunächst 5/25, ein Zug von 3/25 und die nächsten Schützenschwärme von 3/R.G. Auch dieser Angriff scheiterte an dem heftigen Feuer des Feindes vom anderen Ufer der Unstrut her. Die preußischen Schützen kamen nur an einen etwa 300 Schritte von der Unstrut entfernten Graben, wo sie sich einnisteten, später aber theilweise bis auf etwa 200 Schritte vom Flusse vordrangen.

Die Schützenzüge Nr 1 und 4 von I/25 hatten sich den Kom= pagnien 2 und 3/25 angeschlossen und schwärmten nun theils bei Kallenbergs Mühle, theils an der Kastanienallee aus.

2/25 ging zur Verlängerung der Schützenlinie nach rechts vor, ihr Schützenzug blieb in der Nähe der Chaussee, die beiden anderen Züge überschritten die Unstrut und nisteten sich jenseits derselben am Fuße des Kirchberges ein, wohin auch Schützenschwärme von 1 und 8/25 folgten.

Das Gewehrfeuer der Preußen wurde nun so heftig, daß die hannoversche Artillerie auf dem Kirchberge nicht länger aushalten konnte. Zwischen 1 und 1½ Uhr räumte sie denselben, so daß das Geschützfeuer auf Seite der Hannoveraner hier gänzlich verstummte. Die 3 Geschütze der Batterie der Brigade Knesebeck hatten allein 2 Offiziere und 13 Mann verloren.

Unterdessen war auch F/11 ins Gefecht vorgezogen worden.

10/11 schwärmte vorwärts der Kastanienallee aus, 9/11 ging nach Kallenbergs Mühle, von wo nunmehr die dort noch verfügbaren 2 Züge 3/25 nach der Höhe hinter dem Bade eilten, um hier als Soutien zu dienen. 11/11 schwärmte diesseits der Salza aus, den rechten Flügel an Kallenbergs Mühle gelehnt, 12/11 verblieb vorläufig in Reserve an der Chaussee.

Wir finden daher zwischen 1 und 1½ Uhr folgendes Bild:

Auf dem linken Flügel der feuernden Schützenlinie, zwischen der Unstrut und der Salza 3/R.G., 5/25 und 1 Zug 3/25, also 450 Gewehre.

Zwischen dieser Gruppe und Kallenbergs Mühle 11/11 = 225 Gewehre.

In Kallenbergs Mühle 9/11 = 225 Gewehre; hinter derselben 1 Zug von 7/25 = 75 Gewehre.

Zwischen Kallenbergs Mühle und der vorderen Unstrutbrücke, zu beiden Seiten der Chaussee 6 und 7/25, 1 Zug von 2/25, die Schützen=züge Nr. 1 und 4 von 1/25 = 600 Gewehre.

In und vorwärts der Kastanienallee 8/25, 2 Züge von 1/25 und 10/11 = 550 Gewehre.

In und vor dem Badewäldchen 1/11 = 900 Gewehre.

Jenseits der Unstrut am Fuße des Kirchberges 2 Züge von 2/25 und Schützenschwärme von 1 und 8/25 = 200 Gewehre.

An der Chaussee hinter Kallenbergs Mühle 12/11 = 225 Gewehre.

Hinter dem Bade 2 Züge von 3/25 = 150 Gewehre.

Hinter dem Judenhügel befanden sich noch 1. 2. 4. 5/R.G., 5. 6. 7/11, 2 Züge 4/25 = 1 425 Gewehre.

In Folge des immer heftiger sich entwickelnden Feuergefechts hatte die Brigade de Vaur auch II/2 nach Merxleben heran gezogen, um die Vertheidigung des Dorfes zu kräftigen.

Der Oberst de Vaur erwartete mit Ungeduld den Augenblick, in welchem er zum Angriff übergehen könnte, er befahl dem Regiment Cambridge=Dragoner, die Unstrut zu überschreiten und die jenseits im Feuern befindlichen preußischen Schützen zu vertreiben. Das Regiment trabte vor und erschien gegenüber dem Badewäldchen, mußte aber zurück=gehen, da seine Spitze sofort mit Schnellfeuer überschüttet wurde.

In und bei Merxleben standen zwischen 1 und 1½ Uhr die Brigade de Vaur und das Garde=Regiment — 5 340 Mann.

Dahinter die Brigaden Bülow und Knesebeck = 5 115 Mann.

Wir haben gesehen, daß auf preußischer Seite eine völlige Zer=splitterung der Truppenverbände eingetreten war. Die beiden Bataillone

Regiments Nr. 25 waren derartig bunt durcheinander gewürfelt, daß nur 3 Kompagnien (Nr. 5. 6. 8) in sich leiblich geschlossen auftraten, während bei den übrigen 5 Kompagnien selbst die Züge durcheinander geworfen waren und getrennt im Kampfe standen. Die Kompagnien von F/11 waren wenigstens in sich geschlossen geblieben, wenn auch jede einzelne Kompagnie für sich allein focht. Nur I/11 blieb in der Hand seines Kommandeurs; wir werden sehen, wie sich sein Widerstand besonders rühmlich kennzeichnete.

Eine einigermaßen ausreichende Reserve war nicht vorhanden, dieselbe bestand eigentlich nur aus den 3 Kompagnien II/11, da das kombinirte Bataillon 1. 2. 4. 5/K.G. der Artillerie als Bedeckung diente.

Die Offensive der Hannoveraner bis zur Einnahme des Judenhügels und der Stadt Langensalza.

Gegen 1 Uhr kehrte Major von Jacobi vom hannoverschen General= stabe nach Merxleben zurück und meldete dem General von Arentsschildt die Absicht des General von Bothmer, die Unstrut zwischen Merxleben und Nägelstedt zu überschreiten. Man übersah klar, daß die Preußen keine überlegenen Streitkräfte besaßen und beschloß daher, überall die Offensive zu ergreifen.

Zunächst fuhr die hannoversche Artillerie wieder auf dem Kirchberge auf, zuerst die gezogene 6pfdg. Batterie der Reserve=Artillerie, dann die Batterie der Brigade de Vaux, dann die Haubitzbatterie der Reserve= Artillerie, also zusammen 18 Geschütze. Die Batterie der Brigade Bülow feuerte aus ihrer Stellung am Kalkberge weiter. Die Brigaden Bülow und Knesebeck erhielten den Befehl zum Angriffe. Die erstere Brigade marschirte daher in 2 Treffen auf, im zweiten Treffen die zweiten Bataillone der Regimenter Nr. 4 und 5, die übrigen 3 Bataillone im ersten Treffen.

Zu dieser Zeit bemerkte man die 8. Kompagnie des 11. preußischen Regiments in Thamsbrück. Die Stärke der Preußen war nicht zu über= sehen, man schwankte einen Augenblick, ob man unter diesen Umständen angreifen sollte oder nicht. Allein man entschloß sich schnell, den Angriff dennoch durchzuführen und ließ nur das Dragoner=Regiment Kronprinz und das zum Schanzenbau bestimmte Arbeiterkommando von 352 Mann gegen Thamsbrück zurück. II/4 blieb auf Betreiben seines Kommandeurs, des Oberst Gündell, vorläufig gleichfalls zurück, da derselbe einen Angriff auf Thamsbrück für erforderlich hielt; er beorderte zu diesem Zwecke auch die Brigade=Batterie herbei. Wir wollen gleich hier bemerken, daß dieses eigenmächtige Verhalten eines Bataillons=Kommandeurs (der betreffende Stabsoffizier war gleichzeitig Kommandeur des 4. Regiments) auf den Gang der Ereignisse einen höchst schädlichen Einfluß ausübte; vom Standpunkte des militärischen Gehorsams war es gleichfalls nicht zu rechtfertigen und zwar um so weniger, als bekanntlich kein Grund zu einem solchen, den Anordnungen des Brigade=Kommandeurs geradezu entgegenlaufenden Eingreifen vorlag.

Die Batterie der Brigade Bülow feuerte aus ihrer bisherigen Stellung so lange, bis die vorrückenden Bataillone der Brigade ihre Schußlinie maskirten, zog dann aber dem Befehle des Oberst Günbell gemäß gegen Thamsbrück ab und wurde somit ihrer Brigade, zum großen Nachtheile für dieselbe, dauernd entzogen. I/4 und I/5 durchschritten die Unstrut, welche an den betreffenden Stellen nur 2—3 Fuß tief war, ohne Schwierigkeiten. Das Jäger=Bataillon Nr. 2 aber stieß auf einen breiten und sumpfigen Wiesengraben, kam in Folge dessen von der Brigade ab und zog sich weiter links gegen Merxleben; die 4. Kompagnie kam sogar bis an den Kirchberg.

Die beiden Garde=Bataillone bei Merxleben hatten eben die Weisung erhalten, zu ihrer Brigade zurückzukehren, als der Befehl zum Angriff eintraf. Beide Bataillone durchschritten nunmehr die Unstrut und zwar links von der Brigade Bülow. Das 2. Jäger=Bataillon schob sich zwischen die beiden Bataillone das Garde=Regiments ein.

Schon etwas früher, als die Garde=Bataillone den Fluß überschritten, waren Schützengruppen von II/3 über die Unstrut gegangen und hatten sich bis zur Salza vorwärts bewegt.

Die drei noch übrigen Bataillone der Brigade Knesebeck marschirten hinter Merxleben auf, die Reserve=Kavallerie that dasselbe etwa 500 Schritte nördlich des Dorfes.

Wir haben also folgendes Bild: Auf dem rechten Flügel ging I/4 in der Richtung auf Arnolbis Ziegelei vor, links von ihm I/5 auf die Rasenmühle; links von I/5 ging I/Garde vor, zog sich aber hinter den beiden eben genannten Bataillonen fort nach dem rechten Flügel der Brigade Bülow hin, das 2. Jäger=Bataillon und II/Garde nahmen die Richtung gegen die Salza oberhalb von Kallenbergs Mühle.

Hinter dem ersten Treffen folgte II/5, späterhin auch II/4, als sich herausstellte, daß von Thamsbrück her keine ernste Gefahr drohte. Das Dragoner=Regiment Cambridge marschirte nach Nägelstedt, traf unterwegs auf das Regiment Garde-Husaren, welches sich jedoch nicht anschloß, und überschritt bei Nägelstedt die Unstrut.

Von der Brigade be Baur rückten 5/2 und 6/2 bis dicht an die Unstrutbrücke heran, 1/3 und 2/3 wurden nach Merxleben herangezogen. I/2 und das 1. Jäger-Bataillon stürmten, vom Kirchberge herunter, an die Unstrut heran, wo sie sich an dem Uferdamme festsetzten.

Unterdessen hatte sich das 3. Jäger-Bataillon der Brigade Bothmer allmählich der Stellung der Brigade be Baur genähert. Wir wissen, daß dieses Bataillon an dem Versuche der Brigade Bothmer, den Fluß zu überschreiten, nicht Theil genommen hatte, sondern vielmehr strom-aufwärts vorgegangen war. Es hatte demnächst die Front gegen das Babewäldchen genommen und das Feuergefecht gegen die Vertheidiger desselben begonnen.

Das Erscheinen des 3. Jäger-Bataillons zwang nun aber diejenigen Theile des 25. Regiments, welche sich am Fuße des Kirchberges festgesetzt hatten, zum Rückzuge über die Unstrut. Es waren dies bekanntlich 2 Züge 2/25 und Schützenschwärme von 1 und 8/25. Diese Abtheilungen hatten vorher einen Versuch der 4. Kompagnie 1. Jäger-Bataillons, vom Kirch-berge herunter bis an den Fluß heran zu stürmen, blutig zurückgewiesen, mußten aber jetzt in Folge der Bedrohung ihrer Flanke sich zum Rückzuge entschließen. Derselbe wurde unter manchen Verlusten nach der Kastanien-allee durchgeführt, von wo sich die beiden Züge von 2/25 nach der Höhe hinter dem Babe wandten. Hier standen bekanntlich schon zwei Züge von 3/25, so daß hier durch Zufall das Halb-Bataillon, aber nur in der Stärke von vier Zügen, wieder zusammen kam.

Das hannoversche 3. Jäger-Bataillon durchschritt alsbald die Unstrut auch seinerseits, zunächst nur mit der 4., 2. und einem Zuge*) der 3. Kompagnie, dann folgte auch die 1. Kompagnie, so daß also nur 3 Züge auf dem nördlichen Ufer verblieben.

Die über den Fluß gegangenen Kompagnien begannen sofort das Feuergefecht gegen die . Vertheidiger des Babewäldchens.

Preußischerseits wurden etwa um 2 Uhr das Bataillon Potsdam und 2/71 nach dem Babewäldchen gezogen. Dieselben gingen im Lauf-schritt mit Hurrah vor, da sie über die Gefechtslage nicht unterrichtet waren und den Feind im Babewäldchen vermutheten. Das Mißver-ständniß klärte sich bald auf; 9 und 12/Potsdam blieben in Reserve

---

*) Die hannoversche Kompagnie hatte 4 Züge.

im Wäldchen, die anderen Kompagnieen verstärkten die Feuerlinie von I/11, deſſen 4. Kompagnie noch immer in Reſerve ſtand.

Gegen 2 Uhr gingen auch die zwei Züge von 4/25, welche hinter dem Judenhügel ſtanden, nach dem Babewälbchen vor.

Nachdem I/2 und das 1. Jäger=Bataillon an der Unſtrut ange= kommen waren, ging das 3. Jäger=Bataillon auf dem ſüdlichen Ufer des Fluſſes gegen das Babewälbchen vor, aber nur mit den 2¼ Kom= pagnien des linken Flügels. Etwa 100 Schritte wurden laufend zu= rückgelegt, dann warf ſich alles nieder. Nach einer halben Stunde wurde ein zweiter etwas größerer Sprung vorwärts gemacht. Die 1. Kompagnie blieb an dem Uferdamme des ſüdlichen Ufers liegen, ebenſo die drei Züge der 3. Kompagnie an dem Uferdamme des nörb= lichen Ufers.

Auch I/2 und das 1. Jäger=Bataillon begannen um dieſe Zeit gruppenweiſe die Unſtrut zu überſchreiten. Nunmehr wurden auch das Garde=Jägerbataillon und II/Leib der Brigade Kneſebeck vorwärts geſchickt. Drei Kompagnien des Garde=Jägerbataillons drangen bis zur Unſtrut vor, eine Kompagnie beſetzte den Kirchhof. II/Leib ſtieß auf dem Kirchberge auf einen Steinbruch und erhielt ein ſo gewaltiges Feuer, daß es in kurzer Zeit 5 Offiziere und etwa 50 Mann verlor. Das Bataillon ging in Folge deſſen zurück und wurde innerhalb von Merxleben in Reſerve geſtellt.

Auch die halbe 4. Kompagnie des 2. Jäger=Bataillons, welche bekanntlich von ihrem Bataillon abgekommen war, ſtürmte zur Unſtrut hinunter, die andere Hälfte derſelben blieb auf dem Kirchberge.

Unterdeſſen machte der Angriff der Brigade Bülow gute Fortſchritte. Der ſchwache linke preußiſche Flügel vermochte dem wuchtigen Stoße der friſchen Bataillone der Brigade Bülow nicht zu widerſtehen.

Zunächſt wurde die am weiteſten links ſtehende 3/R.G. von dem= ſelben betroffen, ſie mußte bald nach der Salza zurückgehen, dann aber trat ſie den Rückzug nach Langenſalza an, wobei einzelne Schützengruppen bei Gräſers Fabrik und dem Garniſonlazareth verblieben, den dortigen Vertheidigern ſich anſchließend.

Auch 5/25 und eine Zug von 3/25, welche zwiſchen der Unſtrut und der Salza, rechts von 3/R.G., gelegen hatten, mußten weichen. Etwa 50 Mann beſetzten die Raſenmühle, ein anderer Theil beſetzte die Gräſerſche Fabrik. Gegen dieſe Fabrik wandte ſich I/4, welches urſprüng= lich ſeinen Vormarſch auf Arnoldis Ziegelei gerichtet hatte. Gegenüber der großen Uebermacht verließ die Hand voll Preußen sehr bald die Fabrikgebäude, um nach Arnoldis Ziegelei zurückzugehen, nur etwa 30 Mann blieben in der Fabrik zurück und wurden gefangen genommen. Unterdessen war aus der Reserve, welche bekanntlich nur aus 5, 6, 7/11 bestand, 7/11 nach Arnoldis Ziegelei vorgegangen, um die hier und im Garnisonlazareth befindlichen Vertheidiger (die Hauptmasse von 3/K.G., 5/25, dem einen Zuge von 3/25) zu verstärken.

5 und 6/11 gingen nach dem Erfurter Thor, wo sie 8/K.G. trafen.

1/4 hatte nach der Eroberung der Gräser'schen Fabrik einen kurzen Halt gemacht, nur 1/4 befand sich bereits im Feuergefechte gegen Arnoldis Ziegelei. Jetzt kam hier 1/Garde an, welches bekanntlich hinter dem ersten Treffen der Brigade Bülow sich nach dem rechten Flügel gezogen hatte. Das Bataillon hatte nur 3 Kompagnien zur Stelle, da 1/Garde die Bedeckung der Reservegeschütze bildete, welche für die Armirung der zu erbauenden Schanzen bestimmt waren. Von einem sehr heftigen Feuer empfangen, verlor das Bataillon in kürzester Zeit 6 Offiziere und 55 Mann, und mußte sich darauf beschränken, das feindliche Feuer zu erwidern.

Inzwischen hatte aber der Angriffsstoß der Brigade Bülow bereits seine Wirkung auf die preußischen Truppen bei Kallenbergs Mühle geäußert. Etwa um 3 Uhr erging der Befehl zum Rückzuge an diese Truppen.

Zuerst gingen 6 und 7/25 in aufgelöster Ordnung bis zum Erfurter Thor zurück, wo sie sich sammelten. Auch die übrigen zwischen Kallenbergs Mühle und der Kastanienallee bezw. in derselben entwickelten preußischen Truppen folgten; es waren dies bekanntlich: ein Zug von 2/25, die Schützenzüge Nr. 1 und 4 von 1/25, 8/25, zwei Züge von 1/25 und 10/11. Nur letztere Kompagnie verblieb noch in ihrer Stellung an der Kastanienallee.

Alle diese Truppen waren in dem heftigen, bereits stundenlang andauernden Schützengefechte mehr oder weniger durcheinander gekommen, so daß ein geordneter Abzug derselben unmöglich geworden war. Wir halten es daher für ganz zwecklos, den Versuch machen zu wollen, die zurückwogenden, bunt durcheinander gewürfelten Schützenschwärme auf ihrem Rückwege genau zu verfolgen.

11/11 theilte sich, zwei Züge gingen nach der Rasenmühle zurück, ein Zug schloß sich an 12/11 an. Auch 9/11 ging nach der Rasenmühle zurück, wo sich auch Schwärme von Schützen des Regiments Nr. 25 einfanden.

12/11 zog sich nach dem Römplerschen Garten ab, rückwärts des Garnisonlazareths.

Es blieben jedoch eine große Anzahl von Schützen, sowohl gegen- über dem Brückenengwege, als auch in Kallenbergs Mühle zurück, weil sie im Kampfeslärm den Rückzug der Hauptmassen nicht bemerkt hatten.

Einen schweren Stand hatten anfangs II/Garde und das 2. Jäger- Bataillon gehabt, welche in dem offenen Gelände gegen die Salza vor- gingen; nur langsam gewannen hier die Hannoveraner Boden, erst nach 3 Uhr, als die Masse der Vertheidiger abgezogen war, besserte sich die Lage. Beide hannoversche Bataillone drangen nun bis zur Salza vor. Auch die Schützenschwärme von II/3, welche die Unstrut überschritten hatten, schlichen sich bis auf 50 Schritte an Kallenbergs Mühle heran und führten ein Feuergefecht mit den Vertheidigern derselben.

Das Abziehen der preußischen Schützenlinie gab auch der Brigade be Vaux den Anlaß, zum Angriff überzugehen. Zunächst stürmte 6/2 von Merxleben aus bis zur zweiten Brücke vor, ein Zug von 6/3 schloß sich an.

Unterdessen waren 5/Garde und Theile des 2. Jäger-Bataillons bis zur Chaussee im Rücken von Kallenbergs Mühle vorgegangen, erhielten aber hier ein so furchtbares Gewehr- und Kartätschenfeuer, daß sie wieder bis zu dem Wege zurückgehen mußten, welcher die Rasenmühle mit Kallenbergs Mühle verbindet.

Jetzt trafen zwei glatte 12-Pfünder der Batterie der Brigade Knesebeck auf dem Kirchberge ein und nahmen Kallenbergs Mühle unter Feuer, durch welches die Vertheidiger bald aus derselben vertrieben wurden. Da jedoch die preußischen Schützen auf ihrem Rückzuge ein äußerst lebhaftes Flankenfeuer von 5/Garde und von Theilen des 2. Jäger- Bataillons erhielten, kehrte ein großer Theil derselben in die Mühle zurück.

Nunmehr stürmten 5 und 6/2 (letztere nur mit etwa zwei Dritteln ihrer Mannschaften) gegen Kallenbergs Mühle über die Brücken vor. Auch 3 Kompagnien von I/3 gingen über die Brücken vor, wurden jedoch durch zwei eben jetzt vortrabende Schwadronen Königin-Husaren in zwei Theile gerissen. Diese beiden Schwadronen erhielten so heftiges Feuer, daß sie unter dem Schutze des Chausseedammes, welcher sie gegen das Badewäldchen hin schützte, halten bleiben mußten. 3. und $^1/_2$ 4/3 waren noch vor den Husaren über die Brücken gekommen und stürmten nun Kallenbergs Mühle, während 5 und 6/2 von der anderen Seite vorstürmten. Die Mühle wurde genommen, etwa 100 Mann fielen dabei in Gefangenschaft. 1/3 und die andere Hälfte von 4/3 zogen sich gleichfalls nach der eroberten Mühle heran; 2/3 ver= suchte gegen die Kastanienallee vorzugehen, mußte aber in Folge des heftigen Feuers, welches ihr entgegenschlug, hinter den Chausseedamm zurückweichen.

Auch 7/2 und 8/2 trafen bei Kallenbergs Mühle ein, so daß hier folgende Truppen versammelt waren: II/Garde, 2. Jäger=Bataillon (nur mit 3 Kompagnien), 1., 3., 4/3, II/2.

II/Garde ruhte einstweilen, das 2. Jäger=Bataillon ging nach Merx= leben zurück.

Unterhalb der Brücken lagen an dem südlichen Ufer der Unstrut: I/2, Garde=Jägerbataillon, 1. Jäger=Bataillon, zwei Züge 2. Jäger= Bataillons, 3. Jäger=Bataillon, von welchem letzteren die bisher zurück= gebliebenen Theile nunmehr auch den Fluß überschritten.

Etwa um $3^3/_4$ Uhr erreichten die $2^1/_4$ Kompagnien am linken Flügel des 3. Jäger=Bataillons den Wiesengraben vor dem Babe= wäldchen.

Nunmehr folgten auch die beiden noch übrigen Schwadronen des Regiments Königin=Husaren über die Brücken, erhielten aber dabei heftiges Gewehrfeuer und stürmten auf die im Engwege bereits haltenden beiden Schwadronen ihres Regiments los. Ein heftiger Anprall erfolgte, $1^1/_2$ Schwadronen fanden noch Deckung hinter dem Chausseedamm, die letzte halbe Schwadron aber nicht. Sie machte daher Kehrt und jagte nach Merxleben zurück, wobei etwa 20 Reiter in die Unstrut fielen, welche etwa 20 Fuß tiefer liegt, als die Brücke. Zum Glück für die hannoverschen Reiter konnte die preußische Artillerie den Wirrwar nicht sehen und feuerte daher nicht in das Gedränge hinein, wodurch zweifellos eine Katastrophe herbeigeführt worden wäre.

Unterdessen war I/5 gegen die Rasenmühle vorgegangen, welche gegen 4 Uhr ohne besonderen Widerstand genommen wurde, wobei 17 Gefangene in die Hände der Hannoveraner fielen.

Es waren nämlich die nach der Rasenmühle zurückgegangenen fünf Züge von 9 und 11/11 nach kurzem Verweilen von dort weiter nach dem Garnisonlazareth marschirt, wo sie in das Gefecht eingriffen. Nur eine kleine Abtheilung von 5/25 war in dem Gehöfte geblieben, hatte

daffelbe aber bis auf bie wenigen bort von ben Hannoveranern aufge=
griffenen Verfprengten bann auch wieber verlaffen.

Auf bem Kirchberge erfchienen nun auch bie letzten 4 Gefchütze
ber Brigabe Knefebeck, fo baß hier 24 Gefchütze im Feuer ftanben.

Preußifcherfeits behauptete fich noch 10/11 in ber Kaftanienallee,
ebenfo wurbe bas Babewälbchen ftanbhaft weiter vertheibigt, nachbem
auch noch je ein Zug von 9 unb 12/Potsbam in bie Feuerlinie gezogen
worben waren.

Am äußerften linken Flügel tobte bei Arnolbis Ziegelei noch immer
ein heftiges Feuergefecht. Hier ftanben bie Refte von 5/25, ein Theil
von 3/K.G., ferner 7/11, 9/11 unb zwei Züge von 11/11 unb hielten
bie Hannoveraner völlig im Schach. Von Seite ber letzteren ftanben
hier I/Garbe unb I/4 im Gefechte, welches burchaus nicht vorwärts
gehen wollte. Da ging enblich, wieberholten Befehlen gehorchenb, 7/11
zurück, balb folgten auch bie übrigen Theile biefes Regiments. In
biefem Augenblick erfchien II/5 unb ging zum Sturme vor. Nun
mußten auch 5/25 unb 3/K.G. abziehen.

Die Hannoveraner folgten. II/5 burcheilte bie Stabt Langenfalza,
I/Garbe unb I/4 fammelten fich bei Arnolbis Ziegelei bezw. bei bem
Garnifonlazareth.

Jetzt traf auch II/4 ein unb ging weiter gegen ben Jubenhügel vor.
Noch immer harrte bie preußifche Artillerie auf letzterem aus. Zu
ihrem Schutze ftanben 1., 2., 4., 5/K.G. unb 10/11 hinter bem Hügel;
letztere Kompagnie hatte gegen 4 Uhr enblich auch bie Kaftanienallee
verlaffen müffen unb fchloß fich bem kombinirten Bataillon 1., 2., 4.,
5/K.G. an.

Süblich von Langenfalza fammelten fich bie fechs verfügbaren
Kompagnien von II unb F/11 unb I unb II/25. Das Bataillon Torgau
bezog eine Aufnahmeftellung an ber Chauffee nach Erfurt. Enblich mußte
etwa um 4 Uhr auch bie Artillerie ben fo lange behaupteten Jubenhügel
räumen. Zwar erfchien bie eine reitenbe Batterie nochmals auf bem=
felben, allein in ber Front von 2 unb 3/5, in ber Flanke von 8/5 be=
broht, mußte fie balb enbgültig ben Platz räumen.

Die 4 Kompagnien vom Regimente Koburg=Gotha unb 10/11
folgten etwa um 4¼ Uhr. Alles zog nach bem Pfannenhügel ab.

Die hinter bem Babe gefammelten acht Züge von I/25 (von jeber
Kompagnie zwei Züge) waren fchon früher nach ber Gothaer Straße

abgezogen. Nur I/11, Bataillon Potsdam und 2/71 harrten nach wie vor im Badewäldchen aus, mit ihnen einige Schützenschwärme des Regiments Nr. 25.

Der Rückzug der Preußen.

Die Reserve unter General von Seckendorf war schon weit früher zurückgegangen. Nachdem die Brigade Bothmer ihren Versuch, die Unstrut zu überschreiten, endgültig aufgegeben hatte und auf die jenseitigen Höhen zurückgegangen war, erlahmte das Feuergefecht am Erbsberge nach und nach. Allein plötzlich erschien von Nägelstedt her das Regiment Cambridge=Dragoner in der rechten Flanke der Preußen. Dieses Regiment hatte zur Sicherung der Unstrutbrücke einen Zug bei Nägelstedt zurückgelassen und hatte daher nur etwa 3 Schwadronen zur Stelle.

Der Eindruck, welchen das Auftreten dieser 250 Pferde auf den General von Seckendorf machte, war ein so starker, daß er den Rückzug befahl, weil das Nachfolgen fernerer feindlicher Truppen denselben ge= fährdet hätte. Etwa um 3 Uhr zogen daher die preußischen Truppen vom Erbsberge ab. Etwa 50 Mann von 1/71 und etwa 40 Mann von 9/Aschersleben erhielten keinen Befehl zum Zurückgehen, bemerkten auch den Abzug der übrigen Truppen nicht rechtzeitig, sie blieben also vorläufig in der Schützenlinie liegen und mußten später den Versuch machen, sich durch die Getreidefelder durchzuschleichen, wobei ein Theil der Versprengten der hannoverschen Reiterei in die Hände fiel.

Die abziehenden Bataillone der preußischen Reserve erhielten von der gezogenen Batterie der Brigade Bothmer lebhaftes Feuer.

Am Siechenhofe marschirte die Reserve auf. Das Bataillon Torgau wandte sich nach dem südöstlichen Ausgange von Langensalza, woselbst wir es bereits in einer Aufnahmestellung vorgefunden haben.

Nach 3½ Uhr erhielt die Reserve den Befehl zum Abmarsche nach der Gothaer Straße. Zuerst brachen die beiden glatten 6=Pfünder auf unter Bedeckung der nur noch etwa 30 Mann starken 3/71.

Um diese Zeit erschien zwischen dem oberen und mittleren Illebener Wege die preußische gezogene 4pfdg. Batterie. Etwa 300 Schritt von dieser Batterie entfernt stießen die beiden 6=Pfünder auf den tief ein= geschnittenen mittleren Illebener Weg. Sie vermochten nicht, den Hohl= weg zu überschreiten und sahen sich im selben Augenblicke von der 4. Schwadron Cambridge=Dragoner attackirt. Zwar feuerten die beiden

Geschütze 5 Kartätschenschüsse ab, ebenso gaben die 30 Mann Infanterie zwei Salven und dann Schnellfeuer, allein die Dragoner drangen dennoch ein. Es kam zu einem wüthenden Handgemenge. Die Bespannung der beiden Geschütze wurde scheu und sprang mit beiden Protzen in den Hohlweg hinunter. Schließlich gelang es aber der Hand voll Preußen, sich der feindlichen Reiter zu erwehren und sie zum Rückzuge zu zwingen. Einige Dragoner waren gegen die gezogene Batterie vorgeprellt, von dieser aber durch einen Kartätschschuß zur Flucht gezwungen worden.

In diesem Augenblick gingen zwei Züge der Schwadron Merseburg, welche eben auf dem Kampfplatze eintrafen, zur Attacke vor, ihnen stürmte 3/Cambridge entgegen; es kam zu einem kurzen Handgemenge, worauf beide Theile zurückgingen. Die Attacke hatte der 4. Schwadron Cambridge-Dragoner einen Verlust von 1 Offizier, 28 Mann todt und verwundet, 6 Mann gefangen gekostet, d. h. etwa 42 Prozent ihrer Stärke. Die Pferde der einen Protze waren durchgegangen, bei der anderen waren mehrere Stränge durchgehauen worden, man mußte daher die Geschütze liegen lassen.

Die Reserve setzte ihren Rückmarsch nach dem Pfannenhügel fort, woselbst sie aufmarschirte. Auch die Truppen der Avantgarde und des Gros mit der Kavallerie und Artillerie trafen hier ein und sammelten sich. Es fehlten nur noch die Vertheidiger des Babewäldchens. Ein Versuch mit zwei Gespannen der reitenden Batterien, die vorher zurückgelassenen Geschütze zu retten, scheiterte, obschon derselbe durch die Schwadron Stendal bedeckt wurde, weil man die Geschütze nicht fand. Ein Zug von 6/11 fand sie zwar, konnte sie aber wegen Mangels von Pferden nicht fortschaffen, sie mußten also endgültig verloren gegeben werden.

Gegen 4½ Uhr traten die auf dem Pfannenhügel gesammelten Truppen den Rückzug nach Westhofen an, ohne vom Feinde irgendwie beunruhigt zu werden.

Von Seiten der Hannoveraner besetzten II/4 und 2, 3/5 den Judenhügel, auf welchem später auch I/Garde eintraf. II/5 und I/4 sammelten sich vor dem Südrande der Stadt Langensalza.

Als gegen 4 Uhr der General von Arentsschildt die Meldung von dem siegreichen Vordringen der Brigade Bülow erhielt, befahl er der Reserve-Kavallerie, sich zur Verfolgung bereit zu halten.

Nachdem die preußische Artillerie den Judenhügel geräumt hatte, nahmen die Hannoveraner sowohl vom Kirchberge, als auch von der

Stellung der Brigade Bothmer aus das Babewäldchen unter lebhaftes Geschützfeuer. In den Unstrutwiesen lag die hannoversche Infanterie in dichten Schwärmen nahe vor der Umfassung des Wäldchens. Nicht lange mehr konnte die Entscheidung auf sich warten lassen, die Lage war auf das äußerste gespannt.

So standen die Dinge, als etwa um 4½ Uhr die Reserve-Kavallerie den Befehl erhielt, über die Brücken vorzugehen. Wir wissen, daß hinter der zweiten Brücke, dicht gedrängt, das Regiment Königin-Husaren noch immer den Engweg verstopfte. In diese Masse ritt nun, von dichten Staubwolken eingehüllt, die Reserve-Kavallerie hinein, von heftigem Feuer aus dem Babewäldchen empfangen. An der Spitze eine Schwadron der Garde du Corps, dann die reitende Batterie, dahinter der Rest der Reserve-Kavallerie.

Die reitende Batterie der Reserve-Kavallerie kam in eine schwierige Lage, sie mußte gerade zwischen den beiden Brücken halten und konnte weder vorwärts noch rückwärts. Mit schnellem Entschlusse protzte sie ab und feuerte mit Kartätschen gegen das Wäldchen. Die Bespannung der beiden letzten Geschütze mußte dabei hinter dem steilen Straßendamme Schutz suchen, welcher beide Brücken verbindet. Die hinter der Batterie folgenden Schwadronen blieben einstweilen in und hinter Merxleben, nur die eine Schwadron der Garde du Korps, welche vor der Batterie sich befunden hatte, blieb jenseits der Brücken.

Unterdessen hatte der Kommandeur vom I/11, der Oberstlieutenant des Barres, nach 4½ Uhr endlich den Befehl zum Rückzuge erhalten. Er bezeichnete seinen Truppen den Siechenhof als Sammelplatz und begann den Abzug. Es läßt sich begreifen, daß bei den starken Verlusten an Offizieren viele Schützenschwärme der Führung entbehrten, so daß sie theilweise eine falsche Richtung einschlugen.

Sobald die dem Wäldchen gegenüber liegenden hannoverschen Schützenlinien den Abzug der Preußen bemerkten, stürmten sie in das Wäldchen hinein. II/2, 1/2, 1. Jäger-Bataillon, Garde-Jäger-Bataillon, ½ 4/2. Jäger-Bataillons und 3. Jäger-Bataillon, alles stürmte vor, allein die Preußen hatten das Wäldchen schon verlassen, es kam nicht mehr zu einem eigentlichen Widerstande.

Gleichzeitig ging das Regiment Königin-Husaren aus dem Brücken-engwege vor und marschirte zwischen der Rasenmühle und dem Babe-wäldchen auf.

Sobald das Regiment die aus dem Wäldchen zurückeilenden Preußen wahrnahm, attackirte es in zwei Staffeln, jede zu 2 Schwabronen, welche in aufgelöster Ordnung ritten. Man traf nur noch auf massenhafte Versprengte, welche überritten und gefangen genommen wurden. Etwa 120 Mann fielen den Hannoveranern hierbei in die Hände.

Demnächst folgte die Reserve-Kavallerie mit nur zwei reitenden Geschützen, da die beiden anderen noch nicht wieder bewegungsfähig geworden waren; endlich folgte I/Leib zur Unterstützung der Reserve-Kavallerie. Die Brigade Bülow sammelte sich südlich von Langensalza, die Brigaden Knesebeck und be Vaur sammelten sich am Judenhügel.

Die Brigade Bothmer blieb noch immer in ihrer Stellung halten, nur das Garde-Husaren-Regiment wurde mit 2¹/₂ Schwabronen und der reitenden Batterie über Nägelstedt vorgeschickt.

Unterdessen versuchte Oberstlieutenant des Barres seine truppweise abgezogenen Mannschaften zu sammeln. Ein Trupp von etwa 150 Mann unter Premierlieutenant von Cardinal bildete die Nachhut und mußte sich bereits einer Schwabron Garde-Husaren erwehren, welche jedoch nach den ersten Schüssen wieder verschwand.

Im Siechenhofe und in dessen Nähe blieben viele Mannschaften zurück, welche später von 2/Leib gefangen genommen wurden; es waren dies 185 Mann.

Der Haupttrupp, nunmehr geschlossen unter Führung des Oberst-Lieutenant des Barres, war etwa 300 Schritte westlich vom Siechenhof angekommen, als man 2 Schwabronen Garde-Husaren vor sich sah, deren eine attackirte. Sofort erhielt diese Schwabron Schnellfeuer und machte schleunigst Kehrt.

Da ein Theil der Vertheidiger des Babewäldchens die Richtung verfehlt hatte, so bildete sich hier eine zweite Gruppe, deren Stärke allmählich ziemlich beträchtlich anwuchs. Beide Haufen waren bunt durcheinander gemischt, die Hauptmasse gehörte dem Regiment Nr. 11 an, dann dem Bataillon Potsdam, es befanden sich aber auch Mannschaften des Regiments Nr. 25 und von 2/71 darunter. Naturgemäß ließ die Ordnung sehr viel zu wünschen übrig, da die Erschöpfung der Mannschaften auf das äußerste gestiegen war. Man kann also nicht von geordneten Vierecken sprechen, wohl aber von recht mangelhaft geordneten Kolonnen, bei welchen die Offiziere unausgesetzt bemüht waren, eine einigermaßen geordnete taktische Gliederung herzustellen.

4*

Inzwischen war die Reserve-Kavallerie herangekommen und gewahrte die beiden preußischen Haufen. Da sie jedoch sich der Mitwirkung ihrer reitenden Batterie nicht entschlagen wollte, so wartete sie auf deren Eintreffen. Erst als der bestimmte Befehl zur Attacke gegeben wurde, ritt das Regiment Garde du Corps an.

Im ersten Treffen befanden sich die 2. und 3. Schwadron, die erste folgte im zweiten Treffen. Sie stießen auf den zweiten Haufen unter dem Hauptmann von Rosenberg. Bis auf etwa 70 Schritte ließen die Preußen die feindlichen Reiter heran, dann gaben sie eine Salve ab, welcher alsbald Schnellfeuer folgte. Die Attacke scheiterte vollständig, ohne daß die 1. Schwadron ins Gefecht kam. Der Verlust der Hannoveraner betrug 2 Offiziere, 17 Mann, 42 Pferde tobt und verwundet.

Die 3. Schwadron der Garde du Corps wurde von der übrigen hannoverschen Reiterei für Preußen gehalten und wäre beinahe attackirt worden, erst von 4/Garde-Husaren, dann von 3/Cambridge-Dragoner.

Unterdessen war das Garde-Kürassier-Regiment gefolgt, seine 2. Schwadron diente der reitenden Batterie als Bedeckung, so daß nur 3 Schwadronen verfügbar waren.

Das Viereck (wenn wir es so nennen wollen) des Oberstlieutenants des Barres war auf seinem weiteren Rückzuge auf die 2. Schwadron Cambridge-Dragoner gestoßen und von dieser zur Ergebung aufgefordert worden, selbstredend ohne Erfolg. Zu dieser Zeit wurde eben die Attacke der Garde du Corps abgewiesen.

Im selben Augenblick braußten die Garde-Kürassier° auf den Haufen des Oberstlieutenants des Barres los. Zwei Salven erfolgten, darauf Schnellfeuer. Die Attacke der 1. und 4. Schwadron Garde-Kürassiere scheiterte vollständig. Da übrigens die 4. Schwadron von Norden, die erste von Westen attackirte, so stießen beide aufeinander, was der Infanterie natürlich sehr zu statten kam. Etwa 20 Pferde durchritten die Nordwesteck des Vierecks, ohne dasselbe jedoch im geringsten zu erschüttern.

Unmittelbar nachdem dieser Reitersturm vorüber gebraust war, attackirte die 2. Schwadron Cambridge-Dragoner aus der entgegengesetzten Richtung. Dieselbe traf auf die bei weitem schmalere Südfront des Vierecks. Einige Dragoner drangen in das Viereck ein, riefen augenblicklich ein wenig Unordnung hervor, vermochten aber nicht, dasselbe ernstlich zu gefährden. Die Schwadron verlor 3 Offiziere und

21 Mann todt und verwundet und scheiterte schließlich ganz ebenso voll=
ständig in ihrer Attacke, wie vorher die Garde=Küraffiere.

Kaum aber war dieser Ansturm glücklich vorüber gegangen, als
die beiden eben abgewiesenen Schwadronen Garde=Küraffiere von Neuem
attackirten. Wiederum wurden sie durch standhaftes Feuer abgewiesen,
obschon einige Küraffiere in das Viereck eindrangen. Die beiden Schwa=
dronen verloren 4 Offiziere, 19 Mann und 40 Pferde. Ein letzter
Angriff drohte dem Viereck von Seiten der Garde=Husaren und der
3. Schwadron Garde du Corps, da jedoch das Viereck sich in uner=
schütterter Haltung zeigte, gab die feindliche Reiterei die Attacke auf.

Jetzt erschienen die zwei reitenden Geschütze der Reserve=Kavallerie,
nachdem sie im Riethgraben stecken geblieben waren und über ihre
Flottmachung viel Zeit verloren gegangen war. Sie feuerten noch
einige Granaten und Shrapnels auf die beiden preußischen Kolonnen
ab. Dieses Feuer, im Ganzen etwa 20 Schüffe, wurde aus drei ver=
schiedenen Stellungen abgegeben, ohne jedoch nennenswerthen Erfolg zu
haben. Die Bedeckungsschwadron 2/Garde=Küraffiere nahm 3 Offiziere
und 52 Mann gefangen, welche im Getreide liegend, sich ohne weiteres
ergaben. Unterdessen mußten an die Kräfte der zurückgehenden preußischen
Infanterie die höchsten Anforderungen gestellt werden. Die Hitze war
glühend, der Staub unerträglich, nirgends Wasser vorhanden, alles
lechzte vergeblich nach einem Trunke, ganze Sektionen stürzten ohnmächtig
zusammen. Schon mußte man beinahe daran verzweifeln, die Truppen
noch retten zu können, als man endlich die Gothaer Straße erreichte
und auf ihr F/11, welches die erschöpften Truppen aufnahm. Es war
jetzt 6½ Uhr nachmittags.

Gerade als die Erschöpfung der tapferen Vertheidiger des Bade=
wäldchens auf das äußerste gestiegen war, versagte die vorher so
rührige hannoversche Reiterei, obschon dieselbe vollzählig versammelt
war, bis auf das Regiment Kronprinz=Dragoner und die sonst abge=
zweigten Theile, also in der Stärke von etwa 16 Schwadronen. Man
darf daher wohl annehmen, daß die bisher stets mißglückten Attacken der
hannoverschen Reiterei diese Zurückhaltung geboten haben.

Eine weitere Verfolgung fand nicht statt.

Wir müssen uns jetzt nach Thamsbrück wenden, welches bekanntlich
gegen 2 Uhr von 8/11 besetzt worden war. Etwa eine Stunde später
erschienen 6 und 7/R.G. Gegenüber befanden sich das Dragoner=Regi=
ment Kronprinz, das Arbeitskommando und die durch 40 Mann von

II/4 bedeckte Batterie der Brigade Bülow. Ein eigentlicher Kampf fand nicht statt. Nach 4 Uhr erfuhren die preußischen Truppen in Thamsbrück den Ausgang des Kampfes bei Langensalza und zogen in Folge dessen gleichfalls ab. 2 Schwadronen und 4 Geschütze folgten ihnen eine Zeit lang, jedoch ohne besondere Energie.

Die preußischen Truppen des Generals von Flies biwakirten abends bei Warza, die Vorposten bei Westhausen.

Die hannoversche Armee lagerte in und bei Langensalza und Merxleben.

Die Verluste waren groß gewesen. Die Preußen verloren 44 Offiziere, 788 Mann todt, verwundet und vermißt und 10 Offiziere, 897 Mann gefangen, zusammen 54 Offiziere, 1685 Mann. 2 Geschütze waren verloren gegangen. Der Gesammtverlust betrug mithin 19,2 pCt. Am meisten verloren I/11: 8 Offiziere, 180 Mann todt und verwundet gleich 20 pCt. und II/25: 4 Offiziere, 138 Mann todt und verwundet gleich 15,3 pCt.

Die Hannoveraner verloren 103 Offiziere, 1333 Mann todt und verwundet gleich 8,8 pCt. Die größten Verluste erlitten folgende Truppentheile:

Cambridge=Dragoner:	5	Offiziere,	53	Mann	= 17,7 pCt.
Garde=Regiment:	12	„	178	„	= 14,6 „
2. Regiment:	11	„	243	„	= 17,2 „
1. Jäger=Bataillon:	6	„	136	„	= 15,7 „

Das Treffen von Langensalza ist unserer Meinung nach einer der interessantesten Kämpfe aller Zeiten und giebt Stoff zu außerordentlich mannigfachen Betrachtungen. Wir bitten jedoch der Kürze wegen, uns auf folgende Bemerkungen beschränken zu dürfen:

1. Die Führung ließ auf beiden Seiten recht viel zu wünschen übrig; zweifellos aber war sie auf Seite der Hannoveraner besser, als auf Seite der Preußen. Letztere durften es überhaupt nicht zu einem ernsten Kampfe kommen lassen. Sobald die Anwesenheit starker feindlicher Kräfte hinter der Unstrut festgestellt war, mußten die Preußen den Rückzug antreten. Der Zweck des Gefechts war bereits zu Mittag erreicht, man hatte Fühlung mit dem Feinde gewonnen, die Vorposten hinter die Unstrut zurückgeworfen; hinter diesem Flusse aber standen so starke feindliche Kräfte, daß ein Angriff auf dieselben mit den vorhandenen 8760 Streitbaren (einschließlich der Artilleristen, von welchen 20 Mann

pro Geschütz gerechnet sind), auch nicht die leiseste Aussicht auf Erfolg haben konnte.

Wenn man preußischerseits dies nicht gewußt hat, so trifft die Schuld dafür lediglich die Führung. Die Hannoveraner standen bezw. marschirten in offenem Gelände, welches zwar wellig und mit hohen Getreidefeldern bestanden war, aber doch jede größere Truppenbewegung deutlich erkennen ließ. Zwar verfügten die Preußen nur über 220 Säbel; zu wenig, um damit irgend welchen Einfluß auf den Gang eines Gefechts hervorzubringen, aber völlig ausreichend, um das Gelände nach allen Richtungen zu durchstreifen und gründlich aufzuklären. Letzteres ist nun offenbar nicht in genügender Weise durchgeführt worden, sonst hätte das Erscheinen der Brigade Bothmer gegenüber dem Erbsberge nicht über=raschen können. Eine einzige Kavallerie=Patrouille auf dem Erbsberge hätte genügt, um hier alles genau übersehen und rechtzeitig melden zu können.

Ein verhängnißvoller Zwischenfall war das vorübergehende ernste Unwohlsein des preußischen Ober=Befehlshabers; man darf nicht ohne weiteres die Untergebenen tadeln, weil sie es nicht wagten, den unter den gegebenen Verhältnissen einzig richtigen Entschluß auszuführen. Man giebt nur sehr ungern den Befehl zum Rückzuge, nachdem kaum die ersten Kanonenschüsse gefallen sind. Noch schwerer wird sich ein Befehlshaber zu einem solchen Entschlusse bewegen lassen, wenn der Höchstkommandirende den betreffenden Befehl nicht selbst gegeben hat. Aber man hätte vielleicht das Gefecht nur hinhaltend weiter führen können, stärkere Kräfte nicht entwickeln sollen.

Als General von Flies sich wieder erholt hatte, war es zu spät, das Gefecht noch abbrechen zu können, da die Brigade Bothmer um diese Zeit bereits mit ihrem Flankenangriffe drohte und dieser unter allen Umständen abgewiesen werden mußte.

Heute würde übrigens ähnliches nicht leicht mehr vorkommen können. Der Aufenthaltsort des Ober=Befehlshabers muß heute allen Truppen=theilen bekannt gegeben werden, man würde also auch den erkrankten Ober=Befehlshaber sofort auffinden können, um seine Befehle entgegen zu nehmen bezw. den nächstältesten General sofort von der Krankheit des Ober=Befehlshabers zu unterrichten.

In betreff der hannoverschen Führung muß anerkannt werden, daß sie zur rechten Zeit den richtigen Entschluß faßte, nämlich den zum

energischen Angriff, ebenso daß sie im allgemeinen besonnen und ziel=
bewußt handelte.

Ueber die Bedeutung Langensalzas mußte sich aber die hannoversche
Heeresleitung vor dem Kampfe klar werden; schätzte man dieselbe
wirklich so belangreich, wie man es anscheinend that, so mußten aus=
reichende Kräfte südlich der Unstrut belassen werden, um den Besitz der
Stadt zu sichern, sonst mußte man darauf rechnen, daß dieselbe verloren
gehen würde, wie dies ja auch eintrat. —

Ferner mußte die obere Heeresleitung der Hannoveraner dem
General von Bothmer den Vormarsch über Nägelstedt einfach befehlen,
nicht aber seinem Ermessen anheimgeben. Die Dinge würden sich für
die Preußen noch weit schlechter gestellt haben, wenn die Brigade Bothmer
um 1 Uhr nachmittags plötzlich in ihrem Rücken erschienen wäre.

Der Befehl zum Rückzuge an den Oberstlieutenant des Barres
wurde zu spät abgeschickt, außerdem nur durch eine einzige Ordonnanz,
welcher unterwegs das Pferd erschossen wurde. So wichtige Befehle
müssen in doppelter oder besser in dreifacher Ausfertigung erlassen werden.

Auf hannoverscher Seite entbehrte die Führung bei der Verfolgung
der bis dahin bewiesenen Entschlossenheit und Kühnheit.

2. Die Stellung der Brigade de Vaux war sehr wenig geschickt
gewählt, die Brigade diente allen Granaten als Scheibe, welche über die
hannoversche Artillerie auf dem Kirchberge hinweggingen.

3. Die preußische Artillerie zeigte das richtige Bestreben, in Masse
aufzutreten. Wir wissen, daß es ihr unmöglich war, den Brückenengweg
einzusehen, glauben aber, daß in solchem Falle von den Schützenlinien
her Auskunft gesucht werden mußte. Der Rückzug der Brigade Knesebeck
würde von der preußischen Artillerie arg belästigt worden sein, wenn
eine solche Maßregel getroffen worden wäre; auch dürfte das Vorgehen
des Regiments Königin=Husaren zu einer Katastrophe geführt haben.

4. Die Brigade Bothmer handelte nicht zweckmäßig. Sie mußte
über die Flußtiefe der Unstrut unterrichtet sein und durfte sich nicht
auf einen Uebergangsversuch verbeißen, welcher keine Aussicht auf Erfolg
bot, wie die Dinge nun einmal lagen. Andererseits aber durfte diese
Brigade auch nicht bis zum Abend unthätig verharren, während die
ganze übrige Armee siegreich vordrang.

5. Wir sehen zu zweien Malen Artillerie durch feindliches Gewehr=
feuer vertrieben werden, so die gezogene Batterie der Brigade Bothmer

und ebenſo die geſammte auf dem Kirchberge vereinigte hannoverſche Artillerie.

6. Nach Thamsbrück gehörte eine Kavallerie = Offizierspatrouille, nicht aber 3 Kompagnien, welche hier gar nichts nußten, deren 525 Ge= wehre. aber dem linken preußiſchen Flügel ſehr zu ſtatten gekommen wären.

7. Wir haben in dem Angriffe der Brigade Bülow einen Beweis für die große Gefährlichkeit eines Flankenangriffes. Die Front der preußiſchen Schützenlinien vom Babewälbchen bis zur 3/K.G. zählte etwa rund 2000 Schritte, zu ihrer Vertheidigung waren bereits um 1½ Uhr nachmittags 3600 Gewehre verfügbar, welche zum bei weitem größten Theile ſich auch in der Schützenlinie befanden.

Dieſen 3600 Gewehren ſtanden frontal gegenüber: die Brigade be Vaur, das Garde = Regiment und das 3. Jäger = Bataillon, oder 6150 Mann einſchließlich der Offiziere. Es gelang dieſer Uebermacht nicht, irgendwelche nennenswerthe Erfolge zu erzielen, nur ein Theil des 3. Jäger=Bataillons vermochte es, ſich dem Babewälbchen ſprungweiſe zu nähern.

Kaum aber griff die Brigade Bülow an, zunächſt nur mit den 3 Bataillonen des erſten Treffens oder mit 1762 Mann, ſo wurden die Preußen zum Rückzuge gezwungen. Dieſer Angriffsſtoß traf eben die Flanke der Preußen, welche überhaupt nur 450 Gewehre dem Feinde entgegenſtellen konnten. Da nun I/Garde und II/Garde den Angriff der Brigade Bülow ſofort unterſtüßten, ſo entwickelten ſich rund 2900 Mann gegen den äußerſten linken Flügel der Preußen, ſelbſt wenn man berück= ſichtigt, daß eine Kompagnie des 2. Jäger=Bataillons verſehentlich bis zum Kirchberge gerieth.

Es fragt ſich nun, ob es nicht möglich geweſen wäre, dieſen Flanken= ſtoß dennoch abzuweiſen. Wir glauben dies bejahen zu müſſen. Ein= mal konnte man die 525 Gewehre in Thamsbrück viel zweckmäßiger auf dem linken preußiſchen Flügel verwenden, dann aber ſtanden hinter der auf dem Judenhügel befindlichen Artillerie noch immer 1425 Gewehre, welche dort gar nichts nußten, endlich aber befand ſich 8/K.G. in Langenſalza, wo ihre 150 Gewehre gleichfalls nichts nußten.

Wir dürfen bei dieſer Gelegenheit nicht vergeſſen, daß wir uns im Jahre 1866 noch in dem Wahne befanden, daß ſelbſt eine Artilleriemaſſe von 20 Geſchützen allein und ohne Infanteriebedeckung einem feindlichen Angriffe gegenüber nicht genügend widerſtandsfähig ſei. Noch lange nach der siegreichen Beendigung des Krieges von 1866 spukten die „Partikularbedeckungen" der Batterien überall umher, welche der vorgehenden Artillerie niemals schnell genug folgen konnten, dafür aber stets zu einer Schwächung der eigenen Infanterie und zu einer Zerreißung ihrer Truppenverbände führten. Daß die Artillerie durch die weit vor ihr liegenden Schützenlinien mehr als ausreichend gedeckt wurde, mußten wir eben erst lernen, im Jahre 1866 war man von dieser Thatsache noch keineswegs überzeugt. Erst dem Kriege von 1870/71 sollte es vorbehalten bleiben, die gewaltige Kraft der Artillerie auch in Bezug auf das Abweisen feindlicher Angriffe zweifellos festzustellen.

Hätte man bei Langensalza die 525 Gewehre aus Thamsbrück und die 750 Gewehre der fünf Kompagnien des Regiments Koburg=Gotha dem linken preußischen Flügel zu Hülfe geschickt, so behielt man noch immer drei Kompagnien von 11/11 in Reserve und würde die Brigade Bülow, ebenso wie das Garde=Regiment unter furchtbaren Verlusten über die Unstrut zurückgetrieben haben.

Der preußischen Führung kann aus dem Zurückbehalten verhältnißmäßig starker Kräfte zum Schutze der Artillerie kaum ein Vorwurf gemacht werden. Nur ein ungewöhnlich begabter Führer erhebt sich im Kriege rücksichtslos über das, was ihm im Frieden lange Jahre hindurch gelehrt worden ist, und ein solcher Führer fand sich eben nicht.

8. Die Vertheidigung des Badewäldchens war musterhaft. Auch der sehr schwierige Abzug wurde so geschickt geleitet, wie dies überhaupt nur möglich war.

Daß das Landwehr=Bataillon Potsdam und 2/71 nicht über die Gefechtslage unterrichtet waren, als sie in das Badewäldchen vorgingen, war ein schwerer Fehler. Man darf die Kenntniß einer Gefechtslage niemals als selbststrebend voraussetzen, wenn man nicht sicher ist, daß jeder Unterführer sie auch thatsächlich kennt. Dies war hier nicht der Fall.

9. Das Verhalten der beiden großen Knäuel des Oberstlieutenants des Barres und des Hauptmanns von Rosenberg ist über jedes Lob erhaben. Wahrhaft übermenschliche Anforderungen wurden an die Kräfte der Mannschaften gestellt, heldenmüthig gaben sie aber auch die letzte Kraft her. Man denke sich nur eine Kolonne, welche aus Mannschaften zweier verschiedener Regimenter, eines Ersatz=Bataillons und eines mit einem anderen Gewehre bewaffneten Landwehr=Bataillons zusammengesetzt ist, man vergegenwärtige sich die brennende Hitze jenes Tages, man erinnere sich daran, daß die Truppen seit 7 Uhr früh unter den Waffen

ſtanden, daß ſie einen Marſch und ein langes, verluſtreiches unglück= liches Gefecht hinter ſich hatten, daß es unmöglich war, einen Trunk Waſſers zu erhalten!! Und dabei von allen Seiten feindliche Reiterei, welche fortgeſetzt attackirte. Nur ein erfahrener Kriegsmann weiß voll zu würdigen, was die braven Truppen jener beiden Knäuel geleiſtet haben; daß es glänzend war, muß aber auch dem Laien einleuchten.

Die hannoverſche Reiterei hat tapfer attackirt, aber ſie hat ihre Kräfte bei weitem nicht voll ausgenutzt. Etwa 16 Schwadronen waren verfügbar, nur 6 Schwadronen haben aber die beiden Knäuel attackirt, davon allerdings 2 Schwadronen zweimal. Recht gut hätte die hanno= verſche höhere Führung das Erſcheinen der halben reitenden Batterie abwarten können, ehe ſie den Befehl zur Attacke gab; recht gut hätte auch die reitende Batterie der Brigade Bothmer, welche ja das Garde= Huſaren=Regiment begleitete, im Rücken der Preußen auftreten können.

Ein paar treffende Granaten in die Maſſe der bis zum Tode erſchöpften Preußen hineingeworfen, hätten der Reiterei die Arbeit leicht gemacht. Thatſächlich vergeudete man vergeblich die Kraft weniger Schwadronen und erreichte nichts.

Das hindert uns aber nicht, jenen heldenmüthigen Schwadronen unſere Bewunderung auszuſprechen. Mit unübertrefflicher Todesverach= tung ritten ſie an, jene 2 Schwadronen Garde=Küraſſiere ſogar zum zweiten Male, nachdem ſie ſich in überraſchend ſchneller Weiſe wieder formirt hatten.

Gott ſei Dank, daß die Zeiten vorüber ſind, in welcher ſo viel deutſcher Heldenmuth gegen Deutſche verbraucht werden konnte. Künftig= hin werden deutſche Reiter nie wieder deutſche Infanterie attackiren, möchten ſie dafür deſto mehr Ruhm ernten gegen Franzoſen und Franzoſenfreunde.

10. Das Aufeinanderprallen der Königin=Huſaren hätte ſehr leicht vermieden werden können, übrigens wurde das Regiment viel zu früh vorgezogen und hätte in eine troſtloſe Lage kommen können, wenn die preußiſche Artillerie über die Verhältniſſe im Brückenengwege ſich unterrichtet hätte.

III.

Die Kapitulation der hannoverschen Armee und die Ereignisse bis zum Gefechte von Dermbach.

Die Truppen der Division Göben und Beyer auf der Linie Eisenach-Gerstungen waren am 27. Juni mehr oder weniger durch die drohende Nähe der Bayern in Anspruch genommen worden. Selbst eine Alarmirung erfolgte auf Grund einer falschen Meldung. General von Falckenstein fuhr am 27. Juni um 3 Uhr nachmittags in Verwaltungsangelegenheiten nach Kassel. Dies darf befremdlich erscheinen, denn er konnte alles telegraphisch oder durch schriftliche Befehle anordnen; seine Anwesenheit in Eisenach war jedenfalls unendlich viel wichtiger als alles, was in Kassel zu thun war. Ehe er nach letzterer Stadt fuhr, konnte er noch die Meldung des Hauptmanns von Jena entgegennehmen, nach welcher freilich zu Besorgnissen kein Grund vorlag.

Aus Kassel wurden am 27. Juni noch 1/Husaren 8 und sechs glatte 12-Pfünder nach Gerstungen, sechs gezogene 4-Pfünder aber nach Eisenach herangeholt. Abends kam aus Berlin der kategorische Befehl an Falckenstein, ebenso aber auch an die einzelnen Divisionen, ohne jede Rücksicht auf die Bayern gegen die Hannoveraner vorzugehen und sie zur Ergebung zu zwingen.

Jetzt wurde plötzlich von allen Seiten die größte Energie entfaltet. Schon am 28. Juni früh 8 Uhr waren 7 Bataillone und 2 Batterien in Gotha zur Verstärkung des Generals von Flies eingetroffen. Von Eisenach aus gingen 11 Bataillone, 7 Schwabronen und 33 Geschütze in der Richtung auf Langensalza gegen die Behringsdörfer vor.

General von Falckenstein kehrte am 28. Juni früh 7 Uhr nach Eisenach zurück.

Die Truppen des Generals von Manteuffel erreichten von Norden her am 27. Juni Dingelstedt, Gebra bezw. Heiligenstadt, sie marschirten am 28. Juni nach Groß-Gottern, Alt-Gottern, Notenheilingen, Vollstedt und Kirchheilingen, also 1—1½ Meilen nördlich von Langensalza. Regiment Altenburg stand am 28. Juni an der Gera, vorwärts von Sömmerda; Bataillon Sondershausen am Gölbener Berge bei Sondershausen.

Die Abtheilung des Generals von Schachtmeyer erreichte am 27. Juni Eschwege-Allendorf, am 28. Juni Kreuzburg.

Der eiserne Ring um die hannoversche Armee war nun endlich geschlossen.

Es liegt nicht in unserer Absicht, die Verhandlungen näher zu erörtern, deren Ergebniß die Entwaffnung der hannoverschen Armee war; ebenso wenig wollen wir weitläufige Betrachtungen darüber anstellen, ob dieselbe nach dem Treffen von Langensalza noch hätte nach Süden entkommen können oder nicht. Uns genügt die Thatsache, daß die im hannoverschen Hauptquartier maßgebende Strömung zu einem so kühnen Versuche sich nicht aufraffen konnte.

Am 29. Juni wurde die Kapitulation abgeschlossen, durch welche die hannoversche Armee entwaffnet wurde. 58 Geschütze, 15 800 Gewehre, 27 Pontons, 2680 Pferde u. s. w. wurden den Preußen übergeben.

Wir müssen uns jetzt zu der bayerischen Armee wenden. Dieselbe erreichte im Laufe des Feldzuges folgende Stärke:

1. Infanterie=Division:
   Generalmajor Stephan   12 Bat.,   4 Schwad.,   16 Geschütze
2. Infanterie=Division:
   Generallieutenant von Feder   12 „   4 „   16 „
3. Infanterie=Division:
   Generallieut. Freih. von Zoller   12 „   4 „   16 „
4. Infanterie=Division:
   Generallieut. von Hartmann   12 „   4 „   16 „
   Reserve=Infanterie=Brigade   6 „   2 „   8 „
   Reserve=Kavallerie=Korps:
   Gen. der Kav. Fürst von Thurn u. Taxis   28 „   12 „
   Reserve=Artillerie   60 „

zusammen: 54 Bat.,   46 Schwad.,   144 Geschütze.

Jede Infanterie-Division besaß acht gezogene 6pfdg. und acht glatte 12pfdg. Geschütze. Die Reserve-Infanterie-Brigade führte acht gezogene 6-Pfünder bei sich, das Reserve-Kavallerie-Korps zwölf glatte 12-Pfünder (reitende). Die Reserve-Artillerie zählte sechszehn gezogene 6-Pfünder, zweiundbreißig glatte 12-Pfünder und zwölf reitende Geschütze, ebenfalls glatte 12-Pfünder.

Die Infanterie führte das gezogene Vorderlade-Gewehr, System Podewils, ein außerordentlich gutes und weittragendes Gewehr. Anfangs Juli hatten die Truppentheile der Infanterie und Kavallerie nicht die volle Kriegsstärke, es gelang sogar während des ganzen Feldzuges nicht, die Truppen auf dieselbe zu ergänzen. Auch fehlten zunächst noch einige Bataillone. Wir verzichten daher auf eine summarische Stärkeangabe und werden statt derselben, bei jedem einzelnen Gefechte, die Stärke der an demselben betheiligten Truppen genau angeben.

Um die Mängel der bayerischen Heeresorganisation zu beleuchten, mag hier nur erwähnt werden, daß am 1. März 1866 114 345 Reservisten auf den Standeslisten geführt wurden, daß es jedoch bis zur Beendigung des Krieges nur gelang, kaum zwanzigtausend dieser Reservisten zum Kriegsdienste nutzbar zu machen.

Die Nachtheile, welche jeder Koalition anhaften, machten sich bei den Süddeutschen von Hause aus in sehr empfindlicher Weise fühlbar. Jeder Staat hatte seine Sonderinteressen und verlangte, daß seine eigenen Truppen in erster Linie zur Berücksichtigung derselben verwendet werden sollten; die gemeinschaftlichen Interessen kamen durchweg erst in zweiter Linie. Das 8. Bundes-Armee-Korps (die großherzoglich hessischen, württembergischen, badischen, nassauischen Truppen und eine österreichische Brigade) brauchte ungeheuer viel Zeit zu seiner Versammlung; dieselbe war erst am 5. Juli beendet, so daß die Bayern zunächst auf eine Mitwirkung dieses Armee-Korps nicht rechnen durften.

Die süddeutschen Staaten hatten theils die Mobilmachung nicht rechtzeitig und vor allen Dingen nicht schnell genug ausgeführt, theils aber waren die Vorbereitungen für eine Mobilmachung so mangelhaft getroffen worden, daß eine schnelle Versammlung der Truppen in schlagfertigem Zustande sich schlechterdings nicht ermöglichen ließ.

Die beiden Feldherren, der Prinz Karl von Bayern und der Prinz Alexander von Hessen, hatten eine überaus schwierige Stellung, besonders der letztere. Alle wirklich angeordneten Maßregeln stellten im Grunde nur immer einen Kompromiß zwischen den sich widerstrebenden Anschauungen und Absichten bar, und das ist das denkbar schlimmste in einem Feldzuge.

Es wäre eine schreiende Ungerechtigkeit, wenn man die Maßregeln beider Feldherren nur immer von dem Gesichtspunkte der Strategie aus beurtheilen wollte. Ihnen waren die Hände gebunden und die Energie des tüchtigsten, begabtesten Feldherrn hätte nicht ausgereicht, um unter den gegebenen Umständen eine einheitliche, nur den großen Zielen des Krieges angepaßte Heeresleitung beharrlich durchzuführen.

Ein trauriges Bild der Zersplitterung, unter welcher die Kraft der Deutschen Jahrhunderte lang gelitten hat, hoffentlich aber niemals wieder leiden wird.

Wir haben bereits gesehen, daß die bayerische Armee am 26. Juni in der Gegend von Neustadt a. d. Saale, Königshofen, Münnerstadt und Lauringen versammelt stand, die erste leichte Kavallerie-Brigade in Meiningen und Meßrichstadt.

Am 26. und 27. Juni fand eine Zusammenkunft der beiden Ober-Befehlshaber in Schweinfurt statt, bei welcher ein konzentrisches Vorgehen beider Armee-Korps in der Richtung auf Hersfeld verabredet wurde, welches jedoch erst am 30. Juni beginnen sollte. Die Bayern blieben am 27. und 28. Juni im allgemeinen stehen. Am 28. Juni traf ein Telegramm des Kaisers von Oesterreich bei dem Prinzen Karl von Bayern ein, welches den Sieg der Hannoveraner bei Langensalza meldete und um ein energisches Vorgehen zur Befreiung derselben bat. In Folge dessen traten die Bayern aufs neue den Vormarsch nach Norden an. Derselbe begann am 29. Juni und führte die Armee am nächsten Tage in folgende Stellungen:

1. Infanterie-Division nach Schleusingen, Vortruppen in Suhl, Zella u.s.w.
2. „ „ Hildburghausen,
3. „ „ Meiningen,
4. „ „ Wasungen.

Am 30. Juni erfuhr nun aber das bayerische Hauptquartier die Kapitulation der Hannoveraner, der weitere Vormarsch nach Norden war also zwecklos geworden. Demgemäß beschloß Prinz Karl, zunächst seine Armee bei Meiningen zu versammeln, dann aber über Kaltennord-heim und Lengsfeld, bezw. über Tann und Geisa auf Vacha zu marschiren, um hier den Anschluß an das 8. Bundes-Armee-Korps zu gewinnen. Man beabsichtigte zu diesem Zwecke die Querstraßen Geisa-Hünfeld und Hilders-Fulda zu benutzen.

Am 1. Juli wurden daher die vier bayerischen Infanterie-Divisionen auf der Linie Schleusingen—Meiningen—Wasungen versammelt, also im wesentlichen an denselben Punkten, welche sie schon am vorigen Tage erreicht hatten.

Am 2. Juli begann der Linksabmarsch der Bayern, welcher durch die bei Wasungen verbleibende 4. Division gedeckt wurde.

Auf Seite der Preußen war unterdessen folgendes geschehen: Nach dem Abschluß der Kapitulation der hannoverschen Armee hatten die preußischen Truppen am 30. Juni Ruhetag. Die Direktiven, welche General von Moltke dem General von Falckenstein übermittelt hatte, sprachen sich für einen Vormarsch über Fulda auf Schweinfurt aus; es war darin betont, der Hauptgegner seien die Bayern, deren Niederwerfung sei das erste Ziel.

Am 1. Juli begannen die Marschbewegungen der Preußen. General von Falckenstein beschloß, seine Armee zwischen die Bayern und das 8. Bundes-Armee-Korps zu schieben, dadurch deren Vereinigung zu verhindern und womöglich bald nach der einen, bald nach der anderen Seite eine energische Offensive zu ergreifen. Dieser Entschluß war eben so kühn als richtig.

Zunächst traten einige Truppenverschiebungen ein; die Mainarmee, wie die Armee Falckensteins nunmehr offiziell genannt wurde, erhielt endlich 2 Pionier-Kompagnien überwiesen, welche den Divisionen Göben und Manteuffel zugetheilt wurden, indessen konnte der Armee vorläufig nur ein einziger leichter Feldbrückentrain beigegeben werden, welcher aus hannoverschem Material zusammengestellt war. Ferner erhielt die Division Göben das Regiment Nr. 19 und eine reitende Batterie, die Division Manteuffel das Regiment Koburg-Gotha und eine reitende Batterie, die Division Beyer zwei glatte 12pfdg. Batterien. Demnach hatten die Divisionen, von Anfang Juli an, folgenden Bestand:

Division Göben: 15 Bataillone, 9 Schwadronen, 13 gezogene 4-Pfünder, 6 gezogene 6-Pfünder, 12 glatte 12-Pfünder;

Division Manteuffel: 14 Bataillone, 8 Schwadronen, 12 gezogene 4-Pfünder, 12 gezogene 6-Pfünder, 12 glatte 12-Pfünder;

Division Beyer: 15 Bataillone, 5 Schwadronen, 6 gezogene 4-Pfünder, 24 glatte 12-Pfünder.

Am 2. Juli erreichte die Division Beyer Vacha, die Division Manteuffel Marksuhl und Eisenach, die Division Göben sicherte im Thale

der Werra die Straßen nach Lengsfeld und nach Schmalkalden und stand
bei Tiefenort.

Die Bayern standen am 2. Juli: 1. Division bei Meiningen,
2. Division bei Henneberg, 3. Division bei Oberkatza, 4. Division bei
Wasungen mit Vortruppen nördlich von diesem Orte.

Die 4. Division hatte Patrouillen auf Schmalkalden und Salzungen
entsendet, welche jedoch nirgends auf die Preußen stießen. Oberst Alboffer,
der Kommandeur des Regiments Nr. 9, beschloß in Folge dessen, eine
größere Erkundung vorzunehmen. Es bestimmte hierzu 1½ Kompagnien
des Regiments Nr. 9 und 1 Schwadron des Regiments Chevauxlegers
Nr. 6, welche um ½9 Uhr abends am 2. Juli (die Infanterie auf
Wagen) von Wernshausen aufbrachen. Dieser Ort liegt im Thale der
Werra, nördlich von Wasungen und westlich von Schmalkalden.

Man entdeckte zahlreiche Biwaksfeuer der Preußen westlich von
Barchfeld; Oberst Alboffer rückte daher schnell auf Immelborn los, ein
Dorf, welches etwa eine halbe Meile südöstlich von Salzungen und eine
kleine Viertelmeile westlich von Barchfeld gelegen ist. Dort stieß er auf
das Piket von 3/13 der Division Göben, wurde aber durch kräftiges
Feuer abgewiesen. Oberst Alboffer selbst wurde verwundet, außerdem
verloren die Bayern 3 Offiziere, 13 Mann todt und verwundet, während
die Preußen nur 4 Verwundete hatten. Die Bayern traten alsbald den
Rückzug an.

Es war also schon am 2. Juli die Fühlung der beiden Gegner
hergestellt. Die 4. bayerische Division vereinigte sich in Folge dessen am
3. Juli mehr nach Nordwesten zu und zwar bei Roßdorf und Gegend.
Die 3. Division stand am 3. Juli abends bei Zella und Gegend, die
1. Division zwischen Meiningen und Kaltennordheim, die 2. Division
südlich der 1. Division. Preußischerseits marschirte am 3. Juli die
Division Göben mit der Brigade Wrangel nach der Gegend von Oechsen,
¾ Meilen nordwestlich von Dermbach, mit der Brigade Kummer nach
Dermbach. Letztere Brigade stieß mit den Bayern zusammen. Es hatte
nämlich die 3. bayerische Division 1 Kompagnie Regiments Nr. 14 und
1 Schwadron Chevauxlegers Nr. 2 gegen Dermbach vorgeschickt, um
hier Nachrichten über die Preußen einzuziehen.

Bis auf etwa 400 Schritte kam die bayerische Kompagnie an den
Südausgang von Dermbach heran; man hatte bisher nur preußische
Husaren gesehen und war auf die Anwesenheit von Infanterie nicht vor-
bereitet. Die Avantgarde der Brigade Kummer näherte sich eben dem

Kunz, Der Feldzug der Mainarmee rc.   5

Orte, als die Meldung einging, „bayerische Infanterie sei im Anmarsche".
Sofort ging F/53 im Laufschritt vor, nachdem es die Tornister abgelegt
hatte. Die vorderste Kompagnie 9/53 erschien eben am Südausgange
von Dermbach, als die Bayern 400 Schritte entfernt waren. Dieselben
hatten Knäuel gebildet, um gegen einen feindlichen Kavallerieangriff ge=
sichert zu sein und gingen in dieser Formation bis auf 150 Schritte
vom Orte vor. Da erhielten sie plötzlich ein heftiges Gewehrfeuer
und wurden von den Preußen ungestüm angegriffen. Das Schnellfeuer
der Preußen wirkte gewaltig, da das Ziel gar nicht zu fehlen war.
Im Nu waren die Bayern geworfen und gingen zurück. Ihr Verlust
betrug 48 Mann, darunter 25 unverwundete Gefangene. Die bayerische
Kompagnie zählte überhaupt nur 143 Mann, verlor also 33,5 Prozent.
Die Preußen hatten keinen Verlust.

Die Division Beyer erreichte am 3. Juli die Gegend von Geisa,
die Division Manteuffel die Gegend zwischen Marksuhl und Vacha. —

Beide Heere standen sich also am Abende des 3. Juli unmittelbar
gegenüber, beide Heere waren nicht eng versammelt, sondern der Marsch=
formation entsprechend ziemlich weit gedehnt. Es wäre jedoch nicht
schwer gewesen, alle drei preußischen Divisionen am 4. Juli auf der Linie
Dermbach—Roßdorf zu versammeln, den vordersten beiden bayerischen
Divisionen schon an diesem Tage eine entscheidende Niederlage beizubringen
und am 5. Juli das bayerische Heer vollständig zu schlagen, falls
dasselbe einer Katastrophe nicht rechtzeitig ausgewichen wäre. Es fehlten
bei den Bayern noch die Reserve=Infanterie=Brigade, das Reserve=
Kavalleriekorps und verschiedene Bataillone der einzelnen Infanterie=
Divisionen. Das numerische Uebergewicht hätte also die Preußen begünstigt.
Allein General von Falckenstein glaubte mit seinen Hauptkräften den
Vormarsch auf Fulda fortsetzen zu sollen; er war der Ansicht, daß die
Bayern diesen seinen Vormarsch nur mit schwachen Kräften belästigen
wollten und befahl daher der Division Göben, durch einen kurzen Vorstoß
jene feindlichen Kräfte zurückzudrängen, während die beiden anderen
Divisionen den Vormarsch fortzusetzen hatten. Als Hauptziel schwebte
dem General von Falckenstein das Erreichen der inneren Operations=
linie zwischen beiden feindlichen Heeresmassen vor.

Die Division Beyer sollte am 4. Juli Hünfeld erreichen, jedoch
Geisa bis zum Eintreffen der Division Göben besetzt halten, die Division
Manteuffel hatte nach Vacha zu marschiren, indessen Lengsfeld durch
eine starke Truppenabtheilung zu besetzen. Die Division Göben sollte

nach dem Zurückdrängen des Gegners sich auf der Straße Dechsen—Geisa staffelförmig aufstellen.

Bayerischerseits hatte der Zusammenstoß bei Dermbach zur Folge, daß der Befehl an die 1. und 2. Infanterie-Division erging, sogleich nach Kaltennordheim zu marschiren, damit die Armee möglichst eng versammelt wäre.

Es mußte also am 4. Juli nothwendigerweise zu einem ernsten Kampfe kommen. Wir haben gesehen wie die Bayern, weit entfernt davon, einem Kampfe auszuweichen, vielmehr ihre Armee zu einem solchen eng versammelten. Es würde also, falls General von Falckenstein dasselbe gethan hätte, am 4. Juli zur Schlacht gekommen sein.

IV.

Die Gefechte bei Dermbach am 4. Juli.

---

1. Das Gefecht bei Zella.

Die 3. bayerische Infanterie-Division stand in der Nacht zum 4. Juli folgendermaßen vertheilt: 4 Kompagnien von I/6 bei Wiesenthal, das Jäger-Bataillon Nr. 1 in Reibhartshausen, I/14 in Diedorf, II/14 und 2 Kompagnien von I/6 in Zella, II und III/11, I/15, Jäger-Bataillon Nr. 5, die Kavallerie und Artillerie der Division bei Fischbach und Gegend (Fischbach liegt zwischen Reibharbtshausen und Kaltennordheim), III/15 in Kaltensunbheim, III/6 und 1 Zug Chevaurlegers bei Tann. Kaltensunbheim liegt südlich von Kaltennordheim, Tann südlich von Geisa. Die Bataillone I/11 und II/15 fehlten noch.

Die 3. Division zählte mithin nur 10 Bataillone, 4 Schwabronen und 16 Geschütze, von benen jedoch auf dem Gefechtsfelde nur 9 Bataillone, 3¾ Schwabronen und 16 Geschütze verfügbar waren.

General von Göben war sich der Schwierigkeit seiner Aufgabe klar bewußt. Vor sich nach zwei verschiedenen Richtungen, bei Wiesenthal—Roßdorf und bei Zella, einen zweifellos überlegenen Feind, den er mit seiner einzigen Division angreifen und zurückwerfen sollte. Dabei begünstigte das bergige Gelände überall die Vertheidigung und schließlich sollte das Gefecht abgebrochen, im Angesichte des überlegenen Feindes der Rückzug angetreten und in dem ohnehin schwierigen, durch fortgesetzten Regen aufgeweichten Gebirgslande ein Rückmarsch von 2 Meilen bis nach der Gegend von Geisa hin ausgeführt werden. Nicht leicht konnte der Division eine schwierigere Aufgabe gestellt werden, aber ihr Führer war dafür auch ein Feldherr von Gottes Gnaden, dem man ruhig das schwerste zumuthen konnte.

Es läßt sich indessen nicht verkennen, daß das Kriegsglück uns Preußen im Jahre 1866 ganz außerordentlich günstig war. Man wußte am 3. Juli abends zwar, daß die Bayern unmittelbar vor Dermbach standen, allein über ihre Kräfte sowie über die Vertheilung derselben war man keineswegs unterrichtet. Was würde wohl - aus dem Kampfe bei Dermbach geworden sein, wenn die gesammten vier bayerischen Infanterie= Divisionen am 4. Juli plötzlich angriffsweise aufgetreten wären, wie dies doch immerhin möglich war?

Dann mußte die vereinzelte Division Göben in eine außerordentlich schwierige Lage kommen, und General von Falckenstein würde vielleicht den Entschluß, mit seinen Hauptkräften ruhig weiter zu marschiren, schwer gebüßt haben. Es kam zum Glück anders. Wir halten es aber für unsere Pflicht, besonders darauf aufmerksam zu machen, daß eine höhere Macht ganz unverkennbar über dem Schicksale Preußens wachte und überall den preußischen Waffen ihre Gunst offenbarte.

Göben befahl der Brigade Kummer, welche in Dermbach stand, gegen Neidhardtshausen vorzugehen, sich dieses Dorfes und des Ortes Zella zu bemächtigen, dann bei Zella Stellung zu nehmen und daselbst weitere Befehle zu erwarten. I und II/13 und die 6 gezogenen 4=Pfünder sollten in Reserve zurückbleiben, während die Brigade Wrangel gegen Wiesenthal vorgehen sollte. Die Reserve=Brigade (Regiment Nr. 19, Kürassier=Regiment Nr. 4 und die reitende Batterie) blieb zur Verfügung des Generals Göben.

Kaum war jedoch General Kummer mit seinen Truppen (F/13, Regi= ment Nr. 53, 2 Schwabronen Husaren Nr. 8 und 6 gezogenen 6=Pfündern) gegen Neidhardtshausen aufgebrochen, als die beiden zur Reserve bestimmten Bataillone I und II/13 in Folge einer falschen Meldung an die Felba= brücke zwischen Dermbach und Lindenau vorgeschoben werden mußten. In Folge dessen wurden diese beiden Bataillone der Brigade Wrangel überwiesen und drei Bataillone letzterer Brigade als Reserve zurück= behalten.

Sobald die vorderen Abtheilungen der Brigade Kummer vor Neidhartshausen erschienen, wurden sie von 2 glatten 12pfdg. bayerischen Geschützen mit Granaten empfangen. Etwa um 9 Uhr früh fuhr daher die preußische gezogene 6pfdg. Batterie 1000 Schritt von Neidharts= hausen auf und eröffnete das Feuer gegen diesen Ort, welcher vom 1. bayerischen Jäger=Bataillon und der 1. Schützen=Kompagnie Regiments Nr. 6 besetzt war. (Ein bayerisches Infanterie=Bataillon hatte 6 Kom=

pagnien, von denen 2 Schützen-Kompagnien genannt wurden, ein Jäger-Bataillon hatte nur 4 Kompagnien, jede Kompagnie 2 Züge zu 2 Gliedern.) Zwei Kompagnien befanden sich in der Umfassung des Dorfes, 3 Kompagnien standen in Reserve.

F/53 ging längs der Straße vor, links von ihm I/53; II/53 auf dem direkt nach Zella führenden Wege am Abhange der westlich der Chaussee gelegenen Höhen. 1 und 10/53 nahmen das schwach vertheidigte Reibhardtshaufen im ersten Anlaufe, die 5 bayerischen Kompagnien gingen auf die Höhe „am Taufstein" zurück. Da jedoch das 1. bayerische Jäger-Bataillon von dieser Höhe aus ein lebhaftes Flankenfeuer eröffnete, so überschritt I/53 die Felba und nahm die genannte Höhe, die Bayern langsam vor sich hertreibend. Die 1. Schützen-Kompagnie Regiments Nr. 6 zog sich alsbald auf Fischbach zurück.

Nunmehr entwickelten sich F und II/53 gegen Zella, welches von II/14 und 1/6 besetzt war. Die Bayern hatten ihre sämmtlichen 7 Kompagnien zur Vertheidigung der Ortsumfassung verwendet, eine Hauptreserve war nicht ausgeschieden. Sehr bald kamen die beiden bayerischen Geschütze in eine sehr üble Lage gegenüber den preußischen Schützenschwärmen und mußten nach tapferer Gegenwehr unter großen Verlusten zurückgehen.

Oestlich von Zella standen 3 Schwadronen 2. Chevauxlegers, 800 Schritte südlich des Ortes I/14 in einer Aufnahmestellung. Die Chevauxlegers erhielten heftiges Geschütz- und Gewehrfeuer, eine Granate schlug in die 3. Schwadron ein und brachte dieselbe derartig in Unordnung, daß sie im Galopp zurückging. Ein Versuch der beiden anderen Schwadronen, gegen die preußischen Schützenschwärme anzureiten, brachte keinen Erfolg.

Die Bayern räumten nun Zella, wobei 1/6 den Rückzug decken sollte.

Unterdessen hatte sich F/13, hinter II/53 fort, auf den rechten Flügel gesetzt und beide Bataillone stürmten jetzt vorwärts, drangen in die Ortsumfassung ein und nahmen das Dorf. Hierbei leistete 1/6 verzweifelten Widerstand, erlitt aber sehr schwere Verluste. Vier gezogene 6pfdg. bayerische Geschütze waren zwar aus der Reserve vorgeholt worden, vermochten aber auf den Gang des Gefechtes keinen Einfluß zu gewinnen.

Die Reserve der 3. bayerischen Division war unterdessen nördlich von Diedorf aufmarschirt und zwar 1/15, das Jäger-Bataillon Nr. 5 und III/15 im ersten Treffen, II und III/11 im zweiten Treffen. Zwei

Kompagnien von III/15 besetzten die Seemühle, 2 Kompagnien des 5. Jäger= Bataillons lösten sich als Schützen auf. 2 Kompagnien von I/15 wandten sich gegen das die Jäger Nr. 1 vor sich hertreibende preußische Ba= taillon I/13. I/14 hatte nach der Wegnahme des Dorfes Zella mit 2 Kompagnien das Schützengefecht gegen die Preußen aufgenommen, ging nunmehr aber hinter die vorwärts von Diedorf aufmarschirte 5. Brigade zurück.

Etwa um 11 Uhr früh zog General von Kummer die gezogene 6pfdg. Batterie nach Zella, bald darauf auch die ihm aus der Reserve überwiesene gezogene 4pfdg. Batterie. Beide Batterien begannen das Feuer gegen die Bayern, welche mit ihrer gezogenen Batterie dasselbe erwiderten, kurze Zeit auch mit der 12pfdg. Batterie, jedoch mußte diese sehr bald ihr Feuer einstellen, weil die Entfernung zu groß war.

Aus der Reserve waren noch F/55, das 4. Küraffier=Regiment und die reitende Batterie eingetroffen. F/13 und II/53 übernahmen die Vertheidigung von Zella; F/53 stand dahinter; F/55, die Küraffiere und die reitende Batterie blieben bei Neibhardtshausen in Reserve.

Inzwischen hatte I/53 den Feind immer weiter zurückgedrängt und die nach Diedorf zu gelegenen Hänge des Tauffteins erreicht, woselbst das Gefecht zum Stehen kam. Ein Angriff von preußischen Schützen= schwärmen gegen die Seemühle scheiterte.

Der Auftrag der Brigade Kummer war nunmehr erfüllt, sie erhielt daher gegen 1 Uhr den Befehl, bis Glattbach zurückzugehen und dort Stellung zu nehmen. Da jedoch das Sammeln der Verwundeten sehr lange dauerte, so verzögerte sich der Abmarsch der Brigade aus der Stellung bei Zella bis nach 3 Uhr nachmittags, so daß die Bayern schließlich noch früher zurückgingen, als die Preußen. Der Feldmarschall Prinz Karl war nämlich persönlich auf dem Gefechtsfelde eingetroffen und beschloß, seine Armee zwischen Kaltennordheim und Kaltenfund= heim zu vereinigen, er befahl daher das Gefecht abzubrechen, was gegen 3 Uhr nachmittags ausgeführt wurde.

Am Gefechte von Zella haben folgende Truppen Theil genommen:

Preußen:	Bayern:
5 Bataillone = 4400 Gewehre,	8½ Bataillone = 6050 Gewehre,
6 Schwadronen 780 Säbel,	3¾ Schwadronen = 350 Säbel,
18 Geschütze, von denen jedoch nur 12 feuerten.	16 Geschütze.

Wir berechnen die Gefechtsstärke der Bayern, indem wir die An=
gaben des bayerischen Generalstabswerkes als Grundlagen nehmen und
per Bataillon 50 Mann, per Schwadron 10 Pferde abziehen, um die
Zahl der Gewehre bezw. Säbel zu erhalten.

Bei den Preußen ist zu berücksichtigen, daß die Division Göben ihre
Krankenträgerkompagnie aus Mannschaften der Infanterie bilden mußte,
daß ebenso zur Bildung der Proviantkolonne Mannschaften der Infanterie
abgegeben werden mußten und daß endlich jedes Bataillon seine eigenen
Schlächter= und Bäckerabtheilungen formirte, welche auf Wagen gesetzt
wurden und von jedem Dienste befreit blieben, damit sie mit frischen
Kräften schlachten bezw. backen konnten. Unter Berücksichtigung des
bereits erlittenen starken Abganges an Kranken wird man daher für den
4. Juli das Bataillon bei der Division Göben nicht höher als zu
880 Gewehren, die Schwadron zu 130 Säbeln annehmen dürfen. (Re=
giment Nr. 19 war bedeutend schwächer, weil es nicht seine gesammten
Reservisten erhalten hatte und sich nicht auf voller Kriegsstärke befand.)

Die Verluste der beiden Gegner betrugen:

Preußen:

4 Offiziere, 69 Mann tobt und verwundet
2 „ vermißt
4 Offiziere, 71 Mann.

Bayern:

6 Offiziere, 76 Mann tobt und verwundet
1 „ 46 „ vermißt
7 Offiziere, 122 Mann.

Die Preußen verbrauchten etwa 10 000 Gewehrpatronen und
182 Granaten.

Das Gefecht bei Zella ist ein einfaches Avantgardengefecht und giebt
in taktischer Beziehung sehr wenig Stoff zu Bemerkungen.

Es war falsch, daß die gesammte Besatzung Zellas zur Vertheidi=
gung der Umfassung des Ortes verwendet wurde, ohne daß man auch
nur eine einzige geschlossene Kompagnie in Reserve behielt. Ein Gegenstoß
mit auch nur einer Kompagnie würde der abziehenden Besatzung Luft
verschafft haben.

Daß übrigens der Kampf nicht besonders hartnäckig war, lehren
die auf beiden Seiten sehr geringen Verluste, wobei man nicht vergessen
darf, daß diese Verluste sich auf 6 Stunden vertheilen.

2. Das Gefecht bei Wiesenthal-Roßdorf.

Das Dorf Wiesenthal war von dem bayerischen G. Jäger-Bataillon und von vier Kompagnien I/6 besetzt. Wir haben bereits gesehen, daß die beiden Bataillone I und II/13 der Division Göben an die Felda vorgeschoben wurden, weil man feindliche Infanterie im Anmarsche von Wiesenthal her glaubte. Oberst von Gellhorn, der Kommandeur des Regiments Nr. 13, ging nun aber gegen den Befehl weiter vor, so daß, wie wir wissen, General von Göben eine neue Reserve bilden mußte.

Nach 9 Uhr überschritt die Brigade Wrangel die Felda, sie hatte nur I und II/55 und II/15 zur Stelle, da die drei übrigen Bataillone als Reserve zurückbehalten wurden. Drei Schwadronen Husaren Nr. 8 und 7 gezogene 4=Pfünder waren ihr beigegeben. I und II/13 wurden bekanntlich für das Gefecht der Brigade Wrangel unterstellt. Dieselbe ging in zwei Kolonnen vor, der rechte Flügel bestand aus II/13 in erster Linie, dahinter I/13, der linke Flügel aus II/15 in erster Linie, dahinter I und II/55.

Die 4. bayerische Division war frühzeitig alarmirt worden und sandte III/9 und zwei glatte 12pfdg. Geschütze von Roßdorf aus vor. Die beiden Geschütze eröffneten alsbald ihr Feuer.

Inzwischen war Wiesenthal von seiner Besatzung verlassen worden, welche feuernd zurückging. II/13 folgte durch das Dorf, machte aber auf Befehl jenseits desselben Halt. Die gezogene 4pfdg. Batterie Cöster fuhr nordwestlich von Wiesenthal auf und eröffnete ein sehr wirksames Feuer. II/15 und II/55 entwickelten sich links von II/13, so daß II/15 auf dem äußersten linken Flügel stand.

Unterdessen rückten aber auch die in Roßdorf befindlichen bayerischen Truppen vor, III/4 längs der Straße, II/4 nördlich derselben, I/9 am langen Rain, III/9, welches bekanntlich schon früher abmarschirt war, sollte den linken Flügel der Brigade bilden. Der Brigade=Kommandeur, Generalmajor Cella, glaubte, daß der Kampf bei Dermbach stattfinde und entdeckte erst, als die Truppen nördlich des Nebelberges ankamen, daß derselbe schon zwischen Wiesenthal und dem Nebelberge sich abspiele.

Preußischerseits war die Aufgabe der Brigade Wrangel mit der Einnahme von Wiesenthal erfüllt. General von Göben zog daher I und F/15 nach Lindenau und befahl erneut dem General von Wrangel, nicht weiter vorzugehen.

Indeſſen hatte der Drang der Truppen, an den Feind zu gelangen, die Ausführung dieſes Befehls bereits vereitelt.

Die beiden Bataillone der früheren Beſatzung von Wieſenthal waren nämlich nur bis zum Fuße des Nebelberges zurückgegangen, befanden ſich alſo noch immer vor der Front der preußiſchen Truppen. Die preußiſche Batterie Cöſter (7 gezogene 4=Pfünder) hatte in Folge eines heftigen Regenguſſes ihr Feuer eingeſtellt, ſah jedoch nun die aus Roß= dorf vorrückenden bayeriſchen Bataillone gleichfalls in wirkſamer Schuß= weite vor ſich.

Die preußiſchen Schützenlinien waren hinter den weichenden beiden bayeriſchen Bataillonen gefolgt, alles drängte nach vorwärts, ſo daß General von Wrangel nun auch ſeinerſeits befahl, den Feind über den Nebelberg zurück zu treiben.

Die Batterie Cöſter eröffnete alsbald ein überaus wirkſames Feuer. Ihre Granaten ſchlugen mit vorzüglicher Genauigkeit mitten in die aus Roßdorf vorgehenden bayeriſchen Bataillone hinein und erſchütterten dieſelben in höchſt bedenklicher Weiſe. Inzwiſchen gingen II/13, II/55 und II/15 weiter vor.

Es wäre natürlich geweſen, wenn dieſe drei Bataillone den Vor= marſch in derſelben Weiſe ausgeführt hätten, wie ſie gerade nebenein= ander ſtanden; dies geſchah jedoch nicht, vielmehr befahl Oberſt von Gellhorn dem Bataillon II/55, ſich auf den rechten Flügel zu ſetzen, obſchon es bisher in der Mitte geſtanden hatte. Dadurch kam dieſes Bataillon in große Verlegenheit. Zwei ſeiner Kompagnien ſtanden noch hinter Wieſen= thal und konnten bei dem beſten Willen nicht mehr rechtzeitig auf den ihnen angewieſenen Platz gelangen, weil die übrigen Truppen bereits angetreten waren, ohne ihr Eintreffen abzuwarten. Außerdem konnten die links von II/13 befindlichen Kompagnien 5 und 6/55 ihre bereits ausgeſchwärmten Züge nicht mehr ſammeln, ſondern beließen ſie an Ort und Stelle, ſo daß 5/55 nur mit einem Zuge rechts von II/13 erſchien (ein Zug war als Artilleriebedeckung kommandirt), 6/55 mit zwei Zügen. Endlich war durch ein Mißverſtändniß auch noch 6/15 der Befehl ertheilt worden, ſich rechts zu ziehen. Dieſe Kompagnie ſtand an der Straße, ließ nun ihren Schützenzug ebenfalls ſtehen und ging mit zwei Zügen nach rechts. Wir haben alſo für den Angriff auf den Nebelberg folgendes Bild: In der Mitte II/13 in zwei Halbbataillone getheilt; links von dieſem Bataillone je ein Schützenzug von 5/55, 6/55 und 6/15, rechts ein Zug von 5/55, je zwei Züge von 6/55 und 6/15. Später schob sich von rückwärts her noch ein Zug von 7/55 links von II/13 in die Feuerlinie ein, während die beiden anderen Züge von 7/55 auf den rechten Flügel eilten. Als Reserve folgte 8/55. Es waren also nicht weniger als vier Kompagnien, 5., 6., 7/55 und 6/15, durch jenen unglücklichen Befehl auseinander gerissen worden, ganz abgesehen davon, daß durch das Rechtsziehen jener Kompagnien im feindlichen Feuer, bei dem gleichzeitigen Antreten des in der Mitte der ganzen Linie befindlichen Bataillons II/13, den Truppen ganz unnöthiger Weise übermäßige Anstrengungen auferlegt wurden. So unüberlegte Befehle sollten nicht ertheilt werden; im Frieden geht es ja allenfalls noch, obschon in solchem Falle die betreffenden Kompagniechefs, welche troß allen Abhetzens ihrer Leute naturgemäß dennoch zu spät kommen müssen, mitunter ungerechter Weise harte Worte zu hören bekommen, allein im Kriege dürfte wirklich derartiges nicht vorkommen.

Wenn am 4. Juli troß so erschwerender Umstände der Angriff dennoch gelang, so gereicht dies den braven Truppen zur höchsten Ehre. Die Schwierigkeiten, welche sie zu überwinden hatten, waren außerordentlich groß. Der Nebelberg erhebt sich mit seinem höchsten Punkte etwa 400 Fuß über die umliegenden Thäler. Die höchste Kuppe ist sehr steil geböscht und mit hochstämmigem Wald bewachsen. Der in Folge des fortgesetzten Regenwetters der letzten Tage tief aufgeweichte, zähe Lehmboden der Abhänge des Nebelberges erschwerte schon das Ersteigen der unteren Theile, dann aber kamen abschüssige Felsstrecken und Mauerabsätze, welche noch weit schwieriger zu überwinden waren, außerdem standen die Bayern oben am Waldrande und überschütteten die auf ganz freiem, übersichtlichem Gelände vorgehenden Preußen mit einem Hagel von Kugeln. Allein die tapferen Westphalen erstürmten dennoch den Berg, die Bayern stetig vor sich her treibend. Auf dem rechten Flügel der Preußen gestaltete sich die Lage günstiger, dem linken Flügel gegenüber aber hatten die Bayern ihre Hauptkräfte versammelt. Es waren dies drei Bataillone Regiments Nr. 9, zwei Bataillone Regiments Nr. 4, das 6. Jäger-Bataillon und vier Kompagnien von I/6, also zusammen 6⅔ Bataillone oder 4880 Gewehre. Allerdings hatten die 7 gezogenen 4-Pfünder der Batterie Cöster beim Angriffe in ausgezeichneter Weise vorgearbeitet und trugen wesentlich dazu bei, daß hier überhaupt ein Erfolg ermöglicht wurde. Späterhin zog General von Wrangel auch die 12pfdg. Batterie aus der Reserve vor, so daß hier 13 preußische Geschüße in Thätigkeit traten.

Um 11½ Uhr früh war der Kommandeur der 4. bayerischen Infanterie=Division, General=Lieutenant von Hartmann, persönlich auf dem Gefechtsfelde erschienen und ermunterte die weichenden Bataillone des Regiments Nr. 9, um sie auf's neue vorzuführen.

Die Preußen hatten das Bestreben gehabt, durch den Wald hindurch zu eilen und möglichst bald den jenseitigen Rand zu erreichen; in Folge dessen war zwar die preußische Schützenlinie in der Richtung gegen Osten stark entwickelt, nicht aber in der nach Norden. Es folgte bekanntlich als einzige Reserve nur 8/55, aber hinter dem rechten Flügel.

Jetzt traf der Stoß des bayerischen Regiments Nr. 9 die linke Flanke der Preußen. Jedoch sammelte Hauptmann Ritgen, der Führer des Halbbataillons 5., 8/13, schleunigst so viel als möglich Schützen um den schwachen, noch geschlossen gebliebenen Rest seines Halbbataillons, trat aus dem Walde heraus und überschüttete die Bayern mit einem so gewaltigen Schnellfeuer, daß dieselben zurückweichen mußten.

Unterdessen war nördlich der Straße Major Rüstow mit II/15 vorgegangen, 8/15 im 1. Treffen, dahinter 5 und 7/15. 8/15 beschoß von dem kleinen Teiche (nördlich der Straße) aus die glatte 12pfdg. Batterie der bayerischen 4. Division, welche nördlich der Straße aufge=fahren war. Es gelang der preußischen Kompagnie bald, durch heftiges Schützenfeuer auf etwa 600 Schritte diese Batterie zu vertreiben. Demnächst wandten sich alle drei Kompagnien gegen die Nordwestseite des Nebelberges, wo die feindlichen Hauptkräfte standen.

Es ist ganz unmöglich, ein wirklich wahrheitsgetreues Bild von dem heftigen Kampfe zu geben, welcher auf dem Nebelberge tobte. Die Preußen hatten den größten Theil desselben erstürmt; ihre Offiziere waren eifrigst bemüht, die sehr durcheinander gekommenen Truppen einigermaßen zu ordnen; der nördliche Theil des Nebelberges befand sich aber noch im Besitze der Bayern, deren Offiziere eben so eifrig bemüht waren, die stark in Unordnung gerathenen Truppen wieder zu sammeln. Immer neue Versuche wurden bayerischerseits gemacht, auf dem nord=westlichen Abhange des Nebelberges wieder vorzubringen, wo bekanntlich preußische Truppen nicht vorhanden waren, da auch die Abtheilungen des Hauptmanns Ritgen wieder die alte Richtung nach Osten einge=schlagen hatten, nachdem durch ihr Feuer der erste bayerische Gegen=angriff abgeschlagen worden. war.

Den ferneren Angriffen der Bayern traten nun aber die Schützen=züge von 6/15 und 6/55 entgegen, welche ursprünglich auf dem linken

Flügel ausgeschwärmt und dann der allgemeinen Vorwärtsbewegung gefolgt waren. Sie kamen gerade rechtzeitig an, um die wiederholten Angriffe der Bayern zurückzuweisen. Drei solcher Angriffe scheiterten hier an dem Schnellfeuer dieser beiden Schützenzüge.

Jetzt erschien das vorderste Bataillon der bisher weiter rückwärts verbliebenen 7. bayerischen Brigade I/5. Der Brigade-Kommandeur, Generalmajor Faust, stellte sich persönlich an die Spitze und führte es längs des Nordrandes des Nebelberges vor, welcher noch immer im Besitze der Bayern war. Ihm traten Theile des Bataillons Rüstow entgegen, dessen tapferer Kommandeur, der Bruder des weltbekannten Militärschriftstellers Rüstow, bereits den Heldentod gefunden hatte. Das bayerische Bataillon wurde geworfen, der Generalmajor Faust selbst fiel; er hatte seinen Truppen ein heldenmüthiges Beispiel gegeben, indem er zu Pferde die Schützenlinie begleitete und sogar noch vor seinen eigenen Schützen erschossen wurde.

Bald nach 1 Uhr wurde nun endlich auch die Nordkuppe des Nebelberges von den Preußen erobert, die Bayern wichen endgültig nach Roßdorf zurück, dessen Umfassung von denselben besetzt wurde. Die 8. bayerische Brigade wurde demnächst hinter Roßdorf zurückgenommen, nur das 6. Jäger-Bataillon blieb im Dorfe. Die gezogene Batterie der 4. bayerischen Division hatte schon früher ein sehr wirksames Feuer eröffnet, welches die Preußen zwang, in die Deckung des Waldes auf dem Nebelberge zurückzugehen.

Einige Züge waren jedoch den Berg herunter gestiegen und hatten sich in der Schlucht festgesetzt, welche gegen die Straße Wiesenthal—Roßdorf heraufzieht. Es waren dies zwei Züge von 6/55, ein Zug von 7/55, ein Theil von 8/55 und zwei Züge von 6/15, im Ganzen etwa 300 Mann, welche nunmehr ein ruhiges Feuergefecht gegen die in der Dorfumfassung ausgeschwärmten feindlichen Schützen unterhielten. Die gezogene bayerische Batterie fuhr nahe am Kirchhofe von Roßdorf auf und beschoß diese preußischen Schützen ununterbrochen mit Granaten und Shrapnels, jedoch ohne große Wirkung, weil dieselben in einem tief eingeschnittenen Hohlwege und in einem Steinbruche vorzüglich gedeckt standen.

Die Aufgabe der Brigade Wrangel war nicht nur erfüllt, sondern weit überschritten. General von Göben befahl daher, das Gefecht abzubrechen und den Rückmarsch anzutreten.

Um den Abzug zu ermöglichen, ließ General von Wrangel die Truppen auf dem Nebelberge durch I/55 ablösen. Das Zurückschaffen

der Verwundeten stieß aber auf große Schwierigkeiten, da die Kranken=
träger=Kompagnie der Division Göben sich bei Zella befand, es verging
daher sehr viel Zeit, ehe das Gefechtsfeld leidlich aufgeräumt war.
Der Rückzug wurde etwa um 3 Uhr begonnen und sehr glücklich und
geschickt durchgeführt. Nur die in der Schlucht zwischen dem Nebelberge
und Roßdorf liegenden preußischen Schützenschwärme hatten große Mühe,
den Rückzug zu bewerkstelligen; es geschah derselbe in der Weise, daß
die Züge in Schützenlinie mit großen Zwischenräumen einzeln zurückeilten
und den Hang des Nebelberges erklommen. Dieser schwierige Abzug im
lebhaften feindlichen Granat= und Gewehrfeuer glückte jedoch vollkommen,
nur der letzte Zug verlor 15 Vermißte.

Die Bayern hatten inzwischen die 7. Brigade vorgezogen und gingen
nach 3 Uhr selbst zum Angriff vor. Dieser Vormarsch geschah in zwei
Treffen, im ersten Treffen sieben, im zweiten Treffen drei Bataillone.
Das 6. Jäger=Bataillon blieb in Roßdorf zurück.

Es war also der Abzug der Preußen rechtzeitig ausgeführt worden,
ehe noch der bayerische Angriff zur Wirksamkeit gelangte. Das eine
preußische Bataillon, welches den Rückzug deckte, löste seine Aufgabe
ebenso geschickt als glücklich und verlor dabei nur sieben Mann.

General von Hartmann wollte weiter auf Wiesenthal vorgehen,
erhielt jedoch den Befehl des Oberkommandos, nach Oberkatza abzu=
marschiren. Dies geschah, nachdem die Verwundeten zurückgebracht
worden waren unter dem Schutze einer starken Nachhut, welche bis
$\frac{1}{2}$7 Uhr abends stehen blieb.

Preußischerseits kamen eigentlich nur vier Bataillone ins Gefecht,
die Hauptarbeit des Tages lastete jedoch nur auf drei Bataillonen.

Einschließlich der Reserve (I und F/15), welche indessen am Kampfe
keinen Antheil nahm, standen sich im Gefechte von Wiesenthal=Roßdorf
gegenüber:

Preußen:	Bayern:
7 Bataillone = 6160 Gewehre,	11½ Bataillone --- 8250 Gewehre,
3 Schwadronen = 390 Säbel,	4 Schwadronen 355 Säbel,
12 Geschütze.	16 Geschütze.

Die Verluste der beiden Gegner betrugen:

Preußen:

10 Offiziere, 242 Mann todt, verwundet

_____18_____„_____vermißt

10 Offiziere, 260 Mann.

Bayern:

27 Offiziere, 317 Mann todt, verwundet
59 „ vermißt

27 Offiziere, 376 Mann.

Den stärksten Verlust erlitten preußischerseits II/13 mit 5 Offizieren, 98 Mann — etwas mehr als 11 pCt., und II/15 mit 2 Offizieren, 94 Mann = 10,7 pCt. Auf Seite der Bayern verlor am meisten III/4 mit 6 Offizieren, 72 Mann = 9 pCt.

Die Preußen verbrauchten 18 800 Gewehrpatronen, 315 Granaten und 13 Shrapnels.

Man gestatte uns einige Bemerkungen:

1. Die große Initiative, welche in den preußischen Truppen steckte, machte sich im Gefechte von Wiesenthal-Roßdorf stark bemerkbar. Die höhere Führung wurde durch dieselbe dazu gezwungen, über ihre ur= sprünglichen Absichten hinauszugehen. Eine solche Initiative spricht für den herrlichen Geist der Truppen, allein sie kann unter Umständen sehr schädlich wirken. 1870 wurden in Folge dieser Initiative der Truppen und der unteren Führer ganze Schlachten geschlagen, welche die obere Heeresleitung durchaus nicht beabsichtigte, so die Schlacht von Spicheren und eigentlich auch die Schlacht von Wörth. Daß eine Gefahr darin liegt, dem Willen der höheren Führung entgegen zu handeln, liegt klar zu Tage.

2. Die Wegnahme des Nebelberges ist eine Waffenthat ersten Ranges. Drei preußische Bataillone mit 2640 Gewehren greifen einen steilen Berg an, zu dessen Vertheidigung 6²/₃ bayerische Bataillone = 4880 Ge= wehre bereit stehen. Trotz aller Schwierigkeiten des Geländes und trotz der großen Uebermacht wird der Berg erstürmt und gegen alle Wieder= eroberungsversuche behauptet. Allerdings hat dazu die Batterie Cöster sehr wacker mitgeholfen und muß ihr ein guter Theil des Erfolges zu= geschrieben werden.

Daß der Angriff auf den Nebelberg ohne eine ausreichende und richtig angesetzte Reserve erfolgte, war ein schwerer Fehler. Wir haben gesehen, wie nur durch glückliche Zwischenfälle die Gegenoffensive der Bayern abgeschlagen werden konnte, obschon sie vortrefflich angesetzt war. (Eingreifen des Hauptmanns Ritgen, dann das zufällige, recht= zeitige Erscheinen am richtigen Platze der Schützenzüge von 6/15 und 6/55.) Die Gewandtheit der unteren Führer machte hier das Versehen der höheren Führer wieder gut. Unter anderen Umständen aber mußten die Preußen auf dem Nebelberge in eine sehr mißliche Gefechtslage kommen, weil ihnen keine irgendwie ausreichende Reserve zur Verfügung stand. 8/55 trat nur zufällig in das Reserveverhältniß, weil sie trotz größter Eile nicht mehr rechtzeitig in die Feuerlinie einrücken konnte, außerdem befand sie sich hinter dem n i ch t g e f ä h r b e t e n r e ch t e n Flügel. Die fehlerhafte Anordnung des Angriffs wurde lediglich durch das Glück und durch die Geschicklichkeit einiger niederen Führer unschädlich gemacht; darauf soll man aber nicht rechnen!!

3. Ueber das unnöthige Zerreißen der Truppenverbände bei diesem Angriffe haben wir bereits gesprochen.

4. Bemerkenswerth ist der letzte Vormarsch der 4. bayerischen Division. Er kam freilich zu spät, allein das feste Zusammenhalten und das einheitliche Einsetzen einer Masse von zehn Bataillonen würde, falls es noch zum Kampfe gekommen wäre, nicht ohne bedeutenden Eindruck geblieben sein.

5. Die Division Göben löste ihre überaus schwere Aufgabe in einer mustergültigen Weise. Genau im richtigen Augenblicke wurde das Ge= fecht abgebrochen, tabellos war das Abbrechen des Gefechtes selbst. Allerdings begünstigte das Glück die Division Göben, indem die Bayern selbst den Befehl zum Abbrechen des Kampfes erhielten und daher ein Nachdrängen derselben hinter den abziehenden Preußen nicht stattfand.

V.

Die Ereignisse vom 4. Juli bis zum 10. Juli.

Das bayerische Reserve=Kavalleriekorps hatte am 29. Juni den Befehl erhalten, in der Richtung auf Bebra vorzugehen, um die Verbindung mit dem 8. Bundesarmeekorps aufzunehmen. Die drei Brigaden der bayerischen Reserve=Kavallerie erreichten folgende Marschziele auf Grund dieses Befehls:

	30. Juni:	1. Juli:	2. Juli:	3. Juli:
1 leichte Brigade	Hilders,	Tann,	Tann,	Hünfeld,
2 „ „	Neustadt a. d. S.,	Flabungen,	Hilders,	Hünfeld,
schwere „	Münnerstadt,	Bischofsheim,	Gersfeld,	Fulba.

Spät nachts zum 4. Juli traf der Befehl ein, am 4. Juli gegen Vacha zu demonstriren.

Wegen großer Ermüdung der Pferde der beiden leichten Brigaden wurde die schwere Brigade dazu bestimmt.

Am 4. Juli, gegen 6 Uhr früh, stieß die Spitze dieser Brigade zwischen Hünfeld und Rasdorf auf die Spitze der Division Beyer. Rasdorf liegt zwischen Hünfeld und Geisa.

Eine Schwadron des 1. Küraffier=Regiments wurde gegen den Wald vorgeschoben, durch welchen hier die Straße führt. Diese Schwadron erhielt plötzlich Infanteriefeuer vom Waldsaume, außerdem fuhren zwei preußische gezogene 4pfdg. Geschütze auf und eröffneten ein außerordentlich wirksames Feuer. Mehrere Granaten schlugen in die Schwadron ein, welche zu ihrem Regiment zurückeilte, nachdem sie in kürzester Zeit einen Verlust von 1 Offizier, 17 Mann und 18 Pferden = 22 pCt. ihrer Gefechtsstärke erlitten hatte. Die reitende bayerische Batterie erwiderte das Feuer der Preußen. Um die zurückgehende Schwadron wieder zum

Stehen zu bringen, wurde vom Regiment aus das Signal „Links um Kehrt" geblasen. Das Regiment verstand jedoch dieses Signal dahin, daß es selbst Kehrt machen sollte und ging in Unordnung zurück, welche sich auch dem anrückenden Kürassier-Regiment Nr. 2 mittheilte. Die reitende Batterie, nunmehr ohne jede Bedeckung, mußte auch zurückgehen und ließ dabei ein Geschütz, dessen Protzenräder zerschossen waren, stehen.

Die schwere Kavallerie-Brigade ging nun zurück, machte hinter Hünfeld Front, erhielt hier abermals, etwa um 9 Uhr früh, preußisches Artilleriefeuer und ging demnächst auf Fulda und Bronzell zurück, wo sie Halt machte und Vorposten ausstellte. Die beiden leichten Brigaden waren schon früh morgens zurückgegangen und standen zwischen Fulda und Tann, bezw. zwischen Fulda und Gersfeld.

Nachmittags wurde in Folge einer falschen Meldung der Rückmarsch fortgesetzt und zwar in der Richtung auf Gersfeld. Gegen 10 Uhr abends traf bei dem Kavalleriekorps der Befehl ein, auf Brückenau zu marschiren.

Die erste leichte Brigade war bei Lütter, zwischen Fulda und Gers-feld, stehen geblieben, die beiden anderen Brigaden mußten aber Kehrt machen, um die neue Richtung einzuschlagen. Nur die Schwadron der Avantgarde blieb im Marsche, erreichte Bischofsheim und brachte hier die Nacht zu. Der Korpskommandeur befand sich in Hettenhausen, zwischen Lütter und Gersfeld, als jener Befehl bei den marschirenden Truppen eintraf, deren Kommandeure daher selbständig handeln mußten. Die beiden Brigade-Kommandeure setzten sich in Folge dessen um Mitter-nacht in der Richtung auf Hettenhausen in Marsch, um von dort Brückenau zu erreichen. Zu diesem Zwecke mußte die Kolonne Kehrt machen und wieder den alten Weg zurückmarschiren. Die schwere Bri-gade hatte bereits Gersfeld hinter sich, als jener Befehl eintraf und durchritt den Ort zum zweiten Male. Während des Durchmarsches durch Gersfeld erfuhr nun der Kommandeur der schweren Brigade, daß ein näherer Weg nach Brückenau führe und schlug mit dem Theile der Brigade, welcher hinter ihm selbst marschirte, diesen Weg ein, während die Schwadronen, welche vor dem Brigade-Kommandeur ritten, die einmal eingeschlagene Richtung nach Hettenhausen beibehielten. Dasselbe that die zweite leichte Brigade.

Alles dies geschah um Mitternacht, die taktische Ordnung war sehr gelockert. Da hörte man plötzlich in der Richtung von Hettenhausen das Alarmsignal. Eine Kürassierabtheilung machte Kehrt, riß die hinter ihr folgenden Schwadronen mit sich fort, nahm sehr bald ein wildes Tempo an, so daß auch die zweite leichte Brigade mit fortgerissen wurde und eine wilde Panik ausbrach. Die ganze wild gewordene Masse jagte nun nach Gersfeld zurück, ganz wie ein einzelnes scheu gewordenes Pferd, dessen Reiter die Herrschaft über den Durchgänger verloren hat. Von Gersfeld aus stob alles nach den verschiedensten Richtungen auseinander. Alle Anstrengungen der Offiziere, die Fliehenden zum Halten zu bringen, waren vergeblich, je toller die Offiziere ritten, um endlich einmal die Queue zu erreichen und dort Halt zu gebieten, um so toller jagte die wilde Masse selbst in der finsteren Nacht dahin. Unmöglich, irgend wie Ordnung in diese aufgeregte, tobende Schaar von Flücht= lingen zu bringen!!!

Der Theil der schweren Brigade, welcher den Seitenweg eingeschlagen hatte, wurde weniger von der Panik betroffen, erreichte Hettenhausen und marschirte von hier nach Brückenau, ebenso die erste leichte Brigade, letztere von den Ereignissen ganz unberührt.

Dagegen war die zweite leichte Brigade völlig zersprengt und konnte erst am 5. Juli theilweise wieder gesammelt werden. Sie wurde dann in die Gegend von Kissingen verlegt, einzelne Reiter, darunter auch Küraffiere, jagten indessen bis an den Main und kehrten erst von hier aus zu ihren Regimentern zurück.

Der Verlust der Bayern betrug 1 Offizier, 23 Mann todt und verwundet, 41 Pferde und 1 Geschütz.

Ueber das Unglück der bayerischen Kavallerie ist viel gespottet worden, am meisten natürlich von Leuten, die gar nichts von der Sache ver= standen. Das ist falsch und beweist nur, daß die betreffenden Beurtheiler zugleich boshaft und unwissend waren. Jeder Kavallerie kann ähnliches passiren. Auch unsere preußischen 3. Küraffiere haben nach dem Treffen von Trautenau ein ganz ähnliches Unglück aus ganz ähnlichen Ursachen gehabt. Bei der Kavallerie handelt es sich eben nicht blos um Menschen, sondern auch um Pferde, und wenn es schon schwierig ist, eine Panik unter Menschen in kurzer Zeit wieder zu beseitigen, so ist es ganz un= möglich, unter ein paar hundert durchgehender Pferde wieder die Ordnung herzustellen, besonders noch, wenn deren Reiter ebenfalls von panischem Schrecken erfaßt sind und in stockfinsterer Nacht. Es wäre daher zugleich boshaft und thöricht, wenn man über das Unglück von Hünfeld spotten wollte.

Dagegen scheint uns ein anderer Punkt bemerkenswerth zu sein, nämlich die kolossalen Marschleistungen, welche die von dem Unfalle betroffenen Kavallerie-Regimenter aufzuweisen haben. Die schwere Brigade hat vom Morgen des 4. Juli bis zum anderen Tage gewiß 12 deutsche Meilen zurückgelegt, ein Theil der Versprengten noch weit mehr.

Ebenso gut ·wie die Reiterei auf der Flucht so gewaltige Leistungen zu vollbringen vermag, ist sie auch im Stande, bei der Verfolgung eines fliehenden Feindes aufzuweisen. Also bei einer solchen Gelegenheit hetze man unsere schöne Reiterei rücksichtslos hinter dem Feinde her und höre auf keine Klage wegen übermäßiger Ermüdung der Pferde! Die zweite leichte Kavallerie-Brigade der Bayern war am 4. Juli wegen eben solcher Ermüdung der Pferde nicht zu jener Demonstration gegen Vacha verwendet worden und ritt in jener Unglücksnacht bezw. am Morgen des folgenden Tages dennoch bis zum Main und zwar ohne ihre Pferde zu Grunde zu richten!!

Gemäß den Abmachungen von Schweinfurt begann Prinz Alexander von Hessen am 30. Juni seinen Vormarsch auf Hersfeld. Seine Truppen waren noch nicht vollzählig versammelt, es fehlten noch eine badische und eine württembergische Brigade, die 4. (österreichisch-nassauische) Division blieb zur Deckung des Mains zurück. Das Hauptquartier kam am 30. Juni nach Friedberg, woselbst es am 1. Juli verblieb. In Friedberg erfuhr der Prinz Alexander die Kapitulation der hannoverschen Armee, gleichzeitig erhielt er die Aufforderung des Prinzen Karl, auf dem kürzesten Wege die bayerische Armee zu unterstützen. Trotzdem ging der weitere Vormarsch des 8. Bundesarmeekorps noch in der alten Richtung auf Hersfeld vor sich, das Hauptquartier kam am 2. Juli nach Grünberg; am 3. Juli ging es nach Ulrichstein; es wurde also jetzt die Richtung auf Fulda eingeschlagen. Die 2. (badische) Division sollte Gießen und Wetzlar besetzen, die 4. nach Friedberg marschiren. Am 4. Juli war Ruhetag. Am 5. Juli ging das Hauptquartier nach Lauterbach. An diesem Tage standen die Truppen des Prinzen Alexander an folgenden Punkten:

> die hessische Division bei Groß-Lüders, 1½ Meilen von Fulda;
>
> die 2. und 3. württembergische Brigade bei Lauterbach; 3 Meilen von Fulda;

die 1. württembergische Brigade bei Saalmünster, 6 Meilen von Fulda;

die österreichisch-nassauische Division bei Schotten, 7½ Meilen von Fulda;

die badische Division bei Gießen.

Schon am 6. Juli begann der Rückmarsch des 8. Bundesarmeekorps nach dem Main; am 9. Juli war es zwischen Hanau und Frankfurt a. M. versammelt.

Wir beabsichtigen nicht, uns auf weitschweifige Erörterungen einzulassen, ob das 8. Bundesarmeekorps sich rechtzeitig mit den Bayern hätte vereinigen können oder nicht. Uns erscheint viel wichtiger, die Thatsache festzustellen, daß die Einheit der Befehlsertheilung bei dem Bundesheere schon vor dem ersten Kanonenschusse verloren gegangen war, daß man sich gegenseitig mit Vorwürfen überschüttete und kleinlichen Interessen Rechnung trug, anstatt die großen Ziele eines gemeinschaftlichen Krieges im Auge zu behalten. Die Nachtheile einer Koalition zeigen sich hier in augenfälliger Weise.

General von Falckenstein wußte nicht, daß die Bayern bald nach dem Abbrechen der Gefechte von Zella und von Wiesenthal-Roßdorf gleichfalls den Rückmarsch angetreten hatten. Die Brigade Wrangel war am 4. Juli noch bis Geisa marschirt, während die Brigade Kummer bei Dermbach verblieben war. Die Division Beyer hatte das Gefecht mit der bayerischen Reserve-Kavallerie bestanden und gelangte bis Hünfeld, ihre Avantgarde bis Rückers, südlich von Hünfeld. Die Division Manteuffel kam am 4. Juli nach Vacha, eine starke Abtheilung derselben marschirte zur Verbindung mit der Division Göben nach Lengsfeld.

In Folge der Meldungen über die Gefechte bei Dermbach beschloß nun Falckenstein, seine Armee am 5. Juli eng zu versammeln und die Bayern am 6. Juli anzugreifen, falls sie stehen bleiben sollten. Es wurde daher befohlen, daß am 5. Juli, früh 7 Uhr, die Division Manteuffel bei Lengsfeld, die Division Göben bei Dechsen, die Division Beyer bei Geisa zum Vormarsch bereitstehen sollten. Die Brigade Kummer blieb bei Dermbach, die Avantgarde der Division Beyer bei Hünfeld.

Die sofort vorgenommenen Erkundungen stellten sehr bald den Rückzug der Bayern fest, so daß die Fortsetzung der Bewegung auf Fulda wieder angeordnet werden konnte.

Die Marschziele der nächsten Tage waren folgende:

	5. Juli:	6. Juli:	7. Juli:
Division Beyer:	Hünfeld,	Fulda,	Ruhe,
„ Göben:	Rasdorf-Geisa,	Fulda-Marbach,	„
„ Manteuffel:	Dechsen,	Hünfeld-Marbach,	„
	8. Juli:	9. Juli:	
Division Beyer:	Schlüchtern,	Brückenau Bad,	
„ Göben:	Döllbach,	Geroba,	
„ Manteuffel:	Fulda,	Brückenau Stadt.	

Döllbach liegt zwischen Fulda und Brückenau, Geroba zwischen Walbaschach und Brückenau.

Der Vormarsch der Division Beyer bis Schlüchtern sollte bei den Süddeutschen Besorgnisse für Frankfurt a. M. erwecken, gleichzeitig aber sollte er der Division auch eine besondere Straße zum Vormarsche gegen die Saale verschaffen.

Das Hauptziel des Generals von Falckenstein war erreicht, die beiden feindlichen Heere waren für lange Zeit von einander getrennt. Dieses Ziel wurde einmal durch den beharrlichen Vormarsch des Generals Falckenstein, viel mehr aber noch durch das Ueberwiegen der Besorgnisse für Frankfurt a. M. bei dem Prinzen Alexander von Hessen erreicht; denn trotz aller zielbewußten Energie Falckensteins hätte das 8. Bundesarmeekorps recht gut und ohne Gefahr nach der Linie Hammelburg-Gemünden herangezogen werden können.

Jetzt handelte es sich darum, den nächsten Gegner zu schlagen, und das waren die Bayern.

Wir haben gesehen, daß bereits am 3. Juli die Kriegslage ziemlich klar vor Augen lag, daß ein Angriff auf die Bayern am 4. Juli durchaus am Platze gewesen wäre. Eine Niederlage derselben war sicher, falls sie überhaupt Stand hielten, das wird Niemand bestreiten, der die Gefechte von Zella und von Wiesenthal-Roßdorf vorurtheilsfrei betrachtet. Es war freilich möglich, daß die geschlagenen Bayern auf das 8. Bundesarmeekorps zurückgegangen wären. Aber dazu gehörte, daß dieses Armeekorps sich nach der Saale wendete. Es hat dies bekanntlich nicht gethan, obschon die Bayern keine Niederlage erlitten. Unserer Meinung nach würde es erst recht nach Frankfurt a. M. zurückgegangen sein, wenn die Bayern am 4. Juli oder am 5. Juli eine Niederlage erlitten hätten. Man kann also dem General von Falckenstein den Vorwurf nicht ersparen, daß er am 4. Juli eine für ihn hervorragend günstige

und schon damals genügend durchsichtige und klare Kriegslage nicht so
ausgenutzt hat, wie er dies konnte. Er wußte genau, daß die Bayern mit starken Kräften dicht vor
ihm standen; die mit großer Energie unternommenen Erkundungen der
Bayern vom 2. Juli und vom 3. Juli zeigten klar genug, daß ihre
Hauptkräfte nicht weit sein konnten. Ein Angriff der Mainarmee mit
allen drei Divisionen würde diese Hauptkräfte schon gefunden haben, das
war nicht zu bezweifeln.

Wenn aber auch wirklich das 8. Bundesarmeekorps sich inzwischen
nach der Saale wendete und dort die Vereinigung beider Heeresgruppen
stattfand, so würde dies auch für Preußen kein Unglück gewesen sein.
Die Vereinigung zweier Heere, von denen das eine soeben eine entscheidende
Niederlage erlitten hat, wirkt meistens sehr ungünstig auf das andere,
bisher noch intakte Heer. Wir haben dies bei der Armee von Chalons
1870 wieder bestätigt gesehen. Daß aber die Bayern eine entscheidende
Niederlage erlitten hätten, wenn sie dem Angriffe aller drei Divisionen
Falckensteins am 4. Juli oder am 5. Juli Stand hielten, daran zweifeln
wir keinen Augenblick.

Das Bestreben Falckensteins, die innere Operationslinie zwischen
beiden feindlichen Heeresmassen zu gewinnen, war zweifellos richtig und
ebenso kühn als klug geplant. Allein dies Bestreben würde erst recht
große Erfolge gehabt haben, wenn Falckenstein gleich in den ersten Tagen
seines verwegenen Vormarsches den einen Gegner derartig auf das Haupt
geschlagen hätte, daß er für lange Zeit unfähig gewesen wäre, sich wieder
auf einem Schlachtfelde zu zeigen. Napoleon hat im Feldzuge von 1814
der Welt über den Werth der inneren Operationslinie recht gründliche
und recht blutige Lehren ertheilt. Man brauchte dem Meister nur nach-
zuahmen.

Uebrigens ist es heute nach fast 24 Jahren nicht eben schwer, am
bequemen Arbeitstische, die besten Quellenwerke neben sich ausgebreitet
und in völliger Ruhe und Sicherheit, alles abzuwägen und den richtigen
Entschluß hervorzuheben. Die Kritik ist leicht, die Kunst ist schwer, das
wollen wir nicht vergessen. Immerhin hat aber der Kritiker die Pflicht,
seines Amtes nach besten Kräften zu walten, er darf nichts verschweigen,
er muß der Wahrheit zu Liebe alles so klar wie möglich darstellen.
Aus diesem und aus keinem anderen Grunde haben wir obige Zeilen
niedergeschrieben. Der Kritiker darf nicht vergessen, daß er ein Zwerg, der
Feldherr aber ein Riese ist; der Zwerg maßt sich nicht an, zu glauben,

er würde es beſſer gemacht haben als der Rieſe, aber dieſer Zwerg ſoll mit dem Vergrößerungsglas alles unterſuchen, und da findet er auch hier und da eine Schwäche des Rieſen; denn wir ſind alle ſterblich geboren und niemand iſt frei von Fehlern.

Die Bayern verblieben am 5. Juli zwiſchen Kaltennordheim und Kaltenſundheim und traten am 6. Juli den Rückmarſch nach der Saale an. Prinz Karl beabſichtigte, die bayeriſche Armee bei Poppenhauſen zu verſammeln. Am Abend des 9. Juli wurden die 1. und 2. Infanterie-Diviſion bei Neuſtadt a. d. Saale, die 4. Infanterie-Diviſion bei Münnerſtadt zuſammengezogen, um am folgenden Tage nach der Gegend von Poppenhauſen abzurücken. An der Saale blieben das Reſerve-Kavallerielorps und die 3. Infanterie-Diviſion und zwar:

Die 1. leichte und die ſchwere Kavallerie-Brigade mit zwei reitenden Batterien, die 6. Infanterie-Brigade mit 8 gezogenen 6=Pfündern bei Hammelburg.

Die 2. leichte Kavallerie=Brigade und die 5. Infanterie=Brigade nebſt 8 glatten 12=Pfündern der 3. Diviſion und 8 gezogenen 6=Pfündern der Reſerve=Artillerie auf der Linie Walbaſchach=Kiſſingen.

Bei Walbaſchach ſtand am 10. Juli früh I/15 = 750 Gewehre.

Bei Hauſen 4 Kompagnien von II/11 = 520 Gewehre.

Bei Friedrichshall: das 5. Jäger=Bataillon und 4 glatte 12=Pfünder, das Ulanen=Regiment Nr. 3, das Chevaurlegers=Regiment Nr. 5 und ½ Schwadron Chevaurlegers Nr. 2 = 565 Gewehre, 565 Säbel.

Bei Kiſſingen ſtand der Reſt der 5. Infanterie=Brigade und zwar:

In Kiſſingen ſelbſt II/15 und eine Kompagnie von III/11 nebſt 2 glatten 12=Pfündern = 900 Gewehre, 2 Geſchütze.

In bezw. hinter dem Kirchhofe vier Kompagnien von III/11 und zwei Kompagnien von II/11 = 780 Gewehre.

Eine Kompagnie von III/11 war nach Euerdorf ablommandirt.

Hinter Kiſſingen ſtanden 8 gezogene 6=Pfünder und 2 glatte 12=Pfünder nebſt 1½ Schwadronen Chevaurlegers Nr. 2 als Bedeckung, ferner nordöſtlich von Kiſſingen die beiden noch übrigen Schwadronen dieſes Regiments = 305 Säbel, 10 Geſchütze.

Bei Winkels: Vier Kompagnien von III/15, das 6. Jäger=Bataillon und III/9, letztere beiden Bataillone von der 4. Infanterie=Diviſion = 1700 Gewehre.

Gegen Reitersroieſen waren abgezweigt zwei Kompagnien von III/15 = 240 Gewehre.

In Nüblingen stand III/4 der 4. Infanterie=Division = 700 Gewehre.

Es standen mithin zu Vertheidigung der Saale gegen einen preußischen Angriff am 10. Juli früh bereit:

bei Walbaschach   750 Gewehre,

„ Hausen: 520 „

„ Friedrichshall: 565 „   565 Säbel,   4 Geschütze.

„ Kissingen: 4 320 „   305 „   12 „

6 155 Gewehre, 870 Säbel, 16 Geschütze.

VI.

Die Kämpfe an der Saale am 10. Juli.

1. Das Treffen von Kiſſingen.

A. Der Kampf bis zur Eroberung Kiſſingens durch die Preußen.

Am 10. Juli ſollte die Diviſion Beyer mit dem leichten Feld=
brückentrain auf Hammelburg vorgehen, die Diviſion Göben auf Kiſſingen,
die Diviſion Manteuffel mit ihrer Avantgarde auf Walbaſchach.
Am Morgen des 10. Juli befahl jedoch General von Falckenſtein
mündlich, die Diviſion Manteuffel ſolle auf Kiſſingen folgen, auch ſetzte
ſich die Pionier=Kompagnie mit dem Feldbrückentrain auf Kiſſingen in
Marſch, ohne daß jedoch dieſe beiden wichtigen Aenderungen dem General
von Göben mitgetheilt wurden.

Wir hatten das Bataillon bei der Diviſion Göben am 4. Juli mit
880 Gewehren im Durchſchnitt berechnet; für den 10. Juli wird man
es unter Abrechnung der Verluſte in den Gefechten von Zella und von
Wieſenthal=Roßdorf daher zu höchſtens 850 Gewehren annehmen dürfen;
die drei Bataillone des Regiments Nr. 19, welche nicht auf die volle
Kriegsſtärke geſetzt worden waren, nur zu 700 Gewehren; das am
8. Juli neu hinzugekommene Füſilier=Bataillon Lippe=Detmold zu 900 Ge=
wehren, dies ergiebt alſo eine Gefechtsſtärke von 13 200 Gewehren,
1150 Säbeln und 31 Geſchützen, welche die Diviſion Göben in 16 Ba=
taillonen, 9 Schwadronen und 5 Batterien am 10. Juli in den Kampf
bringen konnte.

Der Vormarſch der vorderſten Brigade (Kummer) begann erſt gegen
8 Uhr früh. Zwei Bataillone der Brigade Wrangel, II/15 und F/15,
marſchirten mit ½ Schwadron Huſaren Nr. 8 auf Friedrichshall.

I/13 und 1/Husaren 8 gingen zur Verbindung mit der Division Beyer auf Euerdorf. Es verblieben also der Division Göben nur 13 Bataillone, 7½ Schwadronen = 10 650 Gewehre, 960 Säbel.

Gegen 9½ Uhr früh ging F/53 von Garitz aus gegen Kissingen vor und erhielt alsbald Granatfeuer von einer gezogenen Batterie der bayerischen Reserve-Artillerie, welche auf den Ausläufern des Sinnberges stand. 12/53 besetzte den Altenburg-Berg, die drei anderen Kompagnien des Bataillons besetzten die Vorstadt auf dem westlichen Ufer und führten ein lebhaftes Feuergefecht mit den Vertheidigern von Kissingen. Die beiden gezogenen Batterien der Brigade Kummer fuhren auf dem Hange des Staffelberges auf und beschossen die feindliche Batterie. Ein Ueber-schreiten der Saale war zunächst nicht ausführbar; die Hauptbrücke war verbarrikadirt und wurde hartnäckig vertheidigt, die beiden anderen Brücken waren abgetragen worden, ein Durchfurthen des Flusses aber war wegen seiner Tiefe nicht möglich. Daß der Brückentrain seiner eigenen Division folgte, statt wie befohlen, der Division Beyer, wußte General von Göben nicht. Man mußte sich daher zunächst darauf be-schränken, ein hinhaltendes Gefecht zu führen.

Die Brigade Wrangel erhielt den Befehl, die Saale weiter unter-halb irgendwo und irgendwie zu überschreiten.

Etwa um 10½ Uhr erstieg I/15 den Altenburg-Berg, die gezogene 4 pfdg. Batterie Cöster fuhr am nordwestlichen Abhange des Berges auf, die glatte 12pfdg. Batterie blieb in Reserve, weil die Entfernungen für sie zu groß waren und Kissingen selbst wegen seiner Eigenschaft als Badeort nicht beschossen werden sollte.

Bayerischerseits faßte man am 10. Juli früh den Entschluß, nicht erst bei Poppenhausen eine Schlacht anzunehmen, sondern schon an der Saale ernsten Widerstand zu leisten. In Folge dessen wurden folgende Anordnungen getroffen:

Die 2. Infanterie-Division war gegen 8 Uhr früh vor Münner-stadt eingetroffen, ihr fehlten nachstehende Truppentheile:

I und II/7, eine Schwadron Chevauxlegers Nr. 4 und 2 gezogene 6-Pfünder befanden sich in Bischofsheim.

Vier glatte 12-Pfünder und ein Zug Chevauxlegers Nr. 4 waren noch im Marsche von Bischofsheim zur Division.

I und II/3 und 2 glatte 12-Pfünder befanden sich in Steinach.

Es waren also noch 7 Bataillone, 2¾ Schwadronen, 6 gezogene 6-Pfünder und 2 glatte 12-Pfünder verfügbar.

Von diesen wurden etwa um 9 Uhr das 7. Jäger=Bataillon, I und II/12, eine Schwadron und 6 gezogene 6=Pfünder nach Kissingen beordert = 2060 Gewehre, 85 Säbel.

Das 3. Jäger=Bataillon, I und III/10, 1³/₄ Schwadronen und 2 glatte 12=Pfünder erhielten den Befehl, nach Hausen zu marschiren. Es waren dies 2120 Gewehre, 145 Säbel.

III/7, von welchem zwei Kompagnien abkommandirt waren, mußte bis zur Ankunft der 1. Infanterie=Division in Münnerstadt verbleiben in der Stärke von rund 500 Gewehren.

Die 1. Infanterie=Division traf nach 10 Uhr bei Münnerstadt ein mit 11 Bataillonen, 4 Schwadronen, 8 gezogenen 6=Pfündern und 6 glatten 12=Pfündern. Das 4. Jäger=Bataillon und 2 glatte 12=Pfünder waren bei Neustadt zurückgelassen worden.

Gegen Mittag wurden III/8 und 4 gezogene 6=Pfünder nach Walbaschach beordert.

Die 4. Infanterie=Division war mit 9 Bataillonen, 4 Schwadronen und 16 Geschützen gegen 10 Uhr bei Pfersdorf eingetroffen, ¹/₂ Meile nördlich von Poppenhausen; sie sollte gegen Euerdorf abrücken und starke Abtheilungen gegen Kissingen abzweigen.

Prinz Karl ritt um 9¹/₂ Uhr früh von Münnerstadt nach Kissingen. Die Spitzen der 2. Infanterie=Division, 1 Schwadron und 2 gezogene 6=Pfünder kamen schon um 10 Uhr früh bei Winkels an, wo die beiden Geschütze alsbald auffuhren, später von den übrigen 4 Geschützen der gezogenen Batterie unterstützt, so daß jetzt bei Winkels bezw. am Sinnberge 14 gezogene und 2 glatte Geschütze der Bayern gegen 19 gezogene preußische Geschütze im Feuer standen.

Das Schützengefecht in Kissingen dauerte fort, die zwei Kompagnien von II/11, welche hinter dem Kirchhofe standen, wurden nach der Winterleite gezogen.

Unterdessen hatte das preußische Bataillon I/15 den Brückensteg bei der Lindesmühle entdeckt, von dem man zwar den Belag entfernt, die Tragbalken und das Geländer dagegen unversehrt gelassen hatte. Ohne Zögern überschritt das Bataillon hier die Saale, was jedoch sehr lange dauerte, da die Mannschaften einzeln übergehen mußten. Man ergänzte den fehlenden Belag, so gut es ging, durch Bretter und Tischplatten, so daß der Uebergang späterhin etwas leichter wurde.

Auf Seite der Bayern waren das 6. Jäger=Bataillon und III/9 schon vor 11 Uhr früh von Winkels nach dem Kirchhofe von Kissingen herangezogen worden. In Kiſſingen ſelbſt hatten ſich zwei Kompagnien von II/15 bereits jetzt verſchoſſen und wurden hinter den Kirchhof zurück= genommen, wogegen eine Kompagnie von III/11 nach dem Orte vor= gezogen wurde. Die drei übrigen Kompagnien letzteren Bataillons wurden ebenfalls vom Kirchhofe fortgeholt und fanden in der Stadt an ver= ſchiedenen Stellen als Reſerve Verwendung.

Bald nach dem Auffahren der preußiſchen Batterie Cöſter mußten die 10 Geſchütze der bayeriſchen Reſerve=Artillerie und der 3. bayeriſchen Infanterie=Diviſion abfahren, weil ſie dem überlegenen Feuer der preußi= ſchen Batterien nicht gewachſen waren. Die 8 gezogenen 6=Pfünder gingen etwa 1200 Schritte rückwärts in eine neue Stellung, die beiden glatten 12=Pfünder fanden in einer Mulde Deckung, ohne ſelbſt wirken zu können.

Das 6. Jäger=Bataillon wurde nun vorgeholt, eine Kompagnie be= ſetzte den Kurplatz, die drei anderen Kompagnien gingen nach dem Stationsberge, wo ſie bald darauf durch 1½ Kompagnien von III/9 verſtärkt wurden.

Gegen 11½ Uhr wurde das 7. Jäger=Bataillon nach dem Stations= berge gezogen, die noch bei Winkels ſtehenden vier Kompagnien von III/15 gingen nach Kiſſingen, von wo jedoch eine Kompagnie auch noch auf den Hang des Stationsberges vorgeſchoben wurde. I/12 blieb bei Winkels, II/12 wurde nach Reiterswieſen geſandt. Unterdeſſen hatte die gezogene Batterie der bayeriſchen Reſerve=Artillerie auch ihre zweite Stellung verlaſſen müſſen und war bis Winkels zurückgegangen, wo ſie nördlich der Straße nach Nüblingen erneut in Thätigkeit trat. Die 6 ge= zogenen Geſchütze der 2. Diviſion, welche zuerſt weiter rückwärts ge= ſtanden hatten, wurden nun ebenfalls bis in die Höhe von Winkels vorgezogen, ſo daß jetzt 14 gezogene Geſchütze neben einander im Feuer ſtanden.

In Kiſſingen hatten ſich um Mittag wiederum zwei Kompagnien von II/15 nahezu verſchoſſen und mußten hinter den Kirchhof zurück= genommen werden. An ihre Stelle traten zwei Kompagnien von III/9. Eine Kompagnie von III/15 wurde nach dem nördlichen Abſchnitt von Kiſſingen geſchickt, eine der beiden Kompagnien von der Winterleite dort weggezogen (8/11) und hinter das Kurhaus geſtellt.

Nach 12 Uhr mittags finden wir daher folgendes Bild:

In Kiffingen 1 Kompagnie vom 6. Jäger=Bataillon

2 Kompagnien von III/9

3 Kompagnien „ II/15*)

5 „ „ III/11

1 Kompagnie „ II/11

1 „ „ III/15

zusammen also 13 Kompagnien, aber von 6 verschiedenen Bataillonen, in der Stärke von rund 1650 Gewehren.

In Reserve bezw. am Kirchhofe standen:

2½ Kompagnien von III/9) zusammen 7½ Kompagnien von

2 „ „ III/15 } drei verschiedenen Bataillonen

3 „ „ II/15) = rund 920 Gewehre.

Am Stationsberge befanden sich das 7. Jäger=Bataillon, drei Kompagnien vom 6. Jäger=Bataillon, 1½ Kompagnien von III/9 und eine Kompagnie von III/15, zusammen 9½ Kompagnien von 4 ver= schiedenen Bataillonen = rund 1230 Gewehre.

An der Winterleite stand 7/11 = 130 Gewehre.

Gegen Reiterswiesen waren vorgeschoben II/12 und 2 Kompagnien von III/15 = 1010 Gewehre.

Bei Winkels befand sich I/12 = 740 Gewehre.

In Rüblingen III/4 = 700 Gewehre.

Dies ergiebt 6380 Gewehre, nämlich die früher von uns ver= rechneten 4320 Gewehre der 3. und 4. Division und 2060 Gewehre der 2. Division.

Etwa um 12 Uhr hatte das preußische Bataillon I/15 festen Fuß auf dem östlichen Ufer der Saale gefaßt und ging nun weiter vor, indem es theils nach der Bodenlaube, theils nach Kiffingen Schützen= schwärme vorwarf. Da bald nach dem Beginn des Ueberganges die Bayern sich sowohl an der Südumfassung von Kiffingen, als auch auf dem Stationsberge sehr wesentlich verstärkten, so mußten die Truppen zugsweise, halbzugsweise, selbst sektionsweise, wie sie gerade eintrafen, nach beiden Richtungen verwandt werden. Bald folgten dem ersten Bataillon Regiments Nr. 15 zwei Kompagnien von F/Lippe und I/55. Die Masse dieser 10 Kompagnien richtete ihren Angriff gegen Kiffingen, auf den Stationsberg eilten drei Halbzüge von I/15 und ein Zug und eine Sektion von F/Lippe, also noch nicht volle 200 Gewehre.

*) 8/15 stand noch in der Stadt.

Das heftige Gewehrfeuer der Bayern gegen die Uebergangsstelle hielt den Uebergang selbst gar nicht auf, bald drangen die sämmtlichen 10 Kompagnien (bis auf jene schwachen Abtheilungen, welche den Stations=berg erklommen und einige am Ufer zurückgelassene Schützenschwärme) in die Stadt ein. Ein erbitterter Straßen= und Häuserkampf begann. In denselben griffen zunächst die Schützen von I/15 und von F/Lippe ein, welche beim Vorgehen nach der Lindesmühle am Abhange des Altenburg=Berges zurückgeblieben waren, indem sie das Gitterwerk der nach dem Kurpark führenden Brücke überschritten, demnächst aber auch Theile vom Regiment Nr. 53, welche über die verbarrikadirte Haupt=brücke vordrangen. Die beiden glatten bayerischen 12 = Pfünder verließen etwa um ¹/₂1 Uhr Kissingen.

Es würde vergeblich sein, wenn man den Versuch machen wollte, die Einzelheiten des Straßenkampfes wiederzugeben, welcher sich nun in Kissingen abspielte. Angreifer und Vertheidiger geriethen bunt durch=einander, wie es nun einmal in der Natur eines solchen Kampfes liegt. Etwa um 1 Uhr war Kissingen vollständig erobert, nur im Kirchhofe behaupteten sich noch die Bayern. Um diesen Kirchhof entspann sich noch ein heftiger Kampf. Eine Schwadron Chevauxlegers versuchte, durch eine Attacke der Besatzung Luft zu verschaffen, stieß aber auf einen Hohlweg und mußte zurück. Ein zweiter Versuch derselben Schwadron mißlang ebenfalls in Folge des Schnellfeuers der Preußen.

Auch der Kirchhof mußte schließlich geräumt werden, die tapfere Besatzung brach sich Bahn mit dem Bajonnett, was ihr auch gelang, freilich unter schweren Verlusten. Einzelne bayerische Bataillone litten sehr, es verloren z. B.:

III/11 650 Gewehre stark: 4 Offiziere, 137 Mann = 21,0 pCt.

II/15 765 „ „ 6 „ 226 „ = 29,5 „

III/15 740 „ „ 5 „ 181 „ = 24,4 „

Es trat nun eine Art von Gefechtspause ein. Preußischerseits wurde dieselbe dazu benutzt, um sämmtliche Truppen der Division Göben auf das östliche Saale=Ufer zu ziehen, ferner um die in dem Straßenkampfe verloren gegangene Ordnung herzustellen und endlich um den ermüdeten Truppen durch schnell herbeigeschaffte Erfrischungen neue Kräfte zu geben. Wir müssen jetzt den Kampf auf dem Stationsberge nachholen. Wir wissen, daß nach dieser Richtung nur schwache Kräfte vorgedrungen waren, noch nicht volle 200 Gewehre, während bayerischerseits mehr als die 6fache Uebermacht, nämlich 1230 Gewehre, ihnen gegenübertraten;

außerdem noch die acht nach Reiterswiesen hin entsendeten Kompagnien mit 1000 Gewehren in dieser Gegend standen. Letztere nahmen nun freilich am Kampfe so gut wie gar keinen Antheil, auch blieben zwei Kompagnien 7. Jäger-Bataillons als Reserve an der Winterleite zurück, endlich konnte der linke Flügel der Schützenlinie dieses Bataillons vorerst nicht feuern, weil Theile des 6. Jäger-Bataillons und des 9. Regiments vor den Jägern standen. Immerhin war der Kampf auf dem Stationsberge ein sehr ungleicher und muß den schwachen preußischen Abtheilungen um so mehr zum Ruhme gerechnet werden, als dieselben ja bekanntlich verschiedenen Truppentheilen angehörten und einer einheitlichen Leitung entbehrten.

Die Handvoll Preußen richtete ihre Anstrengungen sehr richtig hauptsächlich gegen die linke Flanke der langen bayerischen Schützenlinie. Außerdem fuhr die glatte 12pfdg. Batterie der Division Göben jenseits der Saale auf und beschoß die feindlichen Jäger. Es gelang den Preußen, ihren Flankenangriff glücklich durchzuführen. Die Bayern mußten den Stationsberg räumen und auf die Winterleite zurückgehen. Um ½2 Uhr befand sich der Stationsberg in den Händen der Preußen.

Die beiden am Morgen des 10. Juli gegen Reiterswiesen abgezweigten Kompagnien von III/15 waren zurückgegangen und über die Winterleite nach Winkels marschirt, wo sie später am Kampfe theilnahmen. II/12 erhielt Feuer von der Bodenlaube her, als es aus dem Walde heraus gegen Reiterswiesen vorgehen wollte. Das Bataillon blieb daher zunächst stehen und kam nicht aus dem Walde heraus.

Später ging es nach Nüdlingen zurück, wo wir es wiederfinden werden.

Die beiden Schwadronen Chevauxlegers Nr. 2, welche ursprünglich nordöstlich von Kissingen gestanden hatten, waren nach Friedrichshall zur 2. leichten Kavallerie-Brigade abmarschirt, dagegen von dieser zwei Schwadronen Chevauxlegers Nr. 5 nach Winkels entsandt worden.

B. Das Zurückdrängen der Bayern auf Nüdlingen.

Die oben erwähnte Gefechtspause währte nicht lange. Die Bayern hielten noch immer Winkels besetzt und dehnten ihre Gefechtslinie rechts bis zum Sinnberge, links bis zur Winterleite aus. General von Göben befahl daher den Angriff der ganzen Division, welche inzwischen versammelt worden war. Auf der Straße ging Regiment Nr. 19 vor,

5 Kompagniekolonnen im 1., 5 im 2. Treffen, 2 in Reserve. Rechts von diesem Regimente gingen II und F/55 vor, ebenso 2 Kompagnien von F/Lippe. Gegen die Winterleite richtete sich auf dem äußersten rechten Flügel der Angriff von I/15. Links vom Regimente Nr. 19 wandten sich 2 Kompagnien von I/55, untermischt mit Schützenschwärmen des Regiments Nr. 15 und des Bataillons Lippe, gegen den Sinnberg und belästigten durch ihr Feuer die beiden gezogenen bayerischen Batterien, welche auf den Ausläufern des Sinnberges standen. Die Regimenter Nr. 13 und Nr. 53 blieben in Reserve.

Ein preußischer Schützenschwarm eilte unvorsichtig auf diese Ge= schütze los, wurde aber dabei von derselben Schwadron Chevauxlegers Nr. 4, welche bereits zweimal eine Attacke versucht hatte, ereilt und theils niedergehauen, theils gefangen genommen.

Der Angriff der Preußen, welcher diesmal mit imponirender Wucht und mit genügenden Kräften unternommen wurde, gelang vollkommen. Winkels und die das Dorf umgebenden Höhen wurden erobert, der Feind nach Nüblingen zurückgeworfen. Etwa um 3 Uhr nachmittags war der Sieg der Preußen entschieden.

I/15 ging sogar bis zu der unmittelbar südlich von Nüblingen ge= legenen Höhe vor. Bei Nüblingen waren inzwischen acht aus der Reserve= Artillerie vorgeholte reitende Geschütze östlich des Dorfes aufgefahren, während die vier von Bischofsheim herangekommenen glatten 12=Pfünder der 2. Infanterie=Division am Kirchhofe von Nüblingen sich aufstellten. Zwei dieser letzteren Geschütze wollten auf derselben Höhe auffahren, welche eben das preußische Bataillon I/15 erstieg, geriethen aber in das Gewehrfeuer dieses Bataillons und mußten zurück, wobei ein Geschütz von den Preußen erobert wurde. Vergeblich versuchte das bayerische Bataillon II/12, dieses Geschütz wieder zu erobern, bayerische Granaten schlugen von rückwärts her in das Bataillon ein, brachten es in Un= ordnung und schließlich wurde es durch das Schnellfeuer der Preußen zum Weichen gezwungen.

Als das preußische Bataillon sah, daß alle übrigen preußischen Truppen Halt gemacht hatten und es in Folge dessen völlig vereinzelt blieb, ging es auch wieder zurück und zwar auf demselben Wege, den es gekommen war.

In Nüblingen war übrigens die glatte 12pfdg. Batterie der 3. Division nahe daran gewesen, auch ihrerseits zwei Geschütze zu verlieren.

Beide Geschütze waren nämlich im Dorfe in den Straßengraben gerutscht bezw. umgefallen. Da jedoch die Preußen über die gewonnene Höhenstellung nicht hinausgingen, der Unfall aber im Dorfe sich ereignete, so haben die Preußen vermuthlich von demselben gar nichts bemerkt. Es wurde wenigstens kein Versuch gemacht, diese Geschütze wegzunehmen, so daß es den Bayern gelang, sie zu retten.

C. Die Gefechte von Waldaschach, Hausen und Friedrichshall.

Waldaschach war vom bayerischen Bataillon I/15 besetzt, auf preußischer Seite wurde von der Division Manteuffel F/25 zur Sicherung der linken Flanke abgezweigt und gegen Waldaschach vorgeschickt.

Die bayerische 1. Infanterie-Division sandte, wie wir wissen, gegen Mittag von Münnerstadt aus III/8 und 4 gezogene 6-Pfünder zur Verstärkung nach Waldaschach.

Gegen 5 Uhr verließen jedoch die Bayern diesen Ort, weil sie den ungünstigen Ausgang des Kampfes bei Kissingen wahrgenommen hatten. Eine Kompagnie von I/15, welche am linken Flügel, gegen Hausen hin, eine Vorpostenstellung bezogen hatte, kam zu spät, um den Abzug noch ohne Kampf bewerkstelligen zu können. Bereits war F/25 in Waldaschach eingedrungen, zwar versuchte die bayerische Kompagnie, sich Bahn zu brechen, sie konnte sich jedoch nur unter großen Verlusten stromaufwärts retten, wo sie bei Bocklet die Saale überschritt. I/15 und die vier Geschütze marschirten nach Steinach, III/8 nach Niederlauer an der Straße Neustadt—Münnerstadt.

Die Preußen verloren nur 2 Mann, die Bayern 1 Offizier, 42 Mann, davon 29 Mann vermißt.

Die Preußen zählten bei Waldaschach etwa 880, die Bayern 1520 Gewehre und 4 Geschütze. —

In Hausen standen vier Kompagnien von II/11, während bei Friedrichshall das 5. Jäger-Bataillon, 8½ Schwadronen und 4 glatte 12-Pfünder sich befanden.

Auf Seite der Preußen waren bekanntlich II und F/15 und ½ Schwadron Husaren Nr. 8 auf Friedrichshall in Marsch gesetzt worden.

Etwa um 9 Uhr marschirten, wie wir bereits wissen, das 3. Jäger-Bataillon, I und III/10, 1¾ Schwadronen und 2 glatte 12-Pfünder der 2. Infanterie-Division von Münnerstadt nach Hausen; von der

Reserve-Artillerie wurden eine gezogene 6pfdg. und eine reitende Batterie gleichfalls nach Hausen geschickt, so daß also sehr bedeutende bayerische Streitkräfte hier zur Verwendung bereit standen.

Etwa um 10½ Uhr früh erschienen die beiden preußischen Bataillone Regiments Nr. 15 im Cascabenthale vor Friedrichshall. Die beiden hölzernen Brücken bei diesem Orte waren zerstört worden, das östliche Ufer war stark besetzt, ein Durchwaten des Flusses aber unmöglich. Es blieb daher nichts anderes übrig, als ein Schützengefecht zu unterhalten, welches natürlich ohne Ergebniß blieb. Die 4 glatten 12=Pfünder der Bayern feuerten mit Shrapnels, doch ohne erhebliche Wirkung; sie stellten übrigens ihr Feuer bald ein. Dagegen betheiligte sich die Besatzung von Hausen kräftig an dem Feuergefechte, besonders von der verbarrikadirten steinernen Brücke aus.

Die Division Manteuffel war erst um 10½ Uhr früh aus Geroda aufgebrochen, um über Klaushof und Friedrichshall nach Kissingen zu marschiren. Unterwegs erhielt General von Manteuffel Meldung über die Lage der Dinge und eilte mit einer Schwadron Dragoner Nr. 6 und einer gezogenen 4pfdg. Batterie seinen Truppen voraus gegen Friedrichs= hall, wo er kurz vor Mittag ankam. Das Gelände erlaubte jedoch nicht, die Batterie zu verwenden, nur ein Geschütz konnte an der Chaussee auffahren und das Feuer auf die bayerische Kavallerie eröffnen, mußte jedoch dasselbe in Folge des heftigen feindlichen Gewehrfeuers sehr bald wieder einstellen.

Bald nach 12 Uhr mittags trafen auf bayerischer Seite die oben benannten Verstärkungen zwischen Haard und Hausen ein. Zwei Kom= pagnien 3. Jäger=Bataillons wurden nach rechts hin entsendet, um die Verbindung mit der Besatzung von Walbaschach aufzunehmen, die beiden anderen Kompagnien dieses Bataillons verstärkten die Besatzung von Hausen. Die reitende Batterie nahm mit zwei Geschützen an der steinernen Brücke, mit den vier übrigen Geschützen am Ostende von Hausen Stellung.

Um 1¾ Uhr trafen von der Division Manteuffel Regiment Nr. 59, eine Schwadron Dragoner Nr. 6 und eine gezogene 6pfdg. Batterie bei Klaushof ein; diese Truppen erhielten den Befehl, gegen Hausen vorzu= gehen und hier den Uebergang über die Saale zu erzwingen. Vier Geschütze der gezogenen 4pfdg. Batterie wurden der Truppenabtheilung auch noch überwiesen, so daß nach 2 Uhr zehn preußische gezogene Geschütze gegenüber von Hausen auffahren konnten.

7*

Kurz vorher war bei dem Kommandeur der bayerischen Truppen in Hausen die Aufforderung des General-Lieutenants von Zoller einge= troffen, ihn in Kissingen zu unterstützen. Die beiden Bataillone Regiments Nr. 10 marschirten daher alsbald nach Kissingen ab, sonderbarer Weise jedoch auf der Straße Hausen—Kissingen, also im wirksamsten Schuß= bereiche der jenseits der Saale entwickelten Kompagnien des preußischen Regiments Nr. 15. Sobald das vordere Bataillon I/10 das freie Ge= lände betrat, wurde es natürlich mit einem Hagel von Geschossen über= schüttet. Dies hatte zur Folge, daß das Bataillon das Feuer der Preußen erwiderte und den Weitermarsch aufgab. Das nachfolgende Bataillon III/10 wandte sich nach den Abhängen des Sinnberges, um Kissingen zu erreichen, gerieth aber hier ebenfalls in das heftige Gewehr= feuer der Preußen und außerdem auch noch in das Granatfeuer der eben aufgefahrenen Artillerie der Division Manteuffel. Das bayerische Bataillon kam dadurch für den Augenblick ein wenig in Unordnung, sammelte sich jedoch alsbald wieder.

Zu dieser Zeit traf der Befehl ein, Friedrichshall und Hausen zu räumen und auf Nüdlingen zurückzugehen. Er wurde sofort ausgeführt. Die Truppen (das 5. Jäger-Bataillon, I und III/10, 8½ Schwadronen und 6 glatte 12=Pfünder, einschließlich von 2 glatten 12=Pfündern, welche von Winkels her ihren Rückzug nach Norden ausgeführt hatten) marschirten in das Thal des Nüdlinger Baches hinab und dann um den Sinnberg herumbiegend nach Nüdlingen. Winkels befand sich zu dieser Zeit bereits im Besitze der Preußen, zwei bayerische Kompagnien von III/10, welche zur Deckung der Flanke nach dem Walde des Sinnberges abgezweigt worden waren, geriethen hierbei schon in den Kampf mit den aus Süden vordringenden Preußen, also mit Theilen der Brigade Wrangel.

Wir wollen gleich hier bemerken, daß ein Angriff der genannten drei bayerischen Bataillone gegen die linke Flanke der zu dieser Zeit auf Nüdlingen vordringenden Preußen denselben wohl sehr unbequem ge= worden sein würde. Man unternahm jedoch nicht einmal den Versuch eines Angriffes, so einladend die Gefechtslage für einen solchen auch war.

Sobald die beiden Bataillone des preußischen Regiments Nr. 15 den Abzug der Bayern aus Friedrichshall bemerkten, gingen sie bis zur Saale vor. Zwei Musketiere schwammen über den Fluß und holten einen am östlichen Ufer befindlichen Kahn herbei, auf welchem alsbald das Uebersetzen begann. Demnächst erschien auch der leichte Feldbrücken=

train und begann auf seinen Pontons die Truppen über die Saale zu setzen. Auch die Brücke wurde durch Leitern u. s. w. wieder hergestellt und Friedrichshall besetzt. Darüber verging natürlich eine geraume Zeit, so daß eine Verfolgung der zurückgehenden Bayern nicht mehr stattfand. Die Verbindung mit den bei Kissingen fechtenden Truppen wurde durch das Kürassier-Regiment Nr. 4 hergestellt.

Die Preußen haben bei Friedrichshall ins Feuer gebracht: 1700 Gewehre, 190 Säbel, zwei Geschütze; ihr Verlust betrug 4 Offiziere, 63 Mann. 7600 Gewehrpatronen wurden verbraucht.

Auf Seite der Bayern kamen bei Friedrichshall in das Gefecht: 2105 Gewehre, 565 Säbel, vier Geschütze; ihr Verlust betrug 5 Offiziere, 81 Mann, davon 13 Mann vermißt.

Auch die bayerischen Truppen in Hausen räumten auf Grund des oben erwähnten Befehls den Ort. Eben als diese Bewegung ausgeführt wurde, begannen die zehn Geschütze der Division Manteuffel ihr Feuer, welches alsbald von vier Geschützen der bayerischen reitenden Batterie erwidert wurde. Etwas später nahmen auch die acht gezogenen Geschütze der Bayern das Feuer auf. Etwa bis 3 Uhr dauerte dieser Geschützkampf fort. III/7, welches bekanntlich bis zur Ankunft der 1. Infanterie-Division bei Münnerstadt hatte verbleiben müssen, erschien eben von Haard her und mußte sich nun wieder dem Rückzuge anschließen. II/11 zog im Thale des Nüdlinger Baches ab, die übrigen Truppen marschirten nach Haard und von hier nach der Chaussee Münnerstadt—Schweinfurt.

Unterdessen ging das preußische Regiment Nr. 59 über die Saale. Die Brücke bei Hausen war nur verbarrikabirt, der Uebergang also leichter, da ja die Vertheidigung der Brücke aufgehört hatte. Die Preußen besetzten nun den Ort, verfolgten jedoch die abziehenden Bayern nicht, nahmen auch an den späteren Kämpfen ebenso wenig nennenswerthen Antheil wie die beiden Bataillone des Regiments Nr. 15.

Die Preußen brachten bei Hausen ins Gefecht: 2640 Gewehre (das Bataillon zu 880 Gewehren berechnet), 130 Säbel und 10 Geschütze, sie erlitten keinen Verlust. 127 Kanonenschüsse wurden von der Artillerie der Division Manteuffel abgegeben, davon sieben bei Friedrichshall. —

Die Bayern hatten bei Hausen im Gefecht bezw. in Reserve: 1600 Gewehre, 145 Säbel und 16 Geschütze. Ihr Verlust betrug 19 Mann, davon 7 Mann vermißt.

D. Der Kampf am Abende zwischen Nüdlingen und Winkels.

Preußischerseits hielt man nach der Eroberung des Sinn= und Schlegelsberges das Gefecht für beendet. Bis zur Ankunft der Vor= posten hielt Regiment Nr. 19 den genommenen Abschnitt besetzt und zwar mit fünf Kompagnien, 6/19 stand an der Straße, 11/19 weiter links gegenüber dem Ausgange von Nüblingen, 1 und 7/19 als Soutiens dahinter, 10/19 auf dem äußersten linken Flügel an der Hainmühle.

Auf Seite der Bayern aber dachte man gar nicht daran, sich schon jetzt für besiegt zu halten. Die 1. Infanterie=Division war nach 1 Uhr nachmittags von Münnerstadt aufgebrochen, wo sie II/8 zurückließ, also nur noch 9 Bataillone, 4 Schwadronen, 4 gezogene 6=Pfünder und 6 glatte 12=Pfünder verfügbar behielt. Ihr Vormarsch wurde jedoch durch zurückgehende Abtheilungen und Fahrzeuge derartig verzögert, daß sie erst um 4 Uhr in der Nähe von Nüblingen erschien, woselbst die Division aufmarschirte.

Die bisher im Gefechte gewesenen Truppen befanden sich um diese Zeit theils im Sammeln bei Nüblingen, theils noch im Marsche dahin, nur in Walbaschach war der Rückzug noch nicht angetreten worden.

Ueber die weitere Verwendung dieser Truppen giebt die folgende Uebersicht Aufschluß:

II und III/11, das 5. Jäger=Bataillon und das 2. Regiment Chevaurlegers marschirten nach Poppenhausen ab.

III/9, II und III/15, das 7. Jäger=Bataillon, die 2. leichte Ka= vallerie=Brigade, die Artillerie der 2. Infanterie=Division und 8 gezogene 6=Pfünder der Artillerie=Reserve traten den Rückzug nach Münnerstadt an.

III/4 marschirte zu seiner Division (der 4.) ab.

I/15 und III/8 befanden sich in bezw. bei Walbaschach.

Das 3. Jäger=Bataillon, III/7 und die beiden Batterien der Artillerie= Reserve, welche bei Hausen gefochten hatten, marschirten nach der Straße Münnerstadt=Schweinfurt, ebenso eine Schwadron Chevaurlegers Nr. 4.

I und III/10, I und II/12, das 6. Jäger=Bataillon, 2 Schwadronen Chevaurlegers Nr. 4 und 8 glatte 12=Pfünder der 3. Infanterie= Division verblieben bei Nüblingen in Reserve, ebenso 8 reitende Ge= schütze der Reserve=Artillerie.

Es waren also von allen bisher im Gefechte gewesenen Truppen nur noch 5 Bataillone, 2 Schwadronen und 16 Geschütze verfügbar.

Die 4. Infanterie-Division hatte um 2 Uhr nachmittags die be=
fohlene Bewegung gegen Euerdorf begonnen, erhielt jedoch unterwegs
die Nachricht, daß sowohl Euerdorf als Kiſſingen von den Preußen be=
ſetzt ſeien. Der Diviſions-Kommandeur, General-Lieutenant von Hart=
mann, ſtellte daher den Marſch ein und beſchloß, ſeine Truppen bei
Oerlenbach zu verſammeln. Um ½5 Uhr erhielt er indeſſen den Befehl
des Prinzen Karl, mit allen verfügbaren Truppen nach dem Gefechts=
felde zu eilen, Wenige Minuten ſpäter traf aber ein Befehl des Unter=
chefs des Generalſtabes ein, Poppenhauſen feſt zu halten. General
von Hartmann befolgte den letzten Befehl und blieb bei Poppenhauſen
bezw. nördlich dieſes Ortes ſtehen, worüber er ſofort Meldung an das
Oberkommando erſtattete.

Preußiſcherſeits hatte das Küraſſier-Regiment Nr. 4 und die reitende
Batterie die Verbindung mit den Truppen von Friedrichshall aufge=
nommen und war dann nördlich am Sinnberge vorgegangen. Dies
veranlaßte die hinter Nüdlingen aufgefahrenen acht reitenden Geſchütze
der Artillerie-Reſerve und die bei dem Kirchhofe von Nüdlingen auf=
gefahrenen vier glatten 12-Pfünder der 2. Infanterie-Diviſion, welche
eben von Biſchofsheim zurückgekommen waren, das Feuer gegen die
Küraſſiere zu eröffnen, welches alsbald von der reitenden Batterie er=
widert wurde. Bei der ſehr großen Entfernung wurde jedoch dieſes
Geſchützfeuer bald eingeſtellt und zwar auf beiden Seiten. Wir haben
bereits geſehen, daß ſpäter zwei Geſchütze jener Halbbatterie der 2. In=
fanterie-Diviſion auf dem Calvarienberge (der unmittelbar ſüdlich von
Nüdlingen gelegenen Höhe) auffuhren, wobei ein Geſchütz von den
Preußen erobert wurde. Die übrigen drei Geſchütze der Halbbatterie
marſchirten dann auf Münnerſtadt ab, während die acht reitenden
Geſchütze der Reſerve-Artillerie auf dem Kampfplatze verblieben. —

Von den 54 bayeriſchen Geſchützen, welche auf der Linie Wald=
aſchach—Kiſſingen verfügbar waren, marſchirten:

14 gezogene 6-Pfünder und 3 glatte 12-Pfünder nach
Münnerſtadt,

8 gezogene 6-Pfünder und 8 glatte 12-Pfünder nach der Straße
Münnerſtadt—Schweinfurt,

4 gezogene 6-Pfünder waren bei Waldaſchach,

1 glatter 12-Pfünder war von den Preußen erobert worden.

Es blieben alſo nur 16 glatte 12-Pfünder bei Nüdlingen zurück,
welche nunmehr durch 4 gezogene 6-Pfünder und 6 glatte 12-Pfünder

der 1. Infanterie=Division verstärkt wurden, so daß 26 Geschütze für den ferneren Kampf verfügbar blieben.

Es bleibt uns ganz unverständlich, weshalb die Bayern unmittelbar vor einem Entscheidung suchenden Angriffe sich selbst in so gewaltiger Weise schwächten. Wir können uns erklären, daß einzelne Bataillone sich in einer Verfassung befanden, welche ihre weitere Verwendung als nicht rathsam erscheinen ließ. Indessen haben überhaupt nur drei Ba= taillone mehr als 20 pCt. bei Kissingen verloren, III/11, II und III/15, alle übrigen Bataillone hatten geringere Verluste und konnten zum mindesten als Reserven verwendet werden. II/11 hatte nur zehn Mann verloren, III/4 war ganz unberührt. Dennoch marschirten gerade diese Bataillone ab, während andere, welche größere Verluste hatten, auf dem Kampfplatze blieben. Weshalb man aber 17 Geschütze von Nüdlingen abmarschiren ließ, erscheint ganz unbegreiflich. Keine einzige Batterie hatte ernste Verluste erlitten, der größte Verlust, den eine Batterie erlitt, betrug vier Mann und 12 Pferde; durch die Verluste kann man also den Abmarsch jener 17 Geschütze nicht erklären. Es wäre aber sehr wichtig gewesen, den nun folgenden Angriff der 1. Infanterie=Division recht kräftig durch Artilleriefeuer zu unterstützen. Man konnte hierzu 43 Geschütze verwenden, man verwendete jedoch nur 26 Geschütze und auch diese nur in sehr lauer Art und Weise, außerdem befanden sich darunter nur 4 gezogene Geschütze, obwohl man 18 gezogene 6=Pfünder ins Feuer setzen konnte.

Unterdessen hatte die preußische Kompagnie an der Hainmühle, 10/19, eine preußische Truppe auf dem Calvarienberge gesehen, jedenfalls I/15, und war gleichfalls nach diesem Dorfe vorgegangen, fand aber in demselben nur wenige Mannschaften dieses Bataillons.

Bayerischerseits beschloß man gerade in diesem Augenblicke, mit der 1. Infanterie=Division die Offensive zu ergreifen, wobei man noch immer auf die Mitwirkung der 4. Infanterie=Division rechnete. Die bayerische Artillerie überschüttete plötzlich Nüdlingen mit Granaten. Sieben Ba= taillone der 1. Infanterie=Division drangen gleichzeitig gegen das Dorf vor, noch ehe die vereinzelte preußische Kompagnie die Umfassung des Dorfes hatte besetzen können. Uebrigens war Nüdlingen so ausgedehnt, daß zu seiner Besetzung mehrere Bataillone erforderlich gewesen wären.

Die eine preußische Kompagnie wurde natürlich von den weit über= legenen Bayern mit Leichtigkeit aus dem Dorfe hinausgeworfen und in einer ganz anderen Richtung abgedrängt, als diejenige war, von welcher

sie herkam. Statt nach der Nordostecke des Sinnberges, deren Vertheidigung die Aufgabe von 10/19 war, wurde sie nämlich nach dem
Schlegelsberge zurückgeworfen. Hier war kurz vorher 2/19 angekommen,
vom Gros des Regiments Nr. 19 abgesendet, um kleine feindliche
Schützenschwärme abzuwehren, die vom Calvarienberge gegen den Osterberg vorrückten.

Etwa um 5 Uhr nachmittags war mithin der ganze linke Flügel
der preußischen Stellung durch das eigenmächtige Verhalten von 10/19
vollständig entblößt, nördlich der Chaussee bis zur Hainmühle stand nicht
ein Mann zur Vertheidigung des Sinnberges bereit.

Die Bayern besetzten nun Rüblingen mit II/Leib und mit drei Kompagnien von III/Leib, während die drei anderen Kompagnien letzteren
Bataillons auf dem Calvarienberge Stellung nahmen. Vier Kompagnien
von III/2 besetzten ebenfalls den Calvarienberg, die zwei übrigen Kompagnien dieses Bataillons blieben dahinter auf dem Schloßberge in Reserve. Auch das 2. Jäger-Bataillon stellte sich auf dem Calvarienberge auf.

Etwa um 5½ Uhr gingen II und III/1 und II/2 gegen den Sinnberg vor, II/1 erreichte die nordöstliche Waldecke dieses Berges, II/2
ging rechts, III/1 links von dieser Waldecke vor.

I/2 und I/8 blieben hinter Rüblingen in Reserve.

Die früher erwähnten, bereits im Gefechte gewesenen Truppen, das
6. Jäger-Bataillon, I und III/10, I und II/12 und zwei Schwadronen
Chevaurlegers Nr. 4, standen hinter dem Schloßberge in Reserve, während
das Chevaurlegers-Regiment Nr. 3 gedeckt hinter Rüblingen hielt.

Alle übrigen Bataillone und Schwadronen waren zu dieser Zeit
entweder schon abmarschirt oder sie traten eben jetzt den Rückmarsch an,
gerade in dem Augenblicke, in welchem die angreifende 1. Infanterie-
Division ihrer Mitwirkung am nöthigsten bedurft hätte.

Die drei bayerischen Bataillone, welche gegen den Sinnberg vorgingen, fanden so gut wie gar keinen Widerstand, höchstens können einige
Versprengte bezw. einige Patrouillen der Preußen im Walde ein paar
Schüsse abgegeben haben. Unter diesen ausnahmsweise glücklichen Umständen drangen denn auch die Bayern rasch vorwärts und erschienen
plötzlich in hohem Grade überraschend an der Südseite des Sinnberges
vor den an der Chaussee versammelten Truppen des Oberst-Lieutenants
von Henning. Diese Truppen bestanden aus den Kompagnien 1., 3.,
4., 5., 8., 9., 12/Regiments Nr. 19, 2 Kompagnien von F/Lippe, dem

Bataillon F/55, 1/Husaren Nr. 8 und der glatten 12 pfdg. Batterie der Brigade Wrangel.

Letztere Batterie war unlängst auf dem Sattel zwischen dem Schlegelsberge und dem Sinnberge aufgefahren, von wo sie das Feuer eröffnet hatte. Die bayerische Artillerie stand zu dieser Zeit in folgenden Stellungen:

Die acht reitenden Geschütze der Reserve-Artillerie nördlich von Nüblingen, die 6 glatten 12-Pfünder der 1. Division am Kirchhofe, die 8 glatten 12-Pfünder der 3. Division und die 4 gezogenen 6-Pfünder der 1. Division befanden sich in Reserve. Es waren also von den überhaupt verfügbaren 26 Geschützen wiederum nur 14 Geschütze in der Lage, ihr Feuer auszunutzen, darunter befand sich kein einziges gezogenes Geschütz; 12 Geschütze verharrten ohne jeden Nutzen in der Reserve!

Das überraschend abgegebene heftige Gewehrfeuer der Bayern vom Sinnberge her wirkte um so empfindlicher, als die Entfernung gering war, die preußischen Truppen in Kolonnen neben den zusammengesetzten Gewehren ruhten und ein großes kaum zu fehlendes Ziel darboten. Im ersten Augenblick riß denn auch Verwirrung ein, welche noch dadurch vermehrt wurde, daß ein Theil der Husaren-Schwadron, um sich dem verderblichen Feuer zu entziehen, durch die Kompagnien 5., 8. und 12/19 hindurchjagte.

F/55 warf sich indessen mit unübertrefflicher Tapferkeit in den Chausseegraben und eröffnete von hier aus mit drei Kompagnien ein heftiges Schnellfeuer, welches dem weiteren Vordrängen der Bayern Halt gebot. Zwar schlug die erste Granate, welche von der eben jetzt weiter rückwärts auffahrenden gezogenen 4 pfdg. Batterie der Brigade Wrangel abgefeuert wurde, mitten in die Kompagnie 9/55 ein und tödtete 1 Fähnrich, 1 Feldwebel und 9 Mann, allein das Bataillon wankte nicht, der Irrthum der Batterie wurde sofort aufgeklärt und durch das vortreffliche Verhalten des Bataillons die Zurücknahme der 12 pfdg. Batterie gesichert, deren Stellung zwischen Sinnberg und Schlegelsberg in hohem Grade gefährdet war.

Auch bei dem Regiment Nr. 19 wurde die taktische Ordnung sofort wieder hergestellt und demnächst der Rückzug angetreten. Nun wurden aber die bisher mit der Front nach Nüblingen am Höhenrande aufgestellten Kompagnien dieses Regiments in der linken Flanke gefaßt und gleichfalls zum Rückzuge gezwungen. Die Hauptmasse der Kompagnien 6., 7., 11/19 ging nach dem Schlegelsberge zurück, wohin auch 10/19 aus

Rüblingen zurückgeworfen worden war; auf dem äußersten rechten Flügel dieser Gruppe stand 2/19.

Da nun die Bayern den zurückweichenden Kompagnien 6., 7., 11/19 folgten, so erhielt F/55 sehr bald Feuer in Flanke und Rücken und mußte daher seine Stellung im Chausseegraben gleichfalls verlassen. Es ging nach der Aufnahmestellung vorwärts von Winkels zurück, woselbst die Brigade Wrangel sich nunmehr sammelte. Die beiden Batterien dieser Brigade bildeten gewissermaßen das feste Gerippe der losen Truppenverbände, welche in ziemlicher Unordnung zurückkamen und erst hier wieder festen Fuß fassen konnten. Es standen hier vereinigt:

1., 9., 12. und Theile von 6., 7., 11/19, 1/55 und F/Lippe. Diese Truppen waren aber keineswegs nach Regiments= oder auch nur nach Bataillonsverbänden geordnet, sondern es standen Kompagnien vom Re= giment Nr. 19 neben solchen vom Regiment Nr. 55, dazwischen wieder Kompagnien von F/Lippe, alles bunt durcheinander gewürfelt, nur F/55 blieb geschlossen im Bataillonsverbande. 3., 4., 5., 8/19 befanden sich nördlich der Chaussee am Sinnberge.

Auf Seite der Bayern war das Gefecht zum Stehen gekommen, sobald die vordringenden drei Bataillone an der Südseite des Sinnberges das Schnellfeuer von F/55 erhalten hatten. Gegen den Schlegelsberg gingen nun aber auch in der Front drei Kompagnien von III/Leib von Rüblingen her vor; sie setzten sich an .der Nordseite fest, während die Höhe selbst von den Preußen behauptet wurde. Zwei Kompagnien 2. Jäger=Bataillons erstiegen den Sattel zwischen dem Schlegelsberge und dem Osterberge und bildeten den äußersten linken Flügel der bayerischen Gefechtslinie, wobei jedoch zwischen diesen beiden Kompagnien und den an der Nordseite des Schlegelsberges fechtenden Kompagnien des Leibregiments eine weite Lücke offen blieb, da hier die Bayern von den Preußen frontal in Schach gehalten wurden.

Wir haben also folgendes Bild:

Auf dem Sinnberge, mit der Front nach Süden, theilweise aber auch mit der Front nach Friedrichshall drei bayerische Bataillone; am Nordabhange des Schlegelsberges drei Kompagnien, welche durch eine Schützenlinie mit der Besatzung von Rüblingen in Verbindung standen; endlich zwischen Osterberg und Schlegelsberg zwei Kompagnien.

Es war also von den verfügbaren neun Bataillonen der 1. In= fanterie=Division noch nicht einmal die Hälfte eingesetzt worden, um die

Entscheidung zu bringen. Um Nüblingen besetzt zu halten, konnte man wohl ohne Zweifel auf die bisher im Gefechte gewesenen Bataillone zurückgreifen; allein man that dies nicht und setzte nur drei volle und zwei halbe Bataillone zum Angriff ein, während man trotz aller begangenen Fehler neun volle und noch dazu frische Bataillone zu demselben verwenden konnte!

Mittlerweile war es 7 Uhr abends geworden und die Zeit drängte, wenn die Preußen den Höhenrand noch wieder in ihren Besitz bringen wollten, da am 10. Juli die Sonne um 8 Uhr 19 Minuten untergeht.

Es wurde daher seitens der Brigade Wrangel zum entscheidenden Angriffe angetreten. Nach den Höhen südlich der Chaussee, also nach dem Schlegels= und Osterberge, sandte man 6 und 7/55 und zwei Kompagnien von F/Lippe vor, nach dem Sinnberge 3., 4., 5., 8/19 und 5., 8/55, alles übrige ging in der Mitte zwischen diesen beiden Flügel= abtheilungen vor.

Gegen ¹/₂8 Uhr brachen sämmtliche preußische Truppen der Brigade Wrangel mit schlagenden Tambours zum Angriffe vor, im zweiten Treffen befanden sich nur zwei Kompagnien von I/55. Der Angriff gelang überall. Zunächst wurden die drei bayerischen Kompagnien vom Nordabhange des Schlegelsberges vertrieben und nach Nüblingen zurück= geworfen. Demnächst mußte der linke Flügel der auf dem Sinnberge befindlichen Bayern weichen, ebenso die zwei Jäger=Kompagnien aus dem Sattel zwischen Sinnberg und Schlegelsberg. Am hartnäckigsten war der Kampf um den Sinnberg. Allein nachdem der ganze übrige Höhen= rand verloren war, hatte ein längeres Verweilen der drei bayerischen Bataillone auf dem Sinnberge keinen Zweck mehr, besonders da auch ihr eigener linker Flügel bereits zurückgedrängt worden war. Nach 8 Uhr abends wurde daher bayerischerseits die Räumung des Sinnberges be= fohlen. Die Preußen drängten nach und beschossen lebhaft die abziehen= den Bayern. Allmählich wurde nun das Gewehrfeuer schwächer und verstummte endlich ganz. Erst gegen 9 Uhr erreichte der Kampf sein Ende.

Die Bayern gingen nach der Straße Schweinfurt—Münnerstadt zurück.

Bei einer Stärkeberechnung für das Treffen von Kissingen wird man nicht umhin können, auch die bei Friedrichshall und Hausen im Kampfe gewesenen Truppen mitzurechnen. Dann stellen sich die Ver= hältnisse wie folgt:

Es nahmen bayerischerseits am Gefechte Theil:

bei Friedrichshall: 2 105 Gewehre, 565 Säbel, 4 Geschütze
" Hausen: 1 600 " 145 " 16 "
" Kissingen: 12 830 " 770 " 44 "

16 535 Gewehre, 1 480 Säbel, 64 Geschütze.

Die Stärke der 1. Infanterie-Division, welche am Abende angriff, betrug: 6450 Gewehre, 380 Säbel, 10 Geschütze.

Preußischerseits nahmen an dem Gefechte Theil:

bei Friedrichshall: 1 700 Gewehre, 190 Säbel, 2 Geschütze
" Hausen: 2 640 " 130 " 10 "
" Kissingen: 10 650 " 960 " 31 "

14 990 Gewehre, 1 280 Säbel, 43 Geschütze.

Die Preußen verbrauchten bei Kissingen 109 300 Gewehrpatronen, 892 Granaten, 41 Shrapnels. Am meisten verbrauchten J/19, nämlich 17 440 Patronen, demnächst I/15 15 080 Patronen.

Die Preußen verloren bei Kissingen:

31 Offiziere, 741 Mann todt und verwundet,
1 " 57 " vermißt,

32 Offiziere, 798 Mann.

Regiment Nr. 19 verlor 10 Offiziere, 303 Mann = 14,4 pCt.

" " 55 " 15 " 245 " = 9,6 "
" " 15 " 7 " 143 "

(einschließlich des Verlustes bei Friedrichshall) = 5,6 "

Der Verlust lastete übrigens fast ausschließlich auf der Infanterie, die Kavallerie verlor nicht einen Mann, die Artillerie 11 Mann. Besonders verlustreich war das Abendgefecht; das Regiment Nr. 19 verlor allein 9 Offiziere, 213 Mann am Abend.

Die Bayern verloren bei Kissingen:

40 Offiziere, 553 Mann todt und verwundet,
6 " 510 " vermißt,

46 Offiziere, 1 063 Mann.

Von den Vermißten fielen 6 Offiziere und etwa 500 Mann unverwundet in Gefangenschaft, was sich durch den unglücklichen Verlauf des Straßenkampfes in Kissingen völlig erklärt.

Es ergiebt sich hier die bemerkenswerthe Thatsache, daß bei Kissingen der Verlust an Todten und Verwundeten auf Seite der Preußen erheblich größer war, als auf Seite der Bayern. Daran war ganz allein das

Abendgefecht schuld, bei welchem die Bayern, selbst gedeckt, mitten in die dichten preußischen Kolonnen hineinschießen konnten. Die gesammte Infanterie der bayerischen 1. Infanterie-Division, welche jenes Abendgefecht führte, verlor nur 12 Offiziere, 191 Mann todt und verwundet, 13 Mann vermißt, während die Preußen sicherlich mindestens 400 Todte und Verwundete in dem Abendgefechte einbüßten. Genaue Zahlen lassen sich leider nicht feststellen, da nur bei dem Infanterie-Regiment Nr. 19 die Verluste scharf getrennt aus den Berichten hervorgehen.

2. Das Gefecht bei Hammelburg am 10. Juli.

Hammelburg liegt im Thale der Saale, unweit der Mündung der Thulba in diesen Fluß. Die Stadt selbst befindet sich auf dem nördlichen Saale-Ufer, sie ist auf allen Seiten von bedeutenden Höhen eingerahmt, von welchen der Offenthaler Berg im Norden der Stadt unmittelbar an dieselbe herantritt; die Weinberge an den Abhängen dieses Berges ziehen sich bis zur Stadt selbst. Auf dem südlichen Ufer der Saale treten die Höhen von Fuchsstadt bis Unteraschenbach dicht an den Fluß heran, nur bei Hammelburg selbst springt die Saale etwas nach Norden vor, so daß zwischen den Berghängen und dem Flusse ein Wiesenthal sich ausbreitet. Gegenüber der von Norden her in die Saale mündenden Thulba erheben sich die Höhen von Schloß Saaleck, welche das Thal der Thulba weithin beherrschen. Die Straße von Brückenau überschreitet letzteres Flüßchen bei Unter-Erthal und läuft dann über die südlichen Höhenabfälle des Graslerberges hin, welcher nördlich des Offenthaler Berges liegt und hart an die Thulba herantritt. Beide Berge sind übrigens nur die südlichen Ausläufer zweier paralleler Höhenzüge, welche das Gelände nördlich von Hammelburg zwischen der Thulba und der Saale ausfüllen, selbst aber durch das Thal des Mechbaches von einander getrennt sind.

Die Division Beyer ging am 10. Juli von Bad Brückenau auf Hammelburg vor. Ihr fehlten I/30 und II/70, welche als Besatzung in Kassel zurückgeblieben waren, endlich 5/30, welche zur Bedeckung der Trains diente, so daß nur 12³⁄₄ Bataillone, 5 Schwadronen und 30 Geschütze (darunter nur 6 gezogene) verwendbar blieben. Die Division Beyer war bisher, mit Ausnahme des Zusammenstoßes von Hünfeld, noch gar nicht im Kampfe gewesen, sie hatte jedoch bekanntlich durch ihre fortwährenden Hin- und Hermärsche im Anfange des Feldzuges

große Strapazen auszuhalten gehabt; endlich bestand sie aus Truppen=
theilen, welche erst bei der Mobilmachung in einen größeren Truppen=
verband zusammengestellt worden waren, und denen daher sämmtliche
Verwaltungszweige fehlten. Um diese letzteren zu organisiren, mußte man
auf Mannschaften der Infanterie zurückgreifen, außerdem erinnern wir
an die Einrichtung von Schlächter= und Bäckerabtheilungen, welche wir
bereits bei der Division Göben kennen gelernt haben. Wir werden daher
das Bataillon am 10. Juli höchstens zu 850 Gewehren, die Schwadron
zu 130 Säbeln annehmen dürfen.

Dies ergiebt 10 830 Gewehre, 650 Säbel.

Bayerischerseits war Hammelburg durch die 6. Infanterie=Brigade,
die 1. leichte Kavallerie=Brigade und die schwere Kavallerie=Brigade be=
setzt. Indessen war ein erheblicher Theil dieser Truppen anderweitig
verwendet worden.

Die Kürassier=Regimenter Nr. 1 und 2 marschirten nämlich am
10. Juli um 8 Uhr früh auf Wernfeld bezw. auf Karsbach, also süd=
westlich von Hammelburg nach dem Main und der Wera.

II/14 besetzte die Dörfer Westheim und Langendorf, zwischen Euer=
dorf und Hammelburg, bei ihm befanden sich das 2. Ulanen=Regiment
und vier reitende Geschütze. Endlich stand eine Kompagnie von I/14 an
dem Saale-Uebergange bei Trimberg, wohin auch von Kissingen aus eine
Kompagnie von III/11 abkommandirt worden war.

Nach dem bayerischen Generalstabswerk scheint jedoch nur die Hälfte
der zuerst genannten Kompagnie an dem Gefechte nicht Theil genommen
zu haben.

Es waren mithin zur Vertheidigung von Hammelburg noch ver=
fügbar: das 1. Jäger=Bataillon, I/6, III/6, 5½ Kompagnien von I/14,
das 3. Kürassier=Regiment, das 1. Ulanen=Regiment, 8 gezogene 6=Pfünder
der 3. Infanterie=Division und 5 Geschütze der reitenden Batterie
Massenbach des Kavalleriekorps. Letztere hatte bekanntlich bei Hünfeld
ein Geschütz eingebüßt. Die Gefechtsstärke dieser Truppen betrug
2660 Gewehre, 740 Säbel.

Das 1. Jäger=Bataillon hatte während der Nacht den Vorposten=
dienst versehen und lagerte am 10. Juli früh 8 Uhr hinter der Unter=
Erthaler Mühle an der Brückenauer Straße. Zwei gezogene 6=Pfünder
hatten etwas weiter zurück, hinter der Thulba, Stellung genommen. Die
fünf reitenden Geschütze standen unterhalb des Saalecker Schlosses, 4 ge=
zogene 6=Pfünder auf der Terrasse, welche vom Saalecker Berge gegen

Hammelburg vorspringt, 2 gezogene 6-Pfünder auf der Hundsfelder Straße, am Eingange des Steinthales, südlich von Hammelburg. Bis auf die zwei bei Unter-Erthal befindlichen gezogenen 6-Pfünder hatte also die gesammte bayerische Artillerie auf dem südlichen Saale-Ufer Stellung genommen.

Das 1. Ulanen-Regiment hatte auf dem westlichen Ufer der Thulba den Sicherungsdienst auszuführen. Die eingegangenen Meldungen be-besagten, daß von keiner Richtung her für die nächste Zeit ein Angriff zu erwarten sei. Um 10 Uhr früh sollte daher das Regiment zum Füttern über die Saale zurückgenommen werden. Zwei Schwadronen führten den Marsch sofort aus, die beiden anderen mußten aber erst ihre Vorposten einziehen und warteten deren Rückkehr ab.

I/6 sollte in Hammelburg abkochen, III/6 befand sich vorwärts dieser Stadt in einer Bereitschaftsstellung, das 3. Kürassier-Regiment in Dibbach, westlich von Hammelburg und auf dem nördlichen Saale-Ufer, 1/14 in Hammelburg selbst, jedoch hatte es drei Kompagnien auf den Offenthaler Berg bezw. in das Rechbachthal, eine Kompagnie nach der Fuchsstädter Brücke, südöstlich von Hammelburg, vorgeschoben.

Die Avantgarde der Division Beyer (Regiment Nr. 39, 4/Husaren 9, 6 gezogene 4-Pfünder) stieß etwa um 11 Uhr früh auf den Feind. Von der Höhe bei Unter-Erthal aus sah man bayerische Infanterie und Kavallerie ohne alle Sicherheitsmaßregeln, zog sofort die gezogene 4 pfdg. Batterie vor und eröffnete das Feuer. Zu dieser Zeit waren die beiden bayerischen Schwadronen Ulanen Nr. 1, nach dem Eintreffen ihrer Vorpostenabtheilungen, eben über die Thulbabrücke bei Unter-Erthal geritten und befanden sich neben dem noch immer in aller Ruhe lagernden 1. Jäger-Bataillon, als die ersten preußischen Granaten einschlugen. Dieselben brachten bedeutende Verwirrung hervor, da Niemand die Nähe der Preußen geahnt hatte. Die Ulanen ritten in scharfer Gangart weiter und ordneten sich erst vor Hammelburg wieder. Die Jäger gingen scheinbar in voller Auflösung zurück und konnten erst in Hammelburg wieder gesammelt werden. Man nahm übrigens dieses Bataillon sofort weiter zurück, so daß es an dem Gefechte keinen weiteren Antheil nahm. Die beiden hinter der Thulba in Stellung befindlichen gezogenen 6-Pfünder nahmen zwar sofort den Kampf auf, verloren jedoch schon durch die zweite bei ihnen einschlagende Granate der preußischen Batterie ihren Offizier und gingen gleichfalls nach Hammelburg zurück, ohne an dem Gefechte fernerhin Antheil zu nehmen. Die preußische Avantgarde

ging alsbald weiter vor und überschritt die Thulba; I/39 behielt vor=
läufig Unter=Erthal beseßt. Die Bayern nahmen ihrerseits das 1. Ulanen=
Regiment nach Fuchsstadt zurück, das 3. Küraffier=Regiment nach Wern=
feld, da das Gelände jede erfolgreiche Wirkfamkeit der Reiterei ausschloß.
Dagegen gingen I und III/6 gegen Unter=Erthal vor und stießen an
den Abhängen des Graslerberges auf sechs Kompagnien des Regiments
Nr. 39, mit welchen sich daher ein Schüßengefecht entspann. Sowohl
die bayerische, als die preußische Artillerie nahmen nun am Kampfe
Theil, ohne daß jedoch bei der großen Entfernung eine Wirkung erzielt
wurde. Zwei preußische 12pfdg. Batterien fuhren auf; es standen also
18 preußische Geschüße gegen 11 bayerische im Kampfe. Nach den bayerischen
Berichten zwang das Feuer der preußischen Artillerie die beiden Bataillone
I und III/6 zum Weichen. Dieselben gingen auf Hammelburg zurück
und die bayerische Infanterie stellte sich nunmehr folgendermaßen auf:
Zwei Kompagnien von I/14 am nordwestlichen Eingange von
Hammelburg, zwei Kompagnien desselben Bataillons auf dem Offenthaler
Berge, eine Kompagnie an der Fuchsstädter Brücke. An die beiden
Kompagnien auf dem Offenthaler Berge schlossen sich 2½ Kompagnien
von I/6 an, während der Rest dieses Bataillons die Häuser und Gärten
an der Stadtumfassung beseßte. III/6 bildete die Reserve in der Stadt. —
General von Falckenstein war selbst auf dem Gefechtsfelde der
Division Beyer anwesend, mit ihm die Bedeckungs = Schwadron des
Hauptquartiers, 2/Dragoner Nr. 6, durch welche die Gefechtsstärke der
preußischen Kavallerie sich um 130 Säbel erhöhte. Falckenstein befahl
der Division Beyer, vorläufig nur ein hinhaltendes Feuergefecht zu
führen, ihr Gros aber über das Thal des Rechbaches gegen den Offen=
thaler Berg, also gegen die rechte Flanke der Bayern, in Marsch zu seßen.
In Folge dessen wurde die Zeit von 1—3 Uhr nachmittags nur durch
Artilleriefeuer bezw. durch das Gewehrfeuer der Schüßenlinien ausgefüllt.
Hierbei befanden sich die Bayern im Vortheil, da die Entfernung, welche
die beiderseitigen Schüßenlinien trennte, sehr groß war, die bayerischen
Gewehre freilich auf 1300 Schritte und darüber noch recht gut zu ver=
wenden waren, nicht aber die Zündnadelgewehre. Indessen wurden durch
das auf so bedeutende Entfernung abgegebene Gewehrfeuer der Bayern
die preußischen Truppen zwar beunruhigt, ohne jedoch irgend wie nennens=
werthe Verluste zu erleiden.
Sobald die Bayern die Umgehung der Preußen gegen ihre rechte
Flanke bemerkten, traten sie sehr richtig den Rückzug an, ohne den

entscheidenden Angriffsstoß der Division Beyer abzuwarten. Der Rück=
zug wurde geschickt ausgeführt und durch das wirksame Feuer der elf
bayerischen Geschütze auf dem südlichen Saale=Ufer recht gut unterstützt.
Die Preußen drängten nach, nahmen Hammelburg in Besitz und sandten
den abziehenden Bayern ein Bataillon auf die jenseitigen Höhen nach,
ohne daß es indessen nochmals zum Kampfe gekommen wäre. Zuletzt
hatten auch noch die beiden glatten 12pfdg. Batterien der Reserve
der Division Beyer am Kampfe Theil genommen, so daß auf Seite der
Preußen 30 Geschütze im Feuer waren.

Die Bayern gingen auf Arnstein zurück, die Division Beyer verblieb
bei Hammelburg. Bald nach 3 Uhr war das Gefecht zu Ende. Die
Brücke bei Fuchsstadt wurde von den Bayern zerstört, die Chausseebrücke
bei Hammelburg aber nicht.

Die Stadt Hammelburg war von den Preußen an mehreren
Stellen in Brand geschossen worden, es gelang erst am späten Abende,
die Feuersbrünste zu löschen.

Die Preußen hatten bei Hammelburg verfügbar:
10 830 Gewehre, 780 Säbel, 30 Geschütze; die Bayern 2660
Gewehre, 740 Säbel, 13 Geschütze.

Die Verluste betrugen:

Preußen:
6 Offiziere, 76 Mann todt und verwundet.

Bayern:
4 Offiziere, 74 Mann todt und verwundet, 22 Mann vermißt

4 Offiziere, 96 Mann.

Die Kämpfe vom 15. Juli an der Saale geben zu einer ganzen
Reihe von Bemerkungen Veranlassung:

1. Es war ein Fehler, daß seitens der Bayern die Brücken über
die Saale nicht überall gründlich zerstört wurden. Man wollte selbst
diese Brücken **nicht mehr** benutzen, folglich mußte man sie zerstören,
wenn man nicht, wie bei Hammelburg, die Vertheidigung auf das nach
dem Feinde zu gelegene Ufer der Saale verlegte. Der Uebergang an
der Lindesmühle und später bei Kissingen und bei Hausen wäre durch
ein völliges Zerstören der Brücken jedenfalls sehr erschwert, wenn nicht
ganz unmöglich gemacht worden, da die Preußen nur über einen ein=
zigen leichten Feldbrückentrain verfügten. Die mangelhafte Ausrüstung

der Mainarmee mit Brückentrains machte sich am 10. Juli sehr fühlbar.

2. Bei der Vertheidigung von Kissingen fällt das schnelle Ver= schießen der Munition bei einigen bayerischen Kompagnien auf. Man scheint nicht eben sparsam mit der Munition umgegangen zu sein, wäh= rend auf Seite der Preußen ein auffallend geringer Munitionsverbrauch stattgefunden hat.

3. Sehr nachtheilig mußte das bei den Bayern so beliebte Zerreißen der Truppenverbände wirken. Wir haben gesehen, daß Kissingen zur Zeit des Sturmes auf die Stadt von 13 Kompagnien vertheidigt wurde, welche nicht weniger als sechs verschiedenen Bataillonen ange= hörten. Dieselbe Erscheinung finden wir bei der Reserve am Kirchhofe und bei den Vertheidigern des Stationsberges. Die einheitliche Leitung mußte auf diese Weise verloren gehen. Auch die Preußen waren bei dem Angriffe auf den Stationsberg zu einem Zerreißen der Truppen= verbände gezwungen, allein es blieb ihnen hier keine Wahl übrig, man m u ß t e es thun, während bei den Bayern kein Zwang zu dieser Maß= regel vorlag.

Ebenso unnöthig war das Zurücklassen ganzer Bataillone auf dem Versammlungsorte der bayerischen Divisionen. III/7 mußte zum Beispiel bis zur Ankunft der 1. Infanterie=Division in Münnerstadt verbleiben, die letztere Division ließ später ebenfalls ein Bataillon (II/8) bei Münnerstadt zurück. Weshalb? Die Truppen gehören auf das Gefechts= feld; um die zurückbleibenden Fahrzeuge zu sichern, genügt die Zu= weisung schwacher Abtheilungen, am besten von Kavallerie gegebener, nicht stark zu bemessender Kommandos.

4. Recht bemerkenswerth ist das Verhalten der wenigen preußischen Schützenabtheilungen bei dem Angriffe auf den Stationsberg. Sie richteten ihre Anstrengungen gegen die Flanke der langen, ihnen gegen= überstehenden Schützenlinien und zwangen thatsächlich dadurch ihren weit überlegenen Gegner zum Rückzuge. Da die Preußen, wie wir wissen, hierbei einer einheitlichen Leitung entbehrten und selbst bunt durchein= ander gewürfelt waren, so verdient diese Leistung doppelte Anerkennung, wie hiermit nochmals hervorgehoben wird.

5. Das Verhalten der einen bayerischen Schwadron, welche drei= mal eine Attacke versuchte, verdient gleichfalls rühmend erwähnt zu werden. Der Erfolg war ihr erst bei dem dritten Versuche günstig, sie hatte sich aber durch ihre ersten Mißerfolge nicht abschrecken lassen.

6. Der Angriff der Preußen auf die bayerische Stellung bei Winkels hatte guten und schnellen Erfolg, weil er mit ausreichenden Kräften ausgeführt und richtig angesetzt wurde. Wir haben hier einmal den leider ziemlich seltenen Fall, daß etwa 8 Bataillone gleichzeitig und einheitlich geleitet zum Angriff vorgehen. Ein so wuchtiger Angriff gelingt fast regelmäßig, besonders wenn er, wie bei Winkels, sich gleichzeitig gegen die Front und beide Flanken des Gegners richtet. Es war der erste Massenangriff der Preußen im Mainfeldzuge; der Gegner leistete tapferen Widerstand, er ging sogar selbst noch einmal zum Gegenangriff vor, freilich ohne Erfolg, allein die Verluste der Bayern sprechen hier für ihre Tapferkeit. General von Zoller fiel, General von Tann wurde verwundet, also die höchsten Befehlshaber setzten hier ihre Person ein, dennoch gelang der Angriff der Preußen so schnell und so glatt, wie dies eben nur bei einem richtig angesetzten und richtig geleiteten Massenangriffe möglich ist.

Im Feldzuge von 1870/71 haben wir leider sehr selten von solchen Massenangriffen Gebrauch gemacht. Oft genug zerbröckelten einzelne Regimenter und einzelne Bataillone in vergeblichen Anstrengungen gegen eine starke feindliche Stellung, während der gleichzeitige Angriff einer ganzen Division, oft auch nur einer ganzen Brigade, zum sofortigen Erfolge geführt haben würde. Wir sind kein Freund des methodischen Gefechtes; was man mit einer einzigen massenhaften Anstrengung erreichen kann, soll man nicht durch ein Dutzend Theilangriffe zu erreichen versuchen. Ein einzelnes Bataillon, auch ein einzelnes Regiment zerschellt leicht am feindlichen Feuer, während der gleichzeitige Angriff einer ganzen Division den Gegner dazu zwingt, sein Feuer überallhin zu vertheilen, so daß es nirgends auch nur annähernd so wirksam wird, wie dies der Fall ist, wenn der Gegner sein Feuer auf vereinzelte Ziele vereinigen kann.

Es ist wohl kaum nöthig, zu bemerken, daß wir hier nur von einem wohl vorbereiteten Angriffe sprechen. Ein anderer Angriff gelingt überhaupt nicht, wenn auch ein ganzes Armee-Korps ihn ausführte.

7. Es war nicht richtig, daß nur eine einzige preußische Kompagnie (10/19) den weiten Raum von der Hainmühle bis zur Straße Rüdlingen—Kissingen zu sichern hatte. Eine Verbindungskompagnie gehörte zum mindesten noch an den Waldrand gegen Nüdlingen.

Allerdings hat die erwähnte Kompagnie nicht richtig gehandelt, sie mußte unter allen Umständen an der Hainmühle stehen bleiben. Wahrscheinlich ist der betreffende Befehl nicht klar und bestimmt genug ertheilt worden. Allein wenn diese Kompagnie auch die Hainmühle noch so tapfer vertheidigt hätte, so würde sie kaum im Stande gewesen sein, den Angriff dreier ganz frischer Bataillone abzuschlagen. Immerhin wäre eine Ueberraschung des Gros ausgeschlossen gewesen, und das war die Hauptsache.

Wir können uns nicht recht erklären, weshalb die an der Straße nach Nüblingen befindliche, bezw. die links von ihr in der Nähe dieser Straße stehende Kompagnie keine Meldung über den Angriff der Bayern auf den Sinnberg abschickten. Man soll niemals unterlassen, ein wichtiges Ereigniß zu melden, auch wenn man glaubt, daß die rück=wärtigen Abtheilungen dies Ereigniß selbst wahrnehmen müssen.

Thatsächlich hatte man beim Gros des Regiments Nr. 19 keine Ahnung von dem Eindringen der Bayern in den Sinnbergwald und wurde völlig überrascht. Eine einzige Meldung würde dies verhindert und den Truppen schwere Verluste erspart haben.

Zweifellos sind hier auf preußischer Seite starke Fehler gemacht worden.

8. Daß Truppen in Unordnung gerathen, wenn sie bei ihren zu=sammengesetzten Gewehren ruhend, plötzlich mit massenhaftem Gewehr=feuer überschüttet werden, ist sehr erklärlich. Besser aber als es hier die Preußen thaten, wird schwerlich eine Truppe sich in solchem Falle benehmen.

9. Die vereinzelten Vorstöße der Preußen gegen den Sinnberg konnten natürlich nicht gelingen. Allein nachdem man sich in der rück=wärtigen Stellung von der Ueberraschung erholt hatte, ging man sofort zum Gegenangriff vor. Derselbe wurde wirksam durch Artilleriefeuer vorbereitet und wiederum in Masse durchgeführt. Er gelang abermals ohne besonders harten Kampf, obwohl die Truppenverbände sehr durch=einander gekommen waren. Wir haben also hier zum zweiten Male an demselben Tage einen glücklichen Massenangriff.

Wie aber würde sich das Gefecht gestaltet haben, wenn auch die Bayern den Angriff auf den Sinnberg in Masse unternommen hätten, statt nur mit drei Bataillonen (2200 Gewehren)? Nichts hinderte die Bayern, 12 Bataillone zu diesem Angriff zu verwenden. Schon die wirklich verwendeten drei Bataillone brachten eine höchst unangenehme Ueberraschung hervor und gestalteten die Gefechtslage zu einer recht kritischen, obschon ein Theil dieser drei Bataillone zur Deckung gegen Friedrichshall Verwendung fand. Ein Angriff von 12 Bataillonen konnte den Bayern thatsächlich den Sieg verschaffen, besonders da man in

Kiffingen von dem ganzen Abendgefechte, troß der Nähe deffelben, nicht das mindeſte bemerkt hatte. General von Göben erfuhr erſt durch die Meldung über das Abſchlagen dieſes Angriffes, daß ein ſolcher über= haupt ſtattgefunden habe. Im übrigen verweiſen wir auf das von uns bereits bei der Beſchreibung dieſes Abendgefechtes Geſagte.

10. Wir glauben, daß die preußiſchen Truppen in Hauſen und Friedrichshall gut gethan haben würden, ſtärkere Kräfte noch am Nach= mittage weiter vorzuſchieben, etwa bis zu dem nördlich der Hainmühle gelegenen Berge und bis zum Sinnberge ſelbſt. Durch eine ähnliche Maßregel wären vielleicht die Bayern veranlaßt worden, ihren Angriff am Abend ganz zu unterlaſſen.

11. Auf beiden Seiten kam es vor, daß die Truppen von der eigenen Artillerie beſchoſſen wurden. Man darf ſolche Fälle nicht zu ſtreng beurtheilen. Eine Täuſchung über die Stellung der eigenen und der feindlichen Truppen iſt gar zu leicht möglich. Vielleicht wird ſich dies in Folge des rauchfreien Pulvers in Zukunft günſtiger geſtalten.

12. Die Ueberraſchung der Bayern bei Hammelburg durch preußiſche Granaten iſt wohl nur durch ſtarke Unterlaſſungsſünden zu erklären. Bei einigermaßen gut ausgeführtem Vorpoſtendienſt kann etwas Aehnliches kaum vorkommen.

13. Die Kämpfe an der Saale ſind wieder einmal ein Beweis dafür, daß man durch Beſetzung aller Uebergangsſtellen eine Flußlinie nicht erfolgreich vertheidigen kann, wenn man nicht über zahlreiche Reſerven verfügt, welche ſo aufgeſtellt ſind, daß ſie rechtzeitig nach jedem bedrohten Punkte geworfen werden können. Die Saale hat von Neu= ſtadt bis Gemünden eine Länge von ſieben Meilen in der Luftlinie; wenn man aber ſämmtliche Krümmungen des Fluſſes berückſichtigt, wird man die doppelte Zahl erhalten. Die geſammte bayeriſche Armee (bis auf die Reſerve=Infanterie=Brigade) ſtand zur Vertheidigung dieſer Linie zur Verfügung.

Statt nun an den Uebergängen nur ſchwache Poſten zu belaſſen, die Maſſen aber an geeigneten Knotenpunkten der in Betracht kommenden Straßen eng zu verſammeln, zerſplitterten die Bayern ihre Kräfte auf der ganzen langen Linie. Als Reſerven waren zur Verwendung bereit:

11 Bataillone,	4	Schwadronen,	14	Geſchütze	der 1.	Infanterie=Diviſion
7	"	3	"	12	"	" 2.	"
9	"	4	"	16	"	" 4.	"

und die geſammte Reſerve=Artillerie.

Es gelang den Bayern nicht, alle diese Kräfte zum Kampfe heran zu ziehen, da die 4. Infanterie=Division in Folge von unglücklichen Zwischenfällen gar nicht zur Verwendung gelangte.

Der ursprüngliche Gedanke der bayerischen Heeresleitung, bei Poppenhausen eine Schlacht anzunehmen, war entschieden richtiger. Immerhin würde man wenigstens bei Kissingen haben siegen können, wenn die 1. und 4. Infanterie=Division mit allen Kräften und zur gleichen Zeit von Nüblingen, bezw. von Oerlenbach her angegriffen hätten.

Preußischerseits trat keine Zersplitterung ein, die gesammte Main=armee ging in zwei großen Massen gegen die Saale vor und zwar im wesentlichen nur gegen zwei Punkte, Kissingen und Hammelburg. Nur möchten wir glauben, daß es möglich gewesen wäre, die Division Manteuffel früher in Marsch zu setzen, so daß sie bereits am Nachmittage bei Kissingen eingetroffen sein konnte. Dann würde selbst ein Angriff der 1. und 4. bayerischen Infanterie=Division ohne große Schwierigkeit haben abgeschlagen werden können.

Das Kriegsglück begünstigte die Preußen und es beburfte des Ein=setzens der Division Manteuffel nicht mehr, um den Sieg fest zu halten.

Daß General von Falckenstein bei Hammelburg sehr vorsichtig angriff, erscheint uns durchaus gerechtfertigt. Heute übersehen wir die Verhältnisse genau und es ist kein Kunststück zu sagen, es wäre vielleicht besser gewesen, wenn man so und so gehandelt hätte. Am 10. Juli übersah man aber die Verhältnisse nicht, konnte sie auch bei dem besten Willen nicht übersehen.

Die Kämpfe am 10. Juli sind die ernsthaftesten des ganzen Main=feldzuges.

Es kamen zur Verwendung auf Seiten

der Preußen:	der Bayern:
26 700 Gewehre,	20 715 Gewehre,
2 060 Säbel,	2 220 Säbel,
73 Geschütze.	81 Geschütze.

Die Verluste betrugen:

Preußen:	Bayern:
42 Offiziere, 939 Mann.	56 Offiziere, 1301 Mann.

VII.

Die Ereignisse bis zum Einrücken der Preußen in Frankfurt a. M.

In Folge der Gefechte vom 10. Juli war die bayerische Armee nach drei verschiedenen Richtungen hin zersplittert worden. Die 4. Infanterie-Division stand zwischen Oerlenbach und Poppenhausen, ebendort das 2. Regiment Chevauxlegers. Die drei nach dieser Richtung zurückgegangenen Bataillone der 3. Infanterie-Division (5. Jäger-Bataillon, II und III/11) waren nach Schweinfurt marschirt. Von der Reserve-Infanterie-Brigade waren vier Bataillone und die Batterie zwischen Poppenhausen und Schweinfurt eingetroffen.

Die bei Hammelburg im Gefechte gewesenen Truppen waren auf Arnstein zurückgegangen.

Endlich waren die bei Kissingen im Feuer gewesenen Truppen, bis auf jene erwähnten drei Bataillone und vier Schwadronen, bei Münnerstadt versammelt, während die Abtheilungen aus Steinach, aus Bischofsheim und aus Neustadt die Vereinigung mit ihren Divisionen anstrebten. Um nun die bei Münnerstadt vereinigten Truppen auf ihrem Marsche nach Schweinfurt nicht einem Flankenstoße der Preußen auszusetzen, sollten sie am 11. Juli östlich auf Haßfurt ausbiegen und erst von hier, nach Ueberschreitung des Mains, nach Schweinfurt marschiren. Indessen wurden die 1. Brigade und zwei Bataillone Regiments Nr. 8 von diesem Befehle nicht mehr rechtzeitig in Kenntniß gesetzt und marschirten über Poppenlauer, Maßbach bezw. über Rannungen nach Schweinfurt, so daß hier in der Nacht zum 12. Juli 29 Bataillone, 17 Schwadronen, 60 Geschütze versammelt waren, darunter auch die 2. leichte Kavallerie-Brigade und der größere Theil der 3. Infanterie-Division, soweit dieselbe bei Kissingen im Gefechte gewesen war.

Die nach Arnstein zurückgegangenen Truppen, 5 Bataillone, 20 Schwadronen und 19 Geschütze, standen am 11. Juli abends in und bei Würzburg. Alle übrigen Truppen bildeten die dritte Gruppe, welche am 11. Juli abends von Maffenbach bis Haßfurt zersplittert war, also östlich bezw. nordöstlich von Schweinfurt und ohne Aussicht, in ein bei Schweinfurt sich entwickelndes Gefecht eingreifen zu können.

Es war mithin die Kriegslage für die Preußen außerordentlich günstig geworden. Ein entschlossener Vormarsch derselben hätte nur jene 29 Bataillone, 17 Schwadronen und 60 Geschütze der Bayern angetroffen, welche den Main im Rücken hatten und im Falle einer Niederlage vernichtet werden mußten. Da die Preußen nun auch noch mit großer Uebermacht aufzutreten vermochten (sie konnten, selbst nach Zurücklaffung einiger Abtheilungen an der Saale, ohne Mühe 40 Bataillone, 20 Schwadronen und 97 Geschütze vor Schweinfurt ins Gefecht bringen), so wäre wohl eine blutige Niederlage der Bayern mit Sicherheit das Ergebniß des Kampfes gewesen.

Die Absicht des Generals von Falckenstein ging auch dahin, den Bayern auf Schweinfurt zu folgen. Da man jedoch in Folge des excentrischen Rückzuges der Bayern nicht wußte, wohin sich die Hauptkräfte derselben gewendet hatten, so sollte zunächst die Division Manteuffel nach der Straße Münnerstadt—Schweinfurt vorgehen, um Nachrichten über den Feind einzuholen. Die Division Göben sollte erst um 11 Uhr früh am 11. Juli dem General Manteuffel folgen, die Division Beyer aber von Hammelburg in der Richtung auf Kiffingen marschiren, um ebenfalls die Straße Münnerstadt—Schweinfurt zu erreichen.

Gegen 11 Uhr früh stieß die Avantgarde der Division Manteuffel auf zwei Kompagnien des 9. bayerischen Regiments, welche keinen Befehl zum Rückzuge erhalten hatten und im Kirchhofholze, südwestlich von Oerlenbach, stehen geblieben waren. Es entspann sich alsbald ein Gefecht, welches damit endete, daß die beiden bayerischen Kompagnien, unter Verlust von 1 Offizier und 47 Mann, nach Schweinfurt zurückgingen.

Während nun die Division Manteuffel weiter auf Schweinfurt vorging, erhielt General von Falckenstein ein Telegramm des Minister-Präsidenten von Bismarck, welches folgenden Inhalt hatte: „Faktische Okkupation der Länder nördlich des Mains für voraussichtliche Verhandlungen auf status quo jetzt politisch wichtig."

Ein weiteres Vorgehen auf Schweinfurt würde die Mainarmee von dem hier bezeichneten Ziele entfernt haben. General von Falcken-

stein gab daher, trotz der so überaus günstigen Kriegslage, seinen Vor=
marsch in der bisherigen Richtung auf und ordnete den Rechtsabmarsch
der Mainarmee in der Richtung auf Frankfurt a. M. an.

. Es wäre sehr falsch, dem General von Falckenstein hieraus einen
Vorwurf machen zu wollen. Das Schicksal des Krieges war bereits
entschieden, selbst ein großer Sieg über die Bayern hätte daran nichts
mehr zu ändern vermocht. Die politischen Interessen mußten bei dem
unmittelbaren Bevorstehen der Friedensverhandlungen daher in erster
Linie berücksichtigt werden. Das erwähnte Telegramm bezeichnete klar
und bündig das zu erreichende Ziel; General von Falckenstein handelte
daher durchaus richtig, indem er sofort den neuen Weisungen entsprechend
seine Maßregeln traf.

General von Falckenstein wies den einzelnen Divisionen folgende
Marschziele an:

Die Division Göben, welche am 11. Juli bei Hammelburg und Gegend
geblieben war, sollte am 12. Juli Lohr, am 13. Juli Laufach erreichen.
Sie war in Folge des Rechtsabmarsches der Mainarmee wieder zur
Avantgarde geworden und erhielt zur Benutzung überwiesen die Straße
Gemünden—Lohr im Mainthale und demnächst die Straße Lohr—
Aschaffenburg, welche quer durch den Spessart führt.

Die Division Manteuffel biwakirte am 11. Juli bei Großthal
zwischen Schweinfurt und Hammelburg, sie sollte am 12. Juli Hunds=
bach und Aschfeld erreichen, an der Straße Arnstein—Gemünden, am
13. Juli Gemünden, daselbst am 14. Juli ruhen und am 15. Juli der
Division Göben auf der Straße Gemünden—Lohr—Aschaffenburg folgen.

Die Division Beyer biwakirte am 11. Juli bei Oerlenbach und an
der Straße Oerlenbach—Kissingen; sie hatte am 12. Juli Hammelburg
zu erreichen, am 13. Juli Rieneck, woselbst sie am 14. Juli ruhen sollte,
um demnächst auf der Straße Rieneck—Orb, Gelnhausen und das Thal
der Kinzig zu erreichen.

Das 8. Bundes=Armeekorps stand am 9. Juli folgendermaßen vertheilt:

Die hessische und die österreichisch=nassauische Division bei Frank=
furt a. M., die Reserve=Artillerie auf dem linken Main=Ufer bei Offen=
bach und Niederrad;

die württembergische Division zwischen Hanau und Gelnhausen;

die badische Division an der Nidda von Gronau bis Heddernheim;

die Reserve=Kavallerie weiter nördlich, gleichfalls an der Nidda bei
Assenheim.

Während der nächsten Tage blieben die Truppen im allgemeinen stehen, ohne etwas anderes zu thun, als Entsendungen vorzunehmen und an den Verschanzungen nördlich von Frankfurt a. M. zu arbeiten. Am 7. Juli war General von Röder mit 5 preußischen Besatzungs-Bataillonen, 1 Besatzungs-Schwadron, 4 gezogenen 4-Pfündern und 4 glatten 12-Pfündern von Koblenz in das Herzogthum Nassau eingerückt.

In Folge dessen ging auf wiederholtes Drängen des Herzogs von Nassau am 11. Juli die nassauische Brigade nach Höchst und Wiesbaden.

In der Nacht zum 11. Juli erfuhr Prinz Alexander von Hessen den Sieg der Preußen bei Kissingen, am 12. Juli kam die Nachricht an, die Bayern seien bei Schweinfurt stehen geblieben. Am selben Tage vertrieb das 1. nassauische Infanterie-Regiment mit zwei Geschützen das preußische Besatzungs-Bataillon Trier II aus Zorn, wobei letzteres acht Verwundete verlor.

Als nun am 12. Juli auch noch Nachrichten eingingen, welche besagten, daß die Preußen in starken Massen sich auf Gemünden und Lohr wendeten, beschloß Prinz Alexander, seine Truppen hinter den Main zurückzuführen und auf dem südlichen Ufer des Mains die Vereinigung mit den Bayern zu bewirken.

Im Gegensatz zu der bisherigen Unthätigkeit entwickelte nun das 8. Bundes-Armeekorps große Rührigkeit. Am 12. Juli wurde die 1. hessische Infanterie-Brigade auf der Eisenbahn nach Aschaffenburg befördert, am 13. Juli folgte die 2. hessische Infanterie-Brigade dorthin nach.

Die württembergische Division wurde näher an Hanau herangezogen und sollte am 14. Juli mit einer Brigade, am 15. Juli mit den beiden anderen Brigaden gleichfalls auf der Eisenbahn nach Aschaffenburg befördert werden.

Die badische Division sollte am 14. Juli nach Frankfurt a. M. rücken, die österreichische Brigade an diesem Tage auf der Bahn nach Aschaffenburg gebracht werden, die nassauische Brigade nach Höchst marschiren. Die Reserve-Artillerie verblieb südlich des Mains, die Reserve-Kavallerie sollte am 14. Juli Vilbel erreichen.

Der hessischen Division wurde befohlen, sich am 13. Juli in kein ernstes Gefecht einzulassen, jedoch die Straße nach Lohr aufmerksam zu beobachten.

Wir müssen jetzt die Zusammensetzung und Stärke des 8. Bundes-Armeekorps kennen lernen.

Es ist leider kein zuverlässiger, bis ins Einzelne gehender Stärke-nachweis des 8. Bundes-Armeekorps in die Oeffentlichkeit gedrungen; wir müssen uns daher wieder einmal mit Annäherungswerthen begnügen, welche den besten Quellen entnommen sind und durch die Angaben einzelner Regiments-Geschichten ergänzt wurden.

Die 1. (württembergische) Division zählte 3 Infanterie-Brigaden zu 5 Bataillonen (2 Regimenter zu 2 Bataillonen und 1 Jäger-Bataillon), 1 Kavallerie-Brigade zu 9 Schwadronen und 3 ge-zogene 6pfdg. Batterien zu 8 Geschützen. Das Bataillon hatte 5 Kom-pagnien und eine Sollstärke von 154 Mann per Kompagnie. Die Schwadron hatte eine Sollstärke von 129 Mann. Es scheint, daß diese Sollstärken im allgemeinen erreicht worden sind.

Bis zum 13. Juli sind ohne Zweifel schon erhebliche Abgänge an Kranken eingetreten; wir werden daher der Wahrheit ziemlich nahe kommen, wenn wir für diesen Tag das Bataillon durchschnittlich zu 750 Gewehren, die Schwadron zu 120 Säbeln annehmen.

Dies ergiebt für die 1. Division:

15 Bataillone = 11 250 Gewehre,
9 Schwadronen = 1080 Säbel,
24 Geschütze.

Die 2. (badische) Division zählte 2 Infanterie-Brigaden zu 5 Ba-taillonen (2 Regimenter zu 2 Bataillonen und 1 Jäger- bezw. 1 Füsilier-Bataillon), 4 Schwadronen und 3 gezogene 6pfdg. Batterien zu 6 Geschützen. Das Jäger-Bataillon hatte 6, alle anderen Bataillone 4 Kompagnien.

Die Sollstärke eines badischen Bataillons betrug 813, bezw. 798, bezw. 826 Streitbare einschließlich der Offiziere, je nachdem es der In-fanterie, den Jägern oder den Füsilieren angehörte; eine Schwadron sollte 151 Streitbare haben. Aus dem Werkchen: „Der Antheil der badischen Feld-Division an dem Kriege von 1866" geht aber hervor, daß die Sollstärken nicht erreicht wurden, da am 10. Juli die zehn badischen Bataillone nur 7360 Streitbare (ohne Offiziere), die Kavallerie (einschließlich von 8 Schwadronen der Reserve-Kavallerie = 12 Schwa-dronen) nur 1280 Streitbare gezählt haben sollen.

Man wird daher für den 13. Juli das Bataillon durchschnittlich zu 720 Gewehren, die Schwadron zu 100 Säbeln berechnen dürfen.

Dies ergiebt für die 2. Division:

10 Bataillone = 7200 Gewehre,
4 Schwadronen = 400 Säbel,
18 Geschütze.

Die 3. (großherzoglich hessische) Division besaß 2 Infanterie=
Brigaden, jede zu 2 Regimentern, zu 2 Bataillonen und 1 Jäger=
Kompagnie gebildet, außerdem 1 Scharfschützen=Bataillon, 4 Schwa=
dronen und 2 gezogene 6 pfdg. Batterien. Die Stärke eines Infanterie=
Bataillons wird man für den 13. Juli zu 800 Gewehren, die einer
Jäger=Kompagnie zu 130 Gewehren annehmen dürfen, während das
Scharfschützen=Bataillon zu 640 Gewehren gerechnet werden muß. Die
Infanterie=Bataillone hatten 5, das Scharfschützen=Bataillon nur 4 Kom=
pagnien. Eine Schwadron kann man für den 13. Juli zu 120 Säbeln
annehmen.

Das ergiebt für die 3. Division:

$$\left.\begin{array}{lll} 8 \text{ Infanterie=Bataillone} & = & 6\,400 \text{ Gewehre} \\ 2 \text{ Jäger=Kompagnien} & = & 260 \quad „ \\ 1 \text{ Scharfschützen=Bataillon} & = & 640 \quad „ \end{array}\right\} 7300 \text{ Gewehre,}$$

4 Schwadronen = 480 Säbel,
12 Geschütze.

Die 4. Division wurde aus der österreichischen Brigade Hahn und
aus der nassauischen Brigade gebildet.

Die österreichische Brigade bestand aus dem Regiment Nr. 16
Wernhardt (Italiener), aus 3 dritten Bataillonen verschiedener Regi=
menter (Reischach, Heß, Nobili) und aus dem 35. Feldjäger=Bataillon,
ihr waren 8 gezogene 8 pfdg. und 8 gezogene 4 pfdg. Geschütze bei=
gegeben.

Man muß auf Grund des österreichischen Generalstabswerkes das
Bataillon zu 950 Gewehren, also am 13. Juli etwa noch zu 925 Ge=
wehren berechnen.

Die nassauische Brigade setzte sich aus 2 Infanterie=Regimen=
tern zu 2 Bataillonen und aus 1 Jäger=Bataillon zusammen,
die Bataillone hatten 5 Kompagnien. Für den 13. Juli wird
man das Infanterie=Bataillon zu 925 Gewehren, das Jäger=Bataillon
zu 725 Gewehren berechnen dürfen. Die Brigade besaß 8 gezogene
6=Pfünder.

Außerdem * waren der Division zwei Schwadronen kurhessischer
Husaren mit 270 Säbeln zugetheilt.

Dies ergiebt für die 4. Division:

12 Bataillone = 10 900 Gewehre,
2 Schwadronen = 270 Säbel,
24 Geschütze.

Die Reserve-Kavallerie bestand aus:

5 württembergischen Schwadronen = 600 Säbel ⎫
8 badischen   "   = 800 " ⎬ 1880 Säbel,
4 hessischen   "   := 480 " ⎭
8 württembergischen gezogenen 4 pfdg. Geschützen.

Die Reserve-Artillerie zählte:

16 württembergische glatte   12=Pfünder ⎫
6 badische   gezogene 6   " ⎪   22 glatte 12=Pfünder,
6 "   glatte   6   " ⎬ 18 "   6   "
6 hessische   "   12   " ⎪   8 gezogene 6   "
4 "   "   6   " ⎪   = 48 Geschütze.
2 "   gezogene 6   " ⎪
8 nassauische   glatte   6   " ⎭

Eine reitende hessische Batterie hatte 4 glatte 6=Pfünder und 2 gezogene 6=Pfünder, also in einer und derselben Batterie zweierlei Geschütze und zweierlei Munition. Die hessische Division führte auch eine gezogene 6 pfdg. Vorderlader-Batterie nach französischem System. Die württembergische reitende Batterie der Reserve-Kavallerie führte 8 gezogene 4=Pfünder nach französischem System. Die gezogenen 6=Pfünder waren bis auf jene acht hessischen Geschütze nach preußischem Muster hergestellt.

Unter den 134 Geschützen des 8. Bundes-Armeekorps befanden sich also 94 gezogene und 40 glatte Geschütze. Letztere waren sämmtlich der Reserve-Artillerie zugetheilt.

Es wird nicht ohne Interesse sein, hier eine Uebersicht über die Verschiedenartigkeit der Kaliber zu geben.

Das Armeekorps führte:

62 gezogene 6=Pfünder nach preußischem   Muster
8 "   8 "   "   österreichischem   "
8 "   4 "   "   "   "
8 "   4 "   "   französischem   "
8 "   6 "   "   "   "

94 gezogene Geschütze von fünf verschiedenen Systemen.

22 glatte 12=Pfünder,

18 „   6   „

40 glatte Geſchütze.

Es waren alſo ſieben verſchiedene Kaliber und ſiebenfach verſchiedene Artillerie=Munition vertreten.

Wir erhalten demnach folgende Geſammtüberſicht:

1. Diviſion: 15 Bataillone = 11 250 Gewehre,

9 Schwadronen = 1 080 Säbel,

24 Geſchütze.

2. Diviſion: 10 Bataillone = 7 200 Gewehre,

4 Schwadronen =   400 Säbel,

18 Geſchütze.

3. Diviſion: 9½ Bataillone = 7 300 Gewehre,

4 Schwadronen =   480 Säbel,

12 Geſchütze.

4. Diviſion: 12 Bataillone = 10 900 Gewehre,

2 Schwadronen =   270 Säbel,

24 Geſchütze.

Reſerve=Kavallerie: 17 Schwadronen = 1880 Säbel,

8 Geſchütze.

Reſerve=Artillerie: 22 glatte   12=Pfünder ⎫

18 „   6   „ ⎬ 48 Geſchütze.

8 gezogene 6   „ ⎭

Zuſammen: 46½ Bataillone = 36 650 Gewehre,

36 Schwadronen = 4 110 Säbel,

134 Geſchütze.

Außerdem kam noch die Beſatzung von Mainz zur Sprache. Die=
ſelbe beſtand aus den kurfürſtlich heſſiſchen und einigen Truppen anderer
deutſchen Staaten und zählte zuſammen etwa 16 000 Mann Infanterie,
1000 Pferde.

Die Anordnungen des Generals von Falckenſtein waren außer=
ordentlich kühn. Die Diviſion Göben marſchirte ganz vereinzelt durch
den Speſſart; ihre nächſte Unterſtützung, die Diviſion Manteuffel, befand
ſich am 13. Juli fünf ſtarke Meilen rückwärts bei Gemünden und zwar
erreichte ſie dieſen Ort erſt am Ende des Marſchtages; ſie konnte alſo
für den Fall eines Gefechtes ſelbſt am nächſten Tage nicht mehr ein=
greifen. Die Diviſion Beyer ſtand noch weiter zurück, hatte außerdem

eine andere Straße zum Vormarsch zugewiesen erhalten, welche sie noch mehr von der Division Göben entfernte. Endlich sollten auch noch die beiden Divisionen Manteuffel und Beyer am 14. Juli Ruhetag haben. Man wußte, daß das 8. Bundes-Armeekorps bei Frankfurt a. M. sich befände. Es war dies immerhin eine Macht von 36 650 Gewehren, 4110 Säbeln und 134 Geschützen, also der Division Göben etwa um das Dreifache überlegen.

Nun war ja allerdings nach den bisherigen Erfahrungen vorauszusetzen, daß eine energische Kriegführung von Seiten des 8. Bundes-Armeekorps nicht eintreten würde, allein man konnte dies doch immerhin nicht mit Sicherheit erwarten. Es wird also zugegeben werden müssen, daß das vereinzelte rasche Vorbringen der Division Göben zwar sehr kühn, aber auch mehr als gewagt war. Ein schwerer Mißerfolg konnte diese Kühnheit Falckensteins bestrafen und ein solcher Mißerfolg würde bei den demnächst zu erwartenden Friedensverhandlungen sehr unangenehm ins Gewicht gefallen sein.

Das Glück begünstigt nun aber einmal den Verwegenen, und so erntete General von Falckenstein denn auch glänzende Erfolge, obschon der Gegner, wenn er die Verwegenheit Falckensteins geahnt hätte, die Division Göben hätte zermalmen können.

Soviel steht fest, daß einem anderen Gegner gegenüber, als es das bunt zusammengesetzte 8. Bundes-Armeekorps thatsächlich war, die strategisch kaum zu rechtfertigenden Anordnungen Falckensteins einen schweren Mißerfolg hervorgerufen haben würden.

Gefecht von Laufach-Frohnhofen am 13. Juli.

Um die Anmarschwege der Preußen über Lohr aufzuklären, marschirten am 13. Juli, früh 10 Uhr, zwei Bataillone (Regiment Nr. 2), eine Schwadron 1. Reiter und 2 gezogene 6-Pfünder der hessischen Division von Aschaffenburg im Thale der Aschaff gegen Lohr ab. Bei den Weiberhöfen mündet die Laufach in die Aschaff und bildet ein etwas breiteres Thal, welches von der Eisenbahn und der Straße Aschaffenburg—Laufach—Lohr durchquert wird, während die Straße Weiberhöfe—Walbaschaff—Rothenbuch von hier sich nach Südosten abzweigt.

Preußischerseits sollte die Brigade Wrangel am 13. Juli bei Laufach lagern, die Brigade Kummer bei Walbaschaff.

Nach 12 Uhr mittags kam die hessische Kolonne bei den Weiberhöfen an und theilte sich hier, indem II/2 und ein Zug Reiter gegen
Walbaschaff vorgingen, während der Rest der Kolonne den Vormarsch
auf Laufach fortsetzte. Letzterer Ort wurde etwa um 2 Uhr nachmittags
erreicht. Die Hessen machten hier Halt und schickten nur einen Zug
Reiter auf der Straße nach Lohr weiter vor. Eine sengende Hitze erschwerte am 13. Juli die Truppenbewegungen ungemein.

Weit vor der Brigade Wrangel marschirte 1/Husaren Nr. 8, bei
welcher Schwadron General von Göben sich persönlich befand. Auf
diese Schwadron stieß der hessische Reiterzug, machte schleunigst Kehrt
und wurde von den Preußen verfolgt, welche jedoch ihrerseits bald vor
dem Infanteriefeuer der Hessen wieder Kehrt machten. Nun wurde F/55
vorgezogen, entwickelte sich in Kompagnie-Kolonnen und folgte unter
leichtem Gefechte den Hessen, welche ganz richtig den preußischen Angriff
nicht abwarteten, sondern gegen 4 Uhr auf die Weiberhöfe zurückgingen.
Die Verluste auf beiden Seiten waren sehr gering.

Auch das andere hessische Bataillon war auf die Preußen gestoßen
und zwar auf die Avantgarde der Brigade Kummer. Um 3½ Uhr
nachmittags entspann sich ein leichtes Gefecht, welches aber nur kurze
Zeit währte, da die Hessen, ihrem Auftrage entsprechend, schon um
4 Uhr nach den Weiberhöfen zurückgingen.

Die Brigade Kummer setzte Vorposten aus auf der Linie Schmerlen-
bach, Unter-Bessenbach, Steiger, kaum ¼ Meile südlich von den Weiberhöfen, und biwakirte mit ihrem Gros bei Weiler, ½ Meile von den
Weiberhöfen.

Die Brigade Wrangel setzte ihre Vorposten bei Frohnhofen aus,
⅛ Meile östlich von den Weiberhöfen. Hierzu waren bestimmt F/15
und eine Schwadron Husaren Nr. 8. Der Rest der Brigade richtete
seine Biwaks bei Laufach ein, ½ Meile östlich von den Weiberhöfen.

Die Preußen hatten bei glühender Hitze einen starken Marsch mitten
durch das Spessartgebirge gemacht und waren in hohem Grade ermüdet.
Niemand glaubte, daß noch ein harter Kampf bevorstehen würde.

Die 1. hessische Infanterie-Brigade vereinigte sich bei den Weiberhöfen, nach hessischen Angaben etwa um 5 Uhr, nach preußischen Angaben muß dies jedoch erst später geschehen sein. Wir halten uns im
folgenden an die preußischen Angaben, welche die Zeit etwa um eine
Stunde später angeben.

Der Kommandeur der hessischen Division, General-Lieutenant von Perglas, traf persönlich um 6 Uhr abends bei den äußersten Spitzen der 1. Brigade ein und erhielt hier ein Telegramm, nach welchem die Preußen sehr ermattet und ohne Munition seien. Die erstere Nachricht war wahrheitsgetreu, daß die zweite falsch war, sollten die Hessen noch am selben Abend zu ihrem Schaden erfahren. Da nun die österreichische Brigade schon am 13. Juli nach Aschaffenburg befördert wurde, dieser wichtige Main-Uebergang mithin unter allen Umständen gesichert erschien, befahl General von Perglas, die 1. Brigade solle Laufach wieder erobern. Demnächst kehrte er für seine Person nach Aschaffenburg zurück, nachdem die 2. hessische Brigade nach den Weiberhöfen beordert worden war. Die Batterie dieser Brigade ließ General von Perglas Halt machen, weil ihre Pferde sehr ermüdet waren. Man glaubte eben nur ganz schwache Kräfte der Preußen vor sich zu haben.

Die Batterie der 1. Brigade fuhr auf dem Geißenberge auf, das 2. Regiment besetzte die dortige Stellung, während das 1. Regiment gegen Frohnhofen vormarschirte.

Die Preußen hatten ihre Vorpostenstellung noch nicht bezogen, als der Anmarsch starker feindlicher Kräfte bemerkt wurde. Da die Ablösung von F/55 durch F/15 noch nicht vollendet war, so befanden sich beide Bataillone zur Stelle. 9. und 10/55 nahmen sofort in dem Gelände nördlich von Frohnhofen Stellung, ebenso ging 9/15 hierhin, während 11/55 und 10. und 11/15 das Dorf schleunigst besetzten, 12/15 und ein Zug von 12/55 sich südlich der Chaussee entwickelten, nur zwei Züge letzterer Kompagnie blieben hinter Frohnhofen als Reserve.

Etwa um 6½ Uhr begann das 1. hessische Regiment seinen Vormarsch gegen Frohnhofen. Dieses Dörfchen liegt an dem Ende einer vom Bischlingsberge herabziehenden tiefen Mulde, zu beiden Seiten der Chaussee Aschaffenburg—Lohr; es hatte im Jahre 1866 nur einige 20 meist unbedeutende Gehöfte. In Folge der tiefen Lage des Ortes hatten nur 2—3 Häuser Aussicht auf das sanft gegen den Ort abfallende Gelände der Nordwestseite, wo ein lückenhafter Plankenzaun und eine lange Kegelbahn aus starkem Fachwerk den vorspringenden Theil des Dorfes begrenzten. Die Chaussee hatte an vielen Stellen auf beiden Seiten mit Obstbäumen besetzte Raine und macht auf etwa 300 Schritte von den ersten Häusern eine Krümmung, welche das Herankommen auf der Straße bis zu diesem Punkte einigermaßen verdeckt. Hier führt zugleich in nordwestlicher Richtung ein Weg auf das Feld, welcher in einer

Entfernung von 150 Schritten von der Chaussee sich zum Hohlwege gestaltete. Dieser Hohlweg, die sogenannte Kirschenhohle, war 10 bis 15 Fuß tief, hatte fast senkrechte Wände und bildete auf 250 Schritte von der Umfassung Frohnhofens ein Annäherungshinderniß. Die Krone des Eisenbahndammes, südlich von Frohnhofen, liegt ungefähr auf gleicher Höhe mit den Dächern der Häuser, der dem Thale zugekehrte Saum des hier längs der Bahn stehenden, ziemlich hochstämmigen und lichten Buchenwaldes noch merklich höher. Da hier außerdem der Wiesengrund nur wenig über 300 Schritte Breite hat, so kann durch Besetzung des Waldsaumes, des Eisenbahndammes und der höheren Häuser der West= seite des Ortes das vorliegende Gelände unter ein dreifaches Etagen= feuer gebracht werden.

Der Geißenberg überhöht alles umliegende Gelände recht ansehnlich und ermöglicht sowohl der Artillerie als der Infanterie eine unbeschränkte, weit reichende Waffenwirkung.

Das 1. hessische Regiment ging in Kompagnie=Kolonnen vor, rechts das 1. Bataillon von der Chaussee bis zur Kirschenhohle, links das 2. Bataillon, nördlich von der Kirschenhohle. Eine Kompagnie des 1. Bataillons besetzte das Fichtenwäldchen südlich der Eisenbahn, welches dem von den Preußen besetzten Buchenwalde gegenüber lag. Vier Ge= schütze der hessischen Batterie fuhren 700 Schritte nordöstlich der Weiber= höfe auf und eröffneten das Feuer. Dichte Schützenschwärme gingen den hessischen Kompagnie=Kolonnen voran.

Der Angriff der Hessen kam den Preußen ganz unerwartet; zunächst befand sich nur eine einzige Kompagnie, 10/15, in der Lage, kräftiges Feuer abgeben zu können. Alle anderen Kompagnien erschienen erst nach und nach in ihren Stellungen, um sich sofort an dem Feuergefecht zu betheiligen.

Alsbald wurden auch I/15 zur Verstärkung des rechten Flügels, II/15 zur Verstärkung des linken Flügels vorgezogen.

Bei dem allmählichen Eintreffen der Kompagnien fehlte es zunächst natürlich an einer einheitlichen Gefechtsleitung, jedoch zeigte sich hier wieder einmal die Gewandheit der preußischen Offiziere in hellem Lichte.

Die Hessen rückten mit klingendem Spiele und in vorzüglicher Ordnung vor, bis auf 150 Schritte kamen sie heran; auf dieser Ent= fernung aber wirkte das preußische Schnellfeuer so mörderisch, daß die Kolonnen erst stutzten, dann Kehrt machten und bis hinter die nächste Deckung zurückgingen. Indessen ordneten sich die hessischen Kompagnien sofort wieder und unternahmen alsbald einen zweiten Angriff, welcher in ganz derselben Weise ausgeführt wurde. Diesmal kamen einzelne hessische Abtheilungen bis in die Umfassung des Dorfes, konnten sich jedoch hier trotz der glänzendsten Tapferkeit nicht behaupten, und schließlich mußten die beiden hessischen Bataillone unter dem furchtbaren Feuer der Preußen wieder zurückgehen. Sie hatten vor dem Angriffe ihre Tornister abgelegt, nahmen dieselben nunmehr wieder auf und traten den Rück=zug nach Aschaffenburg an.

Preußischerseits waren inzwischen I und II/55 und die 12 pfdg. Batterie bis nach Wendelstein, 1000 Schritte östlich von Frohnhofen, herangeholt worden, so daß die Reserve nur noch aus F/Lippe und der gezogenen 4 pfdg. Batterie Cöster bestand. 8/55 wurde zur Verlängerung des rechten Flügels nach dem Bischlingsberge entsandt, es waren mit=hin nunmehr 17 preußische Kompagnien in der Gefechtslinie entwickelt.

Die preußische Artillerie versuchte zwar, an dem Kampfe Theil zu nehmen, kam aber zu keiner ausgiebigen Verwendung, theils in Folge der Schnelligkeit, mit welcher das Gefecht sich abspielte, theils wegen der eigenthümlichen Verhältnisse des Geländes. Die gezogene 4 pfdg. Batterie gab nur 14, die 12 pfdg. Batterie 22 Schüsse ab.

Der Kompagnie 8/55 gelang es, die beiden am meisten nach Norden zu stehenden hessischen Geschütze zum Abzuge zu zwingen. Dieselben vereinigten sich mit den beiden mehr südlich stehenden Geschützen und richteten ihr Feuer von nun ab fast ausschließlich auf den Buchenwald, südlich von Frohnhofen, so daß den ferneren Angriffen der Hessen die Unterstützung durch Artillerie fast ganz fehlte.

Unterdessen war die 2. hessische Brigade bei den Weiberhöfen ange=kommen, legte das Gepäck ab und ging sofort zum Angriffe vor, nach 7 Uhr abends.

Zunächst griff das 3. hessische Regiment an; es entwickelte sich erst an der oben erwähnten Krümmung der Chaussee, etwa 300 Schritte von Frohnhofen, in Kompagnie=Kolonnen, beide Bataillone neben einander, mit dichten Schützenschwärmen vor und zwischen den sehr nahe neben=einander befindlichen Kompagnie=Kolonnen, um mit lautem Hurrah gegen das Dorf vorzubrechen. Ein fürchterliches Schnellfeuer schlug den tapferen Hessen entgegen. Dennoch aber drangen sie in die Ortsumfassung ein, ohne auf die massenhaften Verluste zu achten; namentlich an der Regelbahn kam es zu erbittertem Kampfe.

Hier fiel der als Militär=Schriftsteller rühmlichst bekannte Haupt=mann Röniger. Im Herzen war er für die Sache Preußens, aber treu seiner Pflicht bekämpfte er eben dieselben Preußen, welche im Begriff waren, das Ziel zu erstreiten, für welches sein Herz mit voller Begeisterung geschlagen hatte: „Deutschlands Einigkeit und Größe." Deutsches Blei raffte hier einen edlen deutschen Mann nieder. Auch das wird, so Gott will, nie wieder vorkommen. Zum letzten Male ist deutsches Blut im Kampfe gegen Deutsche vergossen worden, das ist ein sehr tröstlicher Gedanke.

Das Zündnadelgewehr errang bald das Uebergewicht gegen die auch an Zahl unterlegenen Angreifer. Da erschien das 4. hessische Regiment. Es bog links von der Chaussee ab, so daß sein 1. Bataillon gerade auf die Kirschenhohle traf, welche nur mit großer Mühe überschritten werden konnte, das 2. Bataillon griff weiter nördlich an.

Dieser vierte und letzte Angriff führte die Hessen bis dicht an die Umfassung des Dorfes.

Allein inzwischen waren auf Seite der Preußen neue Verstärkungen angekommen, 1., 2/55 wurden nach Frohnhofen geworfen, 3., 4/55 bildeten die Reserve für die nördlich des Dorfes fechtenden Abtheilungen. 5. und 1 Zug von 6/55 wandten sich nach der Gegend nördlich des Dorfes, 7/55 nach dem Buchenwalde, südlich von Frohnhofen, nur 2 Züge von 6/55 und F/Lippe blieben in Reserve zurück.

Jetzt warfen sich alle im Norden und im Süden des Dorfes fechtenden preußischen Abtheilungen entschlossen auf den Feind, welcher diesem mächtigen Anpralle nicht mehr widerstehen konnte. Die tapferen Hessen mußten endlich weichen.

Etwa um 8 Uhr abends nahm das Gefecht ein Ende.

Bei der bereits einbrechenden Dunkelheit (Sonnenuntergang am 13. Juli um 8 Uhr 16 Minuten) und bei der großen Ermüdung der Preußen konnte von einer Verfolgung um so weniger die Rede sein, als das Gelände einer solchen sehr große Schwierigkeiten entgegenstellte. Die Preußen bezogen daher ihre ursprünglichen Biwals, nachdem einzelne Kompagnien bis zu den Weiberhöfen vorgedrungen waren; die Hessen zogen auf Aschaffenburg ab.

Die Hessen haben im Gefechte von Frohnhofen 8 Bataillone und 6 Geschütze im Feuer gehabt, also 6400 Gewehre. Da jedoch das 2. hessische Regiment an dem eigentlichen Kampfe um Frohnhofen so gut wie gar keinen Antheil nahm, so verringert sich die Zahl der wirklich ins Gefecht gekommenen Gewehre auf 4800.

Preußischerseits nahm die ganze Brigade Wrangel am Kampfe theil, mit Ausnahme des Bataillons Lippe und einiger Abtheilungen des Regiments Nr. 55 (Kompagnien 3., 4., ²/₃ 6., 7.). Unter Berücksichtigung der starken Verluste, welche die Preußen bei Kissingen erlitten hatten, wird man die Zahl der preußischerseits zur Thätigkeit gekommenen Gewehre (20¹/₂ Kompagnien) höchstens noch zu 3900 berechnen dürfen. Die Verluste betrugen:

Preußen:

1 Offizier, 62 Mann todt und verwundet,

3 „ vermißt

1 Offizier, 65 Mann = 1,7 pCt.

Hessen:

32 Offiziere, 433 Mann todt und verwundet,

1 „ 311 „ vermißt,

33 Offiziere, 744 Mann.

Davon verlor das 2. Regiment 3 Offiziere, 28 Mann; für die übrigen 6 Bataillone betrug daher der Verlust nahezu 15 pCt.

Das sind schwere Verluste, besonders wenn man berücksichtigt, daß sie sich auf den Zeitraum von wenig mehr als einer Stunde zusammendrängen. Wir haben im Kriege von 1870/71 noch ganz andere Verluste ertragen müssen, allein für die bis zum Kriege von 1866 bestehenden Verhältnisse muß man die Verluste der Hessen als ganz kolossale bezeichnen.

Man gestatte uns wieder einige Bemerkungen.

1. Es ist hier und da der Brigade Kummer der Vorwurf gemacht worden, sie hätte durch einen sofortigen Vormarsch auf die Weiberhöfe den Hessen eine Katastrophe bereiten können, hätte sich aber in Wirklichkeit nicht von der Stelle gerührt. Wenn man den Plan von Frohnhofen vor Augen hat, wenn man berücksichtigt, daß das Biwak der Brigade Kummer nur ¹/₂ Meile von den Weiberhöfen entfernt war, so erscheint ein solcher Vorwurf dem oberflächlichen Kritiker vielleicht gerechtfertigt. Er ist es aber nicht.

Einmal wissen wir, daß die Preußen am 13. Juli nach einem starken Marsche bei glühender Hitze ungewöhnlich ermattet waren, dann aber hat das Gefecht von Frohnhofen überhaupt nur etwa eine Stunde gedauert. Frühestens um 7 Uhr konnte die Brigade Kummer alarmirt werden; ehe sie sich versammelte und die halbe Meile Marsch zurücklegte, mußte es 8½ Uhr werden, vielleicht noch später, und dann würde sie bei voller Dunkelheit in unbekanntem Gelände aufs Gerathewohl vormarschirt und zu spät gekommen sein.

Außerdem aber war die Kriegslage keineswegs so klar, daß ein sofortiger Vormarsch der alarmirten Brigade gerechtfertigt erscheinen konnte. Heute, 24 Jahre später, können wir am bequemen Arbeitstische klug reden, am 13. Juli 1866 aber mußte der General von Kummer so gut wie gar nichts vom Feinde und handelte sehr richtig, wenn er zunächst abwartete.

Die Verbindung zwischen beiden Brigaden, quer über die Höhen=rücken des Spessarts, scheint zudem n i ch t hergestellt gewesen zu sein, als das Gefecht von Frohnhofen begann. Wir können also in dem Verhalten der Brigade Kummer einen Vorwurf nicht finden, wohl aber ein durchaus sachgemäßes ruhiges Abwarten der Dinge.

2. Ueber den Angriff der Hessen auf Frohnhofen läßt sich wenig sagen. Er wurde mit glänzender Tapferkeit, aber ohne jede Vorbereitung durchgeführt, außerdem auch noch mit ungenügenden Kräften. Erst gingen 1600 Gewehre vor, dann wieder 1600 Gewehre und erst bei dem vierten Angriffe stieg die Zahl der Gewehre auf etwa 3000. Zu dieser Zeit waren aber die Preußen auch an Zahl dem Gegner bereits überlegen. Es war also nur naturgemäß, daß sämmtliche Angriffe scheiterten.

Die Führung der hessischen Division am 13. Juli erscheint in keinem günstigen Lichte. Es war falsch, spät abends überhaupt noch anzugreifen. Man glaubte einem unwahren Telegramme, obschon man allen Grund hatte, von den Preußen eine recht hohe Meinung zu hegen. Man glaubte freilich nicht an einen ernsten Kampf, aber selbst wenn die Preußen nur ganz schwach gewesen wären, hatte ein Angriff zu so später Stunde keinen Zweck. Ob die Spitzen der Preußen bei Laufach oder eine halbe Meile weiter östlich biwakirt hätten, konnte für die hessische Division ganz gleichgültig sein. Mehr zu erreichen durfte man aber ohne ernsten Kampf nicht hoffen.

Noch viel größer würden übrigens die Verluste der Hessen gewesen sein, wenn sie in Bataillons=Kolonnen angegriffen hätten. Sie ver=loren 15 pCt. ihres Gefechtsstandes, obschon sie nur eine Strecke von 300 Schritten bei dem Angriffe zurückzulegen hatten, und obschon sie in Kompagnie=Kolonnen mit dichten Schützenschwärmen vorgingen.

Das Gefecht von Frohnhofen ist wieder ein Beweis für die Un=
brauchbarkeit von Kolonnen in vorderster Linie bei dem Angriffe der
Infanterie. Solche Beweise waren schon recht viele erbracht worden,
allein die Vorliebe für Kolonnen hat dennoch bis in eine viel spätere
Zeit gespukt. Erst unser neues Exerzir=Reglement hat die Kolonnen
beim Angriff dahin verwiesen, wohin sie gehören, nämlich in die hinteren
Treffen, welche noch nicht vom feindlichen Feuer leiden, und im übrigen
zu den Erinnerungen an eine Zeit, die Gott sei Dank vorüber ist. —

Prinz Alexander von Hessen hatte inzwischen den Beschluß gefaßt,
sein Armeekorps bei Babenhausen zu versammeln, um demnächst den
Anschluß an die Bayern zu gewinnen. In Folge der Meldung über
den unglücklichen Ausfall des Gefechtes von Frohnhofen befahl er nun=
mehr folgendes:

Die 1. württembergische Brigade sollte am 14. Juli nach Aschaffen=
burg rücken, die beiden anderen württembergischen Brigaden nach Baben=
hausen, ebendorthin sollte die badische Division sich wenden, welcher vier
Batterien der Reserve=Artillerie zugewiesen wurden.

Die hessische Division und die österreichische Brigade wurden von
diesen Verfügungen telegraphisch verständigt, jedoch unter dem ausdrück=
lichen Hinzufügen, daß der Uebergang über den Main bei Aschaffenburg
offen gehalten werden müsse.

Die nassauische Brigade sollte den Anschluß an das Armeekorps
suchen, die Reserve=Kavallerie hatte sich bei Frankfurt a. M. zu ver=
sammeln, die Reserve=Artillerie nach Langen zu marschiren.

Die österreichische Brigade begann ihren Eisenbahn=Transport von
Frankfurt a. M. nach Aschaffenburg am 13. Juli erst um 3½ Uhr
nachmittags, weil es an Betriebsmaterial fehlte. Erst am 14. Juli
früh 5 Uhr traf das letzte österreichische Bataillon in Aschaffenburg
ein. Auch die beiden Batterien und die 2 kurhessischen Schwadronen
kamen erst am 14. Juli früh in Aschaffenburg an, wo die gesammte
hessische Division versammelt stand.

Am Abend des 13. Juli bezog ein österreichisches Bataillon,
III/Reischach, die Vorposten.

Preußischerseits vereinigte sich die ganze Division Göben am
14. Juli früh 7 Uhr bei den Weiberhöfen. Gegen 8 Uhr früh be=
gannen die Preußen den Vormarsch auf Aschaffenburg.

I/13 marſchirte auf dem Eiſenbahndamme, F/13 ſüdlich über die bewaldeten Höhen, zwiſchen beiden etwas weiter zurück II/13, im zweiten Treffen folgte das Regiment Nr. 53, 6 gezogene 6=Pfünder und 6 gezogene 4=Pfünder.

Brigade Wrangel blieb auf der Chauſſee. Oberſt von Golz wurde mit 9 Kompagnien Regiments Nr. 15 und 4/Huſaren Nr. 8 in das bergige Gelände nördlich der Chauſſee entſendet. Drei Schwadronen Küraſſiere Nr. 4 und 4 Schwadronen Huſaren Nr. 8 nebſt der reitenden Batterie ſollten die Verbindung zwiſchen der Abtheilung des Oberſten Golz und den übrigen Truppen herſtellen.

Die Oeſterreicher und Heſſen hatten am 14. Juli früh 8 Uhr folgende Stellungen inne:

Nördlich der Eiſenbahn ſtand das 35. Feldjäger=Bataillon, an der Chauſſee III/Mobili, in der Faſanerie II/Wernhardt. Im zweiten Treffen befanden ſich I/Wernhardt und III/Heß; III/Reiſchach war auf Vorpoſten, III/Wernhard und die gezogene 8 pfdg. Batterie an der Mainbrücke.

Links vorwärts des 35. Feldjäger=Bataillons fuhr die Batterie der 2. heſſiſchen Brigade auf, gedeckt durch eine Schwadron heſſiſcher Reiter. Zwiſchen dem Orte Damm und der Eiſenbahn ſtand das heſſiſche Infanterie=Regiment Nr. 1 und eine homburgiſche Jäger= Kompagnie; am Bahnhofe eine Scharfſchützen=Kompagnie.

Die gezogene 4 pfdg. öſterreichiſche Batterie fuhr etwa um 8½ Uhr auf der Höhe ſüdlich der Aumühle auf. Hinter der Infanterie ſtanden 2 Schwadronen kurheſſiſcher Huſaren.

Die Hauptmaſſe der heſſiſchen Diviſion befand ſich zwar urſprüng= lich auch bei Aſchaffenburg, marſchirte jedoch bald nach dem Beginn des Kampfes, ohne Rückſicht auf denſelben, ab und zwar auf Seligenſtadt, alſo nördlich von Babenhauſen und ohne die Eiſenbahnbrücke bei Stock= hauſen zu beſetzen.

Gefecht von Aſchaffenburg am 14. Juli.

Noch ehe die Brigade Kummer mit ihrer Spitze Goldbach erreichte, erhielt ſie Granatfeuer von der heſſiſchen Batterie. In Folge deſſen wurden die beiden gezogenen preußiſchen Batterien vorgeholt und fuhren zwiſchen der Aſchaff und dem Kugelberge auf. Von dieſer Stellung aus eröffneten ſie ein lebhaftes Feuer gegen die heſſiſche Batterie, welche um 8½ Uhr, wie bereits erwähnt, durch die 8 gezogenen 4=Pfünder der österreichischen Brigade verstärkt wurde.

Auch die Brigade Wrangel war im Vormarsch geblieben; die vom Regiment Nr. 15 noch verfügbaren 3 Kompagnien, Nr. 5, 8, 12, nahmen unter leichtem Gefechte den Uebergang über die Aschaff bei dem Holzhofe und drangen dann in der Richtung auf die Aumühle weiter vor.

Die beiden Batterien der Brigade Wrangel wurden nun vor= gezogen und suchten auf den Berghängen, nördlich der Aschaff, Stellung zu nehmen, ohne jedoch der feindlichen Artillerie Herr werden zu können, welche bald noch durch 6 gezogene österreichische 8=Pfünder verstärkt wurde. Die preußische glatte 12 pfdg. Batterie mußte sogar um 300 Schritte zurückgehen, nahm jedoch dann, unterstützt von den 7 ge= zogenen 4=Pfündern der Batterie Cöster, ihr Feuer wieder auf.

Inzwischen nahmen 8/15 und 10/55 die Aumühle und besetzten den südlich derselben gelegenen Hügel, auf welchem eine massive, thurm= artige, alte Windmühle stand. In dem Mühlenthurme wurden einige ausgesuchte, gute Schützen aufgestellt, welche die feindliche Artillerie auf etwa 300 Schritte sehr wirksam beschossen. Die hessische gezogene Batterie nahm zwar alsbald den Mühlenthurm unter heftiges Granat= feuer, schoß auch ganz ausgezeichnet (es saßen etwa 18 Granaten auf einer Fläche von 12 Fuß im Quadrat), allein das feste Mauerwerk des Thurmes widerstand den Granaten. In Folge des höchst wirksamen Schnellfeuers der preußischen Schützen mußten dagegen die hessischen Geschütze abfahren, wobei Theile der preußischen Kompagnie 5/15 den Versuch machten, die Batterie zu erobern. Dieser Versuch wurde jedoch durch das gut gezielte Feuer der homburgischen Jäger=Kompagnie ver= eitelt, allein die hessische Batterie ließ 17 Todte und Schwerverwundete, 6 todte Pferde und 2 Protzen zurück.

Unterdessen war auf dem linken Flügel der Preußen Regiment Nr. 13 vorgegangen, dauernd unterstützt durch das Feuer der 12 ge= zogenen Geschütze der Brigade Kummer. I/13 ging von Norden, II/13 von Osten, F/13 von Südosten gegen die Fasanerie vor, deren Um= fassung bald genommen wurde, worauf die Preußen stetig von einem Abschnitte zum andern vordrangen. Oesterreicherseits hatte bekannt= lich II/Wernhardt die Fasanerie besetzt, bald unterstützt durch das 1. Bataillon desselben Regiments. Es kam zu heftigem Kampfe, an welchem auch andere österreichische Abtheilungen Theil nahmen. So stürzte sich II/Wernhardt und eine Kompagnie des Bataillons Heß den Preußen mit dem Bajonett entgegen, allein dieser Angriff scheiterte an dem vernichtenden Schnellfeuer der Preußen, trotz der Mitwirkung des gleichfalls nach der Fasanerie gezogenen Bataillons III/Reischach. Zu dem glücklichen Abweisen dieses Angriffs trug das musterhafte Verhalten des preußischen Bataillons II/13 wesentlich bei, welches gerade in dem Augenblicke, als die Oesterreicher trotz der größten Verluste mit Todesverachtung immer weiter vordrangen, in der Flanke derselben erschien und sofort selbst angriff. Unter furchtbaren Verlusten mußten die Oesterreicher weichen.

Nun kam auch noch F/13 an, welches von Südosten her in die Fasanerie eingedrungen war und den Oesterreichern bereits in Flanke und Rücken stand. Vergeblich warf sich I/Wernhardt den Preußen mit dem Bajonett entgegen, 11. und ein Zug von 9/13 traten ihm frontal gegenüber, 10. und 12/13 wandten sich gegen seine rechte, 7/13 gegen seine linke Flanke. Das österreichische Bataillon wurde geworfen und verließ den Kampfplatz in wilder Flucht, verfolgt durch ein verderbenbringendes Schnellfeuer.

Der Kampf in der Fasanerie war sehr hartnäckig gewesen; dichtes hohes Gebüsch verhinderte die Uebersicht, Teiche und Wiesen befanden sich im Walde, so daß die preußischen Schützenlinien mehrfach durch Trommelschlag und Hornsignale sich gegenseitig verständigen mußten.

Nach dem Mißlingen des zweiten österreichischen Gegenangriffs fiel die ganze Fasanerie in die Hände der Preußen, und damit war das Gefecht entschieden.

Die hessische Division war abmarschirt, frische Truppen waren nicht mehr vorhanden. Nachdem die hessische Batterie unter schweren Verlusten hatte abfahren müssen, traten auch die wenigen noch auf dem Schlachtfelde verbliebenen hessischen Abtheilungen den Rückzug an, so daß die Oesterreicher ganz auf ihre eigenen Kräfte angewiesen blieben. Ihre eigene Kraft war aber bereits gebrochen, und wenn der Rückzug über den Main überhaupt noch ausführbar werden sollte, so war es hohe Zeit, denselben zu beginnen.

Um 10½ Uhr früh befahl Feldmarschall-Lieutenant Graf Neipperg den Rückzug. Zur Deckung desselben sollten die beiden kurhessischen Husaren-Schwadronen attaciren, erhielten jedoch so wirksames Gewehrfeuer, daß sie Kehrt machten.

Preußischerseits beschloß General von Kummer, möglichst schnell die Mainbrücke zu gewinnen. Während die im Waldgefechte sehr durch= einander gekommenen Kompagnien des Regiments Nr. 13 am west= lichen Ende der Fasanerie sich wieder sammelten, drang er daher mit den beiden zuerst angekommenen Kompagnien 5 und 7 des Regiments Nr. 53, ohne die Ankunft der übrigen Theile dieses Regiments abzu= warten, gegen den Südosteingang Aschaffenburgs vor. Es gelang den Preußen, die Mainbrücke zu besetzen, wodurch allen noch in der Stadt weilenden österreichischen Abtheilungen der Rückzug über den Main ab= geschnitten wurde. Kurz vorher waren jedoch noch die kurhessischen Schwabronen über die Brücke zurückgegangen, ohne ernste Verluste zu erleiden, da die Preußen sie für Schwabronen des Husaren=Regiments Nr. 8 hielten.

III/Wernhardt war inzwischen zur Vertheidigung der Stadteingänge vorgezogen worden, kam nun aber in Folge der Besetzung der Main= brücke durch die Preußen sehr ins Gebränge.

Gegen 10 Uhr früh ging nämlich auch die Brigade Wrangel zum Angriffe auf Aschaffenburg vor. 5., 8. und 12/15 und F/55 wandten sich gegen den Bahnhof, welcher vom 35. Feldjäger=Bataillon tapfer, aber ohne Erfolg vertheidigt wurde; I/55 und 1/13 gingen längs der Chaussee gegen den Nordeingang der Stadt vor, F/Lippe folgte auf der Chaussee, II/55 blieb bei der Artillerie zurück. Auch Regiment Nr. 13 drang nun in die Stadt vor.

Theile von III/Heß waren noch glücklich über die Mainbrücke ent= kommen, die Hauptmasse dieses Bataillons und das 35. Feldjäger= Bataillon mußten sich jedoch den Abzug auf Stockstadt erzwingen, da sie die Brücke von Aschaffenburg bereits verlegt fanden.

Der große Verlust der Oesterreicher an Gefangenen ist wesentlich auf Rechnung der frühzeitigen Besetzung der Mainbrücke durch die Preußen zu schreiben.

Die Abtheilung des Obersten von Goltz kam zu spät, um noch am Kampfe theilnehmen zu können; ihr Vormarsch über das bergige Ge= lände bei brennender Sonnenhitze war sehr anstrengend gewesen, auch endete das Gesecht schon um 11 Uhr früh. Nur die 4. Schwabron Husaren Nr. 8 fand noch Gelegenheit, einen Knäuel des 35. Feldjäger= Bataillons zu überreiten und dabei einige 40 Mann gefangen zu nehmen.

Die übrige preußische Kavallerie hatte bekanntlich die Verbindung zwischen dem Gros der Division Göben und der Abtheilung des Obersten von Golz aufrecht zu halten und kam nicht mehr zur Thätigkeit. General von Falckenstein entsandte jedoch die Bedeckungsschwadron seines Hauptquartiers 1/Kürassiere 4 dem Feinde nach, dieselbe brachte am Nachmittage noch 175 Gefangene zurück.

Die 1. württembergische Brigade war am 14. Juli von Gelnhausen auf Aschaffenburg vorgegangen, erfuhr jedoch schon bei Dettingen, südlich von Alzenau, die unglückliche Wendung, welche das Gefecht für die Oesterreicher genommen hatte, sie marschirte daher zurück und überschritt den Main bei Steinheim in der Gegend von Hanau.

Abends lagerte die österreichische Brigade südlich von Babenhausen, die hessische Division theils bei Seligenstadt, theils bei Babenhausen, die badische Division bei Babenhausen, während die württembergische Division südlich von Hanau verblieb. Die Reserve-Kavallerie befand sich in Langen, auch die übrigen Theile des 8. Bundes-Armeekorps waren so nahe, daß die Vereinigung des ganzen Armeekorps am 15. Juli keine Schwierigkeiten bereitete.

Von der Division Göben wurde Stockstadt durch die Abtheilung des Obersten Golz, Regiment Nr. 15, 2 Schwadronen Husaren Nr. 8 und 7 gezogene 4-Pfünder besetzt, aber gegen 3 Uhr nachmittags wieder geräumt, die Truppen blieben nachts hinter dem Eisenbahndamme an der Mainbrücke bezw. in Mainaschaff. Die übrigen Truppen der Division Göben lagerten in und bei Aschaffenburg.

Es fehlten 6/53 bei den Truppenfahrzeugen und II/19 zur Bewachung der bei Frohnhofen gemachten Gefangenen. Die Division zählte mithin am 14. Juli nur 14³/₄ Bataillone, 9 Schwadronen und 31 Geschütze.

Dies ergiebt nach den bisherigen Verlusten 11 200 Gewehre, 1125 Säbel. Ernsthaft ins Gefecht kamen jedoch nur Regiment Nr. 13 und 55, 3 Kompagnien Regiments Nr. 15 und Theile des Regiments Nr. 53, im Ganzen höchstens 6000 Gewehre. Der Verlust der Preußen betrug 17 Offiziere, 163 Mann, von denen allein auf das Regiment Nr. 13 11 Offiziere, 103 Mann kommen. Es spricht sich darin die Thatsache aus, daß das Schwergewicht des Kampfes auf dem Ringen um die Fasanerie liegt.

Von Seiten des 8. Bundes-Armeekorps nahm die ganze österreichische Brigade an dem Kampfe theil, ferner 2 Bataillone, 1 Jäger-Kompagnie, 1 Scharfschützen=Kompagnie, 1 Schwadron und 1 Batterie der hessischen Division. Dies ergiebt:

Oesterreicher: 6475 Gewehre, 270 Säbel, 16 Geschütze,
Hessen: 15—1600 „ 120 „ 6 „

zusammen rund: 8000 Gewehre, 390 Säbel, 22 Geschütze.

Die Verluste werden österreichischerseits wie folgt angegeben:

Oesterreicher: 37 Offiziere, 2288 Mann,
Kurhessen: 4 „ 89 „
Hessische Division: 6 „ 68 „
47 Offiziere, 2445 Mann.

Auffallend groß erscheint der Verlust der beiden kurhessischen Schwadronen, welcher durch ihre Gefechtsthätigkeit keineswegs erklärt wird. Am meisten verlor III/Heß, nämlich 8 Offiziere, 396 Mann = 42,8 pCt., dann Regiment Wernhardt mit 18 Offizieren, 1125 Mann = 40,5 pCt., aber auch das Bataillon, welches am wenigsten verlor, III/Reischach, büßte noch immer 3 Offiziere, 211 Mann = 22,8 pCt. ein.

Preußischerseits wurden allein etwa 1700 unverwundete Gefangene gemacht, außerdem sollen gegen 800 Verwundete auf dem Gefechtsfelde zurückgeblieben sein. Danach würde der Gesammtverlust der Bundes=truppen auf 2700 Mann zu veranschlagen sein, was sich vielleicht durch eine ungenaue Verlustangabe des Regiments Wernhardt erklären läßt.

Die Stoßtaktik der Oesterreicher machte bei Aschaffenburg ganz ebenso Fiasko, wie dies in Böhmen der Fall war. Unverhältnißmäßig große Verluste waren das einzige Ergebniß dieser Kampfesart. In der Fasanerie zeigte sich recht deutlich die Ueberlegenheit der preußischen Kompagniekolonnen, deren besseres Gewehr freilich mächtig zum Erfolge mithalf.

Bemerkenswerth erscheint der Kampf der preußischen Schützen im Thurme der alten Windmühle gegen feindliche Artillerie. Wir haben fast in jedem Gefechte der Mainarmee gesehen, daß feindliche Artillerie lediglich durch das Feuer von preußischen Schützenschwärmen zum Abfahren gezwungen wurde, so bei Langensalza, bei dem Kampfe um den Nebel=berg am 4. Juli, bei Kissingen, bei Frohnhofen und jetzt wieder bei Aschaffenburg. Nirgends schoß die feindliche Artillerie besser, als die hessische Batterie bei Aschaffenburg, dennoch aber mußte sie unter schweren Verlusten weichen.

Wir glauben, daß wir ähnliches in einem zukünftigen Kriege sehr oft erleben werden, nur mit dem Unterschiede, daß die Infanterie bereits auf Entfernungen von 1000 m und mehr ihre Ueberlegenheit über die feindliche Artillerie in vernichtender Weise wird geltend machen können.

Was die höhere Führung betrifft, so ließ dieselbe in jenen Tagen auf beiden Seiten sehr viel zu wünschen übrig, obschon das Kriegsglück seine Gaben sehr ungleich vertheilte. Prinz Alexander von Hessen beging den Fehler, sein Armeekorps nicht sofort eng zu versammeln und erlitt in Folge dessen zwei blutige Niederlagen, durch welche die Kraft von drei Brigaden stark erschüttert wurde.

General von Falckenstein beging denselben Fehler.

Er konnte mit drei Divisionen angreifen, griff aber nur mit einer einzigen an, während die beiden anderen Divisionen ohne jeden zwingenden Grund 7 Meilen rückwärts standen und noch dazu, trotz des Gefechtes vom 13. Juli, am 14. Juli Ruhetag hatten. Das Kriegsglück ersparte den Preußen eine Niederlage, immerhin rächte sich die Zersplitterung aber doch sehr empfindlich. Wenn alle drei preußischen Divisionen am 14. Juli bei Aschaffenburg versammelt gewesen wären, so konnte General von Falckenstein am folgenden Tage den Main überschreiten und das 8. Bundes=Armeekorps schlagen, noch ehe es völlig versammelt war. Darauf mußte nun verzichtet werden, und die Gegner gewannen Zeit, sich zu vereinigen und sich von dem Eindruck der beiden Niederlagen wieder zu erholen.

Es ist höchst wahrscheinlich, daß ein Angriff aller drei preußischen Divisionen das 8. Bundes=Armeekorps nahezu zertrümmert haben würde. Andererseits hat aber die Division Göben nur einer ganzen Reihe von ungewöhnlichen Glückszufällen es zu verdanken, daß sie einer Katastrophe entging. Man soll aber nie auf das Glück allein rechnen, und wenn man mit 45 000 Mann schlagen kann, so ist es unter allen Umständen falsch, nur 15 000 Mann einzusetzen, mag die feindliche Heeresleitung auch noch so wenig energisch sein.

Es ist nicht unsere Sache, näher auf diese Dinge einzugehen; aber es ziemt dem Historiker, die Wahrheit zu sagen. Damit sei es genug. —

Am 15. Juli hatte die Division Göben bei Aschaffenburg Ruhe, die Division Manteuffel rückte bis Rechtenbach im Spessart heran, die Division Beyer erreichte die Gegend von Orb.

Am 16. Juli marschirte die Brigade Wrangel nach Hanau. Hier erfuhr man den Abmarsch aller Bundestruppen aus Frankfurt a. M., die gänzliche Räumung des nördlichen Mainufers, und ließ daher

General von Falckenstein nachmittags die Brigade Wrangel auf der Eisenbahn nach Frankfurt a. M. befördern.

Noch am selben Tage rückten die Generäle von Falckenstein und von Göben an der Spitze der Brigade Wrangel in die alte Reichsstadt ein. Am 17. Juli erreichte die Division Beyer Hanau, die Brigade Kummer Frankfurt a. M., während die Division Manteuffel bei Aschaffenburg versammelt wurde.

Das 8. Bundes-Armeekorps marschirte nach der Tauber, welcher Fluß am 20. Juli erreicht wurde. Die bayerische Armee war inzwischen in kleinen Märschen nach der Gegend westlich von Würzburg marschirt, sie legte dabei in 6 Tagen nur 9 Meilen zurück und stand am 20. Juli bei Markt-Heidenfeld, Remlingen, Hettstadt und Würzburg versammelt.

Bis zum 20. Juli einschl. blieben die Truppen der Mainarmee in Frankfurt a. M., Hanau und Aschaffenburg stehen.

Am 19. Juli traf eine Allerhöchste Kabinetsordre ein, welche den General von Falckenstein als General-Gouverneur nach Böhmen berief und den General von Manteuffel zum Oberkommandeur der Mainarmee ernannte. General von Falckenstein reiste noch am Abend des 19. Juli ab.

Seine bisherige Heeresführung war durch eine Reihe von Siegen gekennzeichnet. Ueberall hatte ihm das Glück gelächelt, er hatte aber auch durch nichts sich von der ihn beherrschenden Grundidee abbringen lassen, seine Armee zwischen beide feindliche Heere hineinzudrängen. Allerdings hatte bei Dermbach, bei Kissingen, bei Frohnhofen und bei Aschaffenburg immer dieselbe Division Göben die Arbeit geleistet, allein sie hatte dies in glänzender Weise gethan, und wenn man das Glück hat, einen so gottbegnadeten Feldherrn unter seinem Kommando zu haben, wie es General von Göben war, so muß man dies Glück auch ausnutzen.

Wenn die strategischen Maßnahmen Falckensteins vor einer strengen Kritik nicht immer bestehen, so darf man dabei nicht vergessen, daß auch die gewaltigsten Feldherrn ihre Maßregeln stets ihren augenblicklichen Gegnern angepaßt, niemals aber sich lediglich nach theoretischen Grundsätzen gerichtet haben. Seine Gegner richtig zu würdigen, ist aber eine der wichtigsten Feldherrngaben. Der Erfolg sprach jedenfalls für Falckenstein, und Niemand kann wissen, in wie weit die richtige Beurtheilung seiner Gegner den General von Falckenstein bei seinen Entschlüssen leitete.

Ehre dem Andenken dieses glücklichen Heerführers! Nicht ohne schmerzliches Bedauern scheiden wir von dem verdienten General, welcher ben erften Theil ber ihm geworbenen Aufgabe glänzend gelöft hatte unb nun unmittelbar vor ber Vollenbung bes ruhmvoll begonnenen Werkes in einen zwar fehr wichtigen, aber mit feiner bisherigen Stellung boch nicht zu vergleichenben, ganz anberen Wirkungskreis abberufen wurde. — Eins aber wollen wir noch befonbers hervorheben. Seine Truppen vergötterten ben General von Falckenftein. Nicht jeber Heerführer kann fich einer folchen Liebe feiner Untergebenen rühmen. — Zahlreiche Verftärkungen wurden ber Mainarmee zugefchickt. Zunächft wurden zwei befonbere Heeresabtheilungen gebilbet, um Mainz zu beobachten unb Frankfurt a. M. befetzt zu halten.

1. **Truppenabtheilung zur Befetzung von Frankfurt a. M.** unter Oberft von Kortzfleifch:

Die vierten Bataillone ber Regimenter Nr. 30, 32, 36, 39, 70 = 5 Bataillone, Lanbwehr-Regiment Nr. 17, 1 Schwabron 10. Lanbwehr Hufaren-Regiments unb 4 gezogene 4-Pfünber, zufammen 8 Bataillone, 1 Schwabron, 4 Gefchütze.

2. **Truppenabtheilung zur Beobachtung von Mainz unter** Oberftlieutenant von Fifcher-Treuenfelb:

Füfilier-Bataillon Walbeck;

    "   "   Schwarzburg-Rubolftabt;

4 Befatzungs-Bataillone rheinifcher Lanbwehr-Regimenter;

2 Kompagnien Erfatz-Bataillons Regiments Nr. 56;

1 kombinirte Jäger-Kompagnie;

1 Befatzungs-Schwabron aus Koblenz;

1 kombinirte Schwabron ber Hufaren-Regimenter Nr. 7 unb 11;

1 Abtheilung ber Erfatz-Schwabron 8. Küraffier-Regiments;

4 gezogene 4-Pfünber unb 4 glatte 6-Pfünber;

zufammen $6\frac{3}{4}$ Bataillone, $2\frac{1}{4}$ Schwabronen, 8 Gefchütze.

Die Mainarmee felbft erhielt folgenbe Verftärkungen:

Divifion Göben:

Regiment Olbenburg, 3 Bataillone zu 750 Gewehren, Bataillon Bremen zu 450 Gewehren, 3 olbenburgifche Schwabronen zu 135 Säbeln, 6 gezogene 6-Pfünber unb 6 glatte 12-Pfünber.

Divifion Beyer:

Die beiben bisher in Kaffel verbliebenen Bataillone, I/30 unb II/70, 2 Schwabronen Lanbwehr-Hufaren-Regiments Nr. 10 unb 1 Pionier-Kompagnie, 12 gezogene 6-Pfünber.

Division Flies (früher Manteuffel):
Jäger=Bataillon Nr. 9. In den nächsten Tagen folgten der
Mainarmee noch das Bataillon Lübeck mit 450 Gewehren,
2 Bataillone Hamburg zu je 600 Gewehren und 2 Schwadronen
Hamburg zu je 135 Säbeln.

Wir haben absichtlich uns jedes Urtheils über das Verhalten der
hessischen Division bei Aschaffenburg enthalten und sehen darin nur die
naturgemäße Folge der im 8. Bundes=Armeekorps herrschenden Zustände.
Jedes Bundeskontingent bildete ein in sich abgeschlossenes Ganzes,
welches in erster Linie stets nur die eigenen Interessen verfolgte. Die
Autorität des kommandirenden Generals war nicht annähernd mit der=
jenigen zu vergleichen, welche unter normalen Verhältnissen der Höchst=
kommandirende bei seinen Truppen besitzt, und welche sowohl der
preußische als auch der bayerische Oberbefehlshaber wirklich besaßen.

Prinz Alexander von Hessen war nicht einmal der Vertreter des
mächtigsten Staates, denn von den Oesterreichern ganz abgesehen, waren
sowohl Württemberg als Baden mächtiger als das Großherzogthum
Hessen. Nach dem Friedensschlusse trat jedes Truppenkontingent des
8. Bundes=Armeekorps in sein Heimathland zurück und auch die bis=
herige, nur sehr bedingungsweise zugestandene Autorität des Prinzen
von Hessen hörte dann von selbst auf.

Wenn also die hessische Division bei Aschaffenburg mitten im Gefechte
abmarschirte, so geschah dies keineswegs, um die Oesterreicher im Stiche
zu lassen, sondern einfach deshalb, weil der Kommandeur der hessischen
Division einen Befehl des kommandirenden Generals nach eigenem
besten Verständniß auslegte, weil er die Nachwirkung des Mißerfolges
von Frohnhofen vielleicht überschätzte und weniger die augenblickliche
Kriegslage berücksichtigte, als die Erhaltung seiner Division für die noch
bevorstehenden Kämpfe. —

VIII.

Die Operationen der Mainarmee bis zum 24. Juli.

Die Aufgabe, welche ben General von Manteuffel, ben neuen Ober=
kommandeur ber preußischen Armee, erwartete, war nicht leicht. Sein
Vorgänger hatte in ununterbrochener Reihe Sieg auf Sieg erkämpft,
ihm war es gelungen, seine Gegner in bauernber Trennung zu erhalten
unb eben baburch bie ursprünglich wenig günstige strategische Lage ber
Preußen wesentlich zu verbessern. Jetzt aber war bie Vereinigung ber
beiben süddeutschen Heeresgruppen nicht mehr zu verhindern, nachbem
bas 8. Bunbes=Armeekorps auf bas linke Mainufer zurückgegangen war.
Die Lage mußte für bie Preußen kritisch werden, wenn bie Gegner es
nur einigermaßen verstanden, ihre Uebermacht zu gebrauchen. Die
Uebermacht war eine fast erbrückenbe. Für bie Heeresbewegungen im
freien Felde verfügten:

bie Preußen   über 40 900 Gewehre, 3500 Säbel, 121 Geschütze;
bie Bayern   „   34 750   „   3700   „   151   „
bas 8. Bunbesarmeekorps   „   32 600   „   3900   „   134   „

Wenn man pro Geschütz 20 streitbare Artilleristen rechnet, so stellte
sich also bas Zahlenverhältniß in abgerunbeten Zahlen wie 46 000 zu
80 000 Streitbaren, wobei man noch besonbers berücksichtigen muß, baß
bie Süddeutschen über eine mehr als boppelte Ueberlegenheit an Reiterei
unb Artillerie verfügten, unb baß sie im eigenen Lanbe fochten, was
für bas Nachrichtenwesen von großer Bebeutung war. Außerbem stanb
ber Abschluß bes Waffenstillstandes unmittelbar bevor. Es blieb keine
Zeit mehr verfügbar, um einen etwaigen Mißerfolg wieber auszugleichen.
Ein solcher Mißerfolg aber würbe sowohl auf bie bemnächst zu er=

10*

wartenden Friedensverhandlungen, als auch auf die Beziehungen Preußens zu Frankreich sehr ungünstig eingewirkt haben.

Es war unter diesen Umständen verführerisch, die bisherigen Offensivoperationen aufzugeben und den etwaigen Angriff der Süd= deutschen in einer wohl vorbereiteten Stellung zu erwarten. Allein schon das bloße Aufgeben der bisher von der preußischen Mainarmee so glücklich gewahrten Initiative würde einen Erfolg für die Gegner bedeutet haben.

Die preußische Heeresleitung durfte daher unter keinen Umständen die Initiative den Süddeutschen überlassen, so schwerwiegende Bedenken einer Fortsetzung der Offensive seitens der preußischen Mainarmee auch entgegenstehen mochten. Die wenigen bis zum Beginne der Friedensverhandlungen noch verfügbaren Tage mußten ausgenutzt werden. Kühnheit und Vorsicht, in richtiger Mischung gepaart, mußte das Losungswort für den General von Manteuffel sein. Er hat in glück= licher Weise es verstanden, das schwierige Problem zu lösen.

Zunächst beschloß er, den Vormarsch in der Richtung auf Milten= berg fortzusetzen. In Folge dessen marschirten am 21. Juli die Division Göben auf Darmstadt und Dieburg, die Division Beyer auf Aschaffen= burg, die Division Flies auf Obernburg—Wörth. Eine kleine Truppen= abtheilung der Division Beyer sollte gegen Heidenfeld vorgehen und zwar auf dem rechten Mainufer, um die Aufmerksamkeit der Bayern nach dem Spessart zu lenken. Den gleichen Zweck, Täuschung des Gegners, hatte die Maßregel, welche der Division Göben vorschrieb, eine starke Truppenabtheilung über Darmstadt hinaus nach Süden vorzutreiben und Patrouillen bis Bensheim zn entsenden. —

Während der Operationen der Mainarmee auf Frankfurt a. M. hatte die bayerische Armee Zeit gehabt, von ihren Mißerfolgen bei Kissingen und Hammelburg sich wieder zu erholen. Prinz Karl von Bayern hatte ganz richtig zunächst einen allgemeinen Angriff der Preußen auf die Mainlinie erwartet und seine Vorbereitungen dagegen getroffen. Wir wissen bereits, daß ein solcher Angriff in der Richtung auf Schweinfurt auch in der Absicht des Generals von Falckenstein ge= legen hatte, und daß derselbe nur in Folge eines Telegramms des Ministerpräsidenten von Bismarck unterblieben war.

Schon am 12. Juli schwand für die Bayern jeder Zweifel, es wurde festgestellt, daß die preußische Armee nach Westen abmarschirt war. Nun entschloß sich der Feldmarschall, das 8. Bundes=Armeekorps südlich des Mains an sich zu ziehen und erst nach der Vereinigung mit demselben die Offensive zu ergreifen.

Noch am 12. Juli abends erließ er den Befehl an den Prinzen Alexander von Hessen, durch den Odenwald an die Tauber zu marschiren, während die Bayern dem 8. Bundes=Armeekorps entgegenrücken, zugleich aber auch den Spessart beobachten würden.

Verhandlungen wegen eines Waffenstillstandes verzögerten jedoch die Ausführung der nothwendigen Bewegungen, so daß erst am 17. Juli die 4. bayerische Division nach Roßbrunn, Uettingen, Helmstadt und Remlingen gelangte, während die 2. leichte Kavallerie=Brigade nach Birkenfeld kam. Der Rest der Armee stand noch weiter rückwärts.

Am 19. Juli hatte Prinz Karl eine Zusammenkunft mit dem Prinzen Alexander von Hessen, bei welcher der Plan gefaßt wurde, mit beiden Armeekorps die Offensive durch den Spessart gegen Frankfurt a. M. zu ergreifen. Die Bayern sollten über Gemünden und Lohr vorrücken, das 8. Bundes=Armeekorps sollte bei Markt=Heidenfeld und bei Wertheim den Main überschreiten und die Straße Heidenfeld—Aschaffenburg zum weiteren Vormarsch benutzen.

Alle Vorbereitungen für diese Offensive wurden getroffen.

Am 23. Juli abends befanden sich die Bayern an folgenden Punkten:

die 1. Division bei Remlingen;

die 2. „ „ Karlstadt, ihre Avantgarde in Gemünden;

die 3. „ „ Hettstadt;

die 4. „ „ Markt=Heidenfeld, ihre Avantgarde in Lohr;

die Reserve=Infanterie=Brigade in Würzburg;

die „ Kavallerie in Ochsenfurt, Estenfeld und Urspringen;

die „ Artillerie in Waldbüttelbrunn und Höchberg.

Das 8. Bundes=Armeekorps hatte nach dem Gefechte von Aschaffen= burg sich bei Babenhausen versammelt und demnächst, von den Preußen in keiner Weise belästigt, den Marsch durch den Odenwald nach der Tauberlinie angetreten. Am 21. und 22. Juli bezogen die Truppen folgende Stellungen:

die 1. (württembergische) Division bei Großrinderfeld und Tauberbischofsheim;

die 2. (badische) Division bei Wertheim;

die 3. (hessische) Division bei Königheim;

die 4. (österreichisch = nassauische) Division bei Lauba und
Gerlachsheim;

die Reserve=Kavallerie bei Hundheim und Külsheim;

die Reserve=Artillerie rückwärts der 4. Division.

Auch bei dem 8. Bundes=Armeekorps wurden alle Vorbereitungen für
den geplanten Vormarsch auf Aschaffenburg getroffen.

Erst am 23. Juli erfuhr man mit Sicherheit, daß die Preußen im
Begriffe seien, durch den Odenwald gegen die Tauberlinie vorzurücken.
In Folge dessen marschirte noch am 23. Juli die badische Division
nach Hundheim, die hessische Division nach der Gegend von Harbheim.
Die Reserve=Kavallerie sollte die Verbindung zwischen beiden Divisionen
aufrecht halten und nach Westen hin Erkundungen vornehmen, eine
württembergische Brigade nach Külsheim rücken, um als Reserve für die
vorgeschobenen Divisionen zu dienen.

Wir kehren nunmehr zu den Preußen zurück.

Die Division Beyer bestimmte zu der Unternehmung gegen Markt=
Heidenfeld das Bataillon II/70 und 1 Schwadron Husaren Nr. 9 unter
dem Major Preuß. Derselbe begann am 22. Juli seinen Vormarsch durch
den Spessart und stieß bei Bischbrunn, 1¼ Meile nordwestlich von Markt=
Heidenfeld, auf bayerische Vortruppen, welche eilig zurückwichen. Sehr
richtig setzte Major Preuß seinen Vormarsch nicht weiter fort, ging
vielmehr zurück und schloß sich später bei Miltenberg wieder seiner
Division an. Der Zweck, den Feind zu täuschen, war vollständig er=
reicht worden, starke Truppenabtheilungen der Bayern blieben zur Be=
wachung des Mains zurück und konnten in Folge dessen an den Kämpfen
vor Würzburg keinen Antheil nehmen.

Am 22. Juli abends stand die Division Göben bei König, die
Division Flies 1½ Meilen östlich davon bei Laudenbach a. M., die
Division Beyer 2 Meilen rückwärts bei Groß=Wallstadt a. M. Es war
also die Mainarmee vollständig versammelt, zum weiteren Vormarsch
bereit. Wir sehen schon hier wieder die Ueberlegenheit der preußischen
Maßnahmen. Während die Mainarmee schon am zweiten Tage ihres Vor=
marsches eng versammelt war, standen ihre Gegner völlig zersplittert.
Von Gemünden bis zu den Standquartieren der Reserve=Artillerie des
8. Bundes=Armeekorps sind in der Luftlinie 8 Meilen, von Würzburg
bis Hundheim 5 Meilen. Obgleich also·die Süddeutschen mehr als ge=

nügende Zeit gehabt hatten, sich eng zu versammeln, standen ihre Truppen auf einem Raum auseinandergerissen, welcher 8 Meilen Breite und 5 Meilen Tiefe hatte. Das weissagte nichts Gutes für die kommenden Tage.

Die badische Division hatte die ersten Nachrichten über den Vor=marsch der Preußen im Laufe des 22. Juli erhalten und war in Folge dessen, wie uns schon bekannt ist, am 23. Juli nach Westen vorgeschoben worden. Eine Brigade besetzte Hundheim, die andere blieb bei Stein=bach, ½ Meile südlich von Hundheim. Zwei Jäger=Kompagnien und eine Schwadron verblieben bei Wertheim, zur Verbindung mit den Bayern. Kleine Abtheilungen waren westlich von Hundheim vor=geschoben worden.

Am 23. Juli sollte die Division Göben Amorbach erreichen, ihre Avantgarde jedoch bis Wallbürn vorschieben; die Division Flies hatte mit der Avantgarde Nassig zu erreichen, durch starke Abtheilungen Hund=heim und Stadt Prozelten zu besetzen; die Division Beyer sollte nach Freudenberg und Miltenberg rücken.

Es kam unter diesen Umständen am 23. Juli zu einer ganzen Reihe von Zusammenstößen.

Bei Burgstadt traf eine Offizierpatrouille der 5. Dragoner auf badische Jäger, welche ihr einen Verlust von 1 Offizier, 4 Mann bei=brachten, selbst aber nur 2 Mann verloren.

Dagegen wurde eine Patrouille des badischen Grenadier=Regiments von einer Abtheilung preußischer Dragoner in der Gegend von Eichen=bühl überrascht und ließ 8 Mann in den Händen der Dragoner.

Eine gegen Neukirchen vorreitende badische Schwadron erhielt preußisches Infanteriefeuer und ging in Folge dessen zurück. Nun wurden 2 Kompagnien des badischen Grenadier=Regiments und 2 Geschütze auf der Straße Hundheim—Neukirchen, ein Zug Infanterie auf der Straße Hundheim—Oebengesäß vorgesendet. Beide Abtheilungen stießen auf Theile der Division Flies und zwar auf 3 Kompagnien von I/59. Namentlich der einzelne Zug badischer Infanterie hatte ein verlustreiches Gefecht und wurde zurückgedrängt, nachdem er 21 Todte und Ver=wundete verloren hatte.

Prinz Wilhelm von Baden gewann aus diesen kleinen Gefechten die Ueberzeugung, daß er sich den Vortruppen der gegen die Tauberlinie vormarschirenden Mainarmee gegenüber befinde, und sandte zur Auf=klärung eine größere Truppenabtheilung vor. Dieselbe bestand aus dem

5. Regiment und dem 1. Bataillon des Grenadier=Regiments nebst 6 gezogenen 6=Pfündern unter dem General von La Roche, sie sollte von Hundheim gegen die Straße Neukirchen=Wertheim in der Richtung auf Sonderrieb vorgehen.

Preußischerseits wurde Oberst von Fabeck mit dem Regiment Koburg=Gotha, ½ 1. und ½ 3. Dragoner Nr. 6, sowie 2 glatten 12=Pfündern von Neukirchen auf Hundheim vorgeschickt.

Gefecht von Hundheim am 23. Juli.

Die Straßen Hundheim—Neukirchen, Hundheim—Oedengesäß und Neukirchen—Oedengesäß bilden ein Dreieck, welches ein wellenförmiges, stark mit Wald bedecktes Höhengelände umschließt. Oedengesäß liegt an der Straße Neukirchen—Wertheim und ist der Ort, von welchem sich die Straße über Hundheim nach Tauberbischofsheim abzweigt. In dem nördlichen Zipfel des eben genannten Dreiecks liegt das Dorf Sonderrieb, ziemlich gleich weit (etwa 1000 Schritte) von den Straßen Neukirchen—Oedengesäß und Hundheim—Oedengesäß entfernt. Das Gelände südlich von Sonderrieb, bis weit über die Straße Neukirchen—Hundheim hinaus, wird zum großen Theil durch Wald ausgefüllt, dessen nördlicher Theil „die hinteren Stauben" heißt. An dem Ostsaume dieses Waldes, 700 Schritte nördlich der Straße Neukirchen—Hundheim und 2200 Schritte nordwestlich von Hundheim, liegt das Gehöft Birkhof. Von hier erstreckt sich in östlicher Richtung ein offenes, aber sehr welliges Gelände, welches nach Osten hin abfällt. Das Dorf Hundheim liegt in einer Mulde, welche sich zwischen den Höhen hinzieht. Vom Birkhof aus fällt das Gelände auch in westlicher Richtung ab, die Höhenunter= schiede sind bedeutend.

Während die Höhe, an deren nördlicher Abdachung der Birkhof liegt, etwa 1300 Fuß hoch ist, liegt Neukirchen nur etwa 1050, Hund= heim etwa 1200 Fuß hoch. Eine Viertelmeile nordöstlich von Hund= heim liegt das Gehöft Ernsthof, unmittelbar unter einer Erhebung von etwa 1150 Fuß. Oestlich der Straße Hundheim—Oedengesäß sind die Höhen gleichfalls bewaldet und werden „Finkenhöhe" genannt; sie haben mehrfach Erhebungen von mehr als 1200 Fuß, liegen zwischen Sonder= rieb und dem Ernsthofe und erstrecken sich in ihrem bewaldeten Theile bis auf etwa 2000 Schritte nördlich von Hundheim. Der ganze Raum zwischen der Finkenhöhe, dem Ernsthofe, Hundheim und dem Birkhofe

war von Wald frei, jedoch war die Uebersicht in Folge des wellenförmigen Geländes naturgemäß sehr erschwert.

Die Spitze der Truppenabtheilung des Obersten von Fabeck stieß
in dem Walde westlich des Birkhofes auf badische Infanterie. In Folge
dessen erhielt I./Koburg-Gotha den Befehl, den vorliegenden Wald zu
durchsuchen und sich in den Besitz des Birkhofes zu setzen. Die halbe
1. Schwadron Dragoner Nr. 6 sollte die Straße nach Hundheim sichern.
Alsbald zog sich das Bataillon in Kompagnie-Kolonnen auseinander,
drei im ersten Treffen, die 4. im zweiten Treffen. Die beiden Züge
Dragoner nahmen am Ausgange des Waldes an der Chaussee Stellung,
Front gegen Hundheim.

Die badische Truppen-Abtheilung unter dem General von La Roche
hatte unterdessen die Gegend von Sonderrieb erreicht, ohne von den
Preußen irgend etwas zu sehen.

In Folge dessen wurde der Rückmarsch nach Hundheim angetreten,
bei welchem das Regiment Nr. 5 zuletzt marschirte. Das Grenadier-
Bataillon und die Batterie näherten sich bereits dem Dorfe Hundheim,
das 2. Bataillon Regiments Nr. 5 begann eben aus dem Walde in das
offene Gelände herauszutreten, als es plötzlich ganz unerwartet von den
„hinteren Stauben" her Gewehrfeuer erhielt. I/5 befand sich weiter
zurück im Walde.

Der Kommandeur von II/5 warf dem Gegner sofort 2 Kompagnien,
in dichte Schützenschwärme aufgelöst, entgegen. Die beiden andern
Kompagnien folgten geschlossen. Die Kompagnien des 1. Bataillons
Koburg-Gotha gingen ihrerseits schnell vom Birkhofe her in das Gehölz
„die hinteren Stauben" vor und erreichten den Waldsaum vor dem
Gegner. Es kam zu einem kurzen heftigen Kampfe. Der Versuch der
Badenser, mit den geschlossenen Kompagnien den Waldsaum zu gewinnen,
wurde abgewiesen, und das badische Bataillon, von den 500 Schritte
östlich des Birkhofes aufgefahrenen beiden preußischen 12-Pfündern mit
Shrapnels beschossen und über die Straße Hundheim—Oedengesäß nach
der Finkenhöhe und dem Ernsthofe abgedrängt.

In diesem Augenblicke attackirten die beiden Züge Dragoner Nr. 6
von ihrer Stellung südlich des Birkhofes her.

In aufgelöster Schwarmattacke kamen sie bis auf etwa 80 Schritte
an die abziehenden badischen Schützen heran. Da erhielten sie plötzlich
Feuer von mehreren geschlossenen Infanterie-Abtheilungen, welche hinter
einer Bodenwelle völlig verdeckt gestanden hatten. Es war nämlich das

Bataillon I/5, welches bekanntlich noch weiter rückwärts in der Richtung auf Sonderrieb zurückgeblieben war, unter dem Schutze des vom Bataillon II/5 geführten Gefechtes aus dem Walde herausgetreten und hatte bei Ernsthof eine Aufnahmestellung bezogen. Außerdem waren von Hundheim her mehrere Kompagnien vorgegangen und eröffneten gleichfalls ihr Feuer auf die preußischen Dragoner. Die Attacke derselben scheiterte daher, und die Dragoner mußten unter einem Verluste von 4 Mann und 15 Pferden zurückeilen.

Nun fuhr auch eine badische Batterie gegen die beiden preußischen 12=Pfünder auf und zwang dieselben sehr bald zum Abzuge.

Die Badenser versammelten bei Hundheim weit überlegene Kräfte, nämlich die gesammte 2. Division bis auf die wenigen bei Wertheim zurückgebliebenen Truppen, also 9½ Bataillone, 3 Schwadronen und 18 gezogene 6=Pfünder.

Gegen 6 Uhr nachmittags kam unter diesen Umständen das Gefecht zum Stehen, denn Oberst von Fabeck konnte nicht daran denken, mit seinen geringen Streitkräften (2 Bataillonen, 1 Schwadron und 2 glatten 12=Pfündern) eine ganze feindliche Division anzugreifen. Er ging vielmehr nach dem Tiefenthaler Hofe, 1400 Schritte südwestlich vom Birkhofe zurück und stellte seine Vorposten am Ostsaume des Waldes aus, zu beiden Seiten der Straße Neukirchen—Hundheim. Die Badenser unternahmen ihrerseits auch keinen Angriff gegen die Stellung der Preußen, beschossen noch einige Zeit den Wald mit Granaten und vereinigten sich bei Hundheim, Vorposten gegen Westen und gegen Norden vorschiebend. Bei Einbruch der Nacht ging die badische Division auf Külsheim zurück, wo sie biwakirte.

Die Verluste der Preußen betrugen 20 Mann, davon entfielen 16 Mann auf das 1. Bataillon Koburg=Gotha.

Die Badenser verloren 6 Offiziere, 87 Mann todt und verwundet, 1 Mann gefangen.

<hr>

Noch ein weiterer Zusammenstoß fand am 23. Juli statt.

General von Wrangel hatte zur Deckung eines längeren Haltes eine Schwadron vorgeschoben, welche das Auftreten einer feindlichen Schwadron meldete. Sofort wurden weitere 2 Schwadronen vom General von Wrangel vorgesendet. Diese warfen die feindlichen Vortruppen zurück, ritten nach Wallbürn hinein und stießen hier auf das

Gros der badischen Schwadron, welches seinen Vortruppen zu Hülfe kommen wollte. Sofort attackirten die 1. und 4. Schwadron Husaren Nr. 8 den Gegner, es kam in den Straßen des Städtchens zu einem lebhaften Handgemenge, in welchem die gegen große Uebermacht fechtenden badischen Dragoner 1 Offizier 19 Mann und 11 Pferde verloren, während die preußischen Husaren nur 2 Verwundete hatten. (Nach dem preußischen Generalstabswerk betrug der Verlust der badischen Dragoner 1 Offizier, 32 Mann und 21 Pferde.)

Am Abend des 23. Juli stand die Division Flies bei Neukirchen, die Division Beyer bei Miltenberg, die Division Göben bei Amorbach, die Avantgarde derselben bei Wallbürn. Es war also die Mainarmee wiederum so eng versammelt, daß sie mit allen Kräften in eine Schlacht einzugreifen vermochte, wo dieselbe sich auch immer hätte entwickeln können.

Uebrigens wurde Wertheim noch in der Nacht zum 24. Juli durch II/11 und 2/Dragoner Nr. 5 besetzt, welche Abtheilungen mit den Vortruppen der 1. bayerischen Division leichte Scharmützel zu bestehen hatten.

Oberst von Fabeck rückte, nachdem er die Räumung von Hundheim erfahren hatte, noch vor Tagesanbruch in Hundheim ein.

Für den 24. Juli befahl General von Manteuffel, daß um 10 Uhr früh die Division Flies in der Höhe von Nassig, die Division Beyer mit ihrer Avantgarde in Hundheim, mit dem Gros in Neukirchen, die Division Göben bei Külsheim stehen sollten.

Prinz Alexander von Hessen zog seine sämmtlichen Truppen hinter die Tauber zurück und meldete, daß er sein Armeekorps am 24. Juli mit den Hauptkräften bei Großrinderfeld versammeln werde, um je nach den Umständen entweder dem Angriffe der Preußen auf die Linie der Tauber entgegenzutreten, oder aber den Flankenmarsch auf Markt-Heidenfeld zu beginnen, wenn letzterer überhaupt noch ausführbar sein würde. Er sprach ferner die Hoffnung aus, daß im Falle eines ernsten Angriffes der Preußen einige bayerische Divisionen das 8. Bundes-Armeekorps unterstützen würden.

Seine eigenen Truppen nahm Prinz Alexander von Hessen für den 24. Juli früh in folgende Stellungen zurück:

Die badische Division nach Werbach und Werbachhausen, die württembergische Division nach Impfingen und Tauberbischofsheim, die hessische Division nach Großrinderfeld, die österreichisch-nassauische Division zwischen Palmar und Grünsfeld, die Reserve-Kavallerie nach Gerchsheim, die Reserve-Artillerie nach Schönfeld und Ilmspan.

Diese Stellung hatte eine Breite von 1½ und eine Tiefe von fast 2 Meilen. Dabei stand die Reserve-Artillerie soweit zurück, daß das Wiedervorholen derselben, in Folge der langgedehnten und tief ein= geschnittenen Schluchten des rechten Tauberufers, außerordentlich er= schwert war.

Wir wissen bereits, daß am 23. Juli abends die bayerische Armee ausschließlich mit Rücksicht auf den beabsichtigten Vormarsch nach dem Spessart vertheilt stand, keineswegs aber für eine etwaige Unterstützung des 8. Bundes-Armeecorps bereit war. Die strategische Lage der Süd= deutschen gestaltete sich mithin am 23. Juli abends recht ungünstig, trotz der endlich glücklich bewerkstelligten Vereinigung beider Armeecorps.

Besonders ungünstig war dabei einmal der Verlust des wichtigen Tauberüberganges bei Wertheim, in Folge des Abziehens der badischen Besatzung, welche sich mit dem Gros ihrer Division vereinigt hatte, dann aber auch der Umstand, daß der Prinz Karl von Bayern aus der Form der Meldung des Prinzen Alexander von Hessen die Ansicht ge= wann, es handele sich nur um das Vorgehen einer Seitenkolonne der Preußen gegen die Tauberlinie. In Folge dessen erhielt die 1. bayerische Division den Befehl, über Wertheim die Verbindung mit den Badensern aufrecht zu halten, die Reserve-Infanterie-Brigade wurde von Würz= burg nach Roßbrunn verlegt, die schwere Kavallerie-Brigade nach Ober= und Unter-Altertheim und Irtenberg, im übrigen aber verblieben die Bayern in ihren Stellungen vom 23. Juli.

IX.

Die Kämpfe an der Tauber am 24. Juli.

Am 24. Juli früh versammelte sich die Mainarmee an folgenden Punkten:

Die Division Flies bei Nassig, die Division Beyer bei Neukirchen und Hundheim, die Division Göben bei Hardheim und Wolferstetten. Die Avantgarde der Brigade Wrangel hatte dabei einen Zusammenstoß mit dem Feinde. Vor Hardheim erhielt sie die Meldung, daß feindliche Kavallerie im Anmarsche sei. Zwei Schwadronen des 4. württembergischen Reiter-Regiments gingen nämlich über Hardheim vor, trieben die preußischen Husaren-Patrouillen vor sich her und erstiegen eben die steile Höhe, an deren östlichem Hange Hardheim liegt. Sofort wurden preußischerseits 2 Schützenzüge von I/15 in eine nahe der Straße gelegene Sandgrube geworfen. Die württembergischen Reiter, in dichte Staubwolken gehüllt, verfolgten eifrig die preußischen Husaren-Patrouillen, welche an der Sandgrube vorbeiritten. Plötzlich eröffneten jetzt die beiden Schützenzüge ein heftiges Schnellfeuer auf die sich heranwälzende Reitermasse. Die vorderste württembergische Schwadron erlitt große Verluste und machte Kehrt. Eine preußische Husaren-Schwadron Regiments Nr. 8 stürzte sich auf die weichenden Gegner, welche nach Hardheim hineingeworfen wurden. Der Verlust der Württemberger betrug 1 Offizier, 20 Mann und 12 Pferde.

General von Manteuffel gewann aus den eingehenden Meldungen die ganz richtige Anschauung, daß das 8. Bundes-Armeekorps nach Tauberbischofsheim abgezogen sei, und daß die Bayern oberhalb von Wertheim zu beiden Seiten des Mains Truppen zeigten.

Gegen Mittag befahl er mit Rücksicht auf die ungeheuer große Hitze des Tages und auf die von den Divisionen Beyer und Göben bereits zurückgelegten beschwerlichen Märsche, daß die Truppen Quartiere beziehen sollten. Die Division Flies sollte jedoch auf den Höhen jenseits der Tauber südlich von Urphar Stellung nehmen und feststellen, wie stark die Gegend von Markt-Heidenfeld bayerischerseits besetzt sei. Die Division Beyer sollte Werbach besetzen.

Während nun General von Göben die Vertheilung seiner Truppen auf die verschiedenen Ortschaften regelte, erhielt er Meldungen, welche besagten, daß die vorliegenden Tauberübergänge schwach oder gar nicht besetzt, daß aber starke feindliche Kolonnen jenseits der Tauber im Marsche begriffen seien. Er beschloß daher, sich so schnell als möglich in den Besitz der Tauberübergänge zu setzen, welche vor den Quartieren seiner Truppen lagen.

Gefecht von Tauberbischofsheim.

Die Tauber war bei Tauberbischofsheim kanalisirt und etwa 25 Schritte breit, die Böschungen waren gemauert und der Fluß bildete daher ein erhebliches Hinderniß, obschon er an vielen Stellen nur 3 bis 4 Fuß tief war. Die Thalsohle der Tauber ist bei Bischofsheim gegen 400 Schritte breit und wird von den das Thal einengenden Höhen um mehr als 300 Fuß überhöht. Die Höhen des linken Ufers fallen steil gegen die Tauber ab, die Höhen des rechten Ufers bilden dagegen Terrassen. Die Lorenzenkapelle liegt etwa 200 Fuß höher als die Thalsohle, die Rektorskapelle 300 Fuß höher.

Die Stellung, welche die württembergische Division eingenommen hatte, war folgende:

Die 2. Brigade hielt mit dem Regiment Nr. 7, dem 2. Jäger-Bataillon, 1 Schwadron 1. Reiter-Regiments und 6 gezogenen Geschützen Impfingen und die dortigen Höhen besetzt. Das Regiment Nr. 2 befand sich in Tauberbischofsheim. Eine Schwadron und 2 Geschütze standen an der Straße nach Dittigheim.

Die 1. Brigade stand in der Schlucht zwischen dem Edelsberge und dem Hammberge, ihr rechter Flügel war an die Straße nach Würzburg gelehnt, links davon war die 3. Brigade aufgestellt, deren linker Flügel bis zur Lorenzenkapelle reichte.

Die beiden noch übrigen Batterien der Division befanden sich auf dem Hammberge, sie waren so geschickt aufgestellt, daß man von dem linken Tauberufer aus nur die Mündungen der Geschütze sehen konnte. Das 4. Reiter=Regiment hielt am Edelsberge, 2 Schwadronen 1. Reiter= Regiments weiter rückwärts an der Straße nach Würzburg.

Preußischerseits setzte sich zunächst nur die Brigade Wrangel gegen Tauberbischofsheim in Marsch. Sie zählte nur 5 Bataillone, 3 Schwa= bronen, 5 gezogene 4=Pfünder und 6 glatte 12=Pfünder, da 2 Bataillone, 1 Schwabron und 2 gezogene 4=Pfünder zur Sicherung der rechten Flanke schon von Harbheim aus gegen Königheim abgezweigt worden waren.

Als die Brigade Wrangel bei Dienstadt angekommen war, hörte man Schüsse von Hochhausen—Impfingen her herüberschallen, in Folge dessen wurden 6. und 7/15 nach dieser Richtung hin vorgesandt. Vom Immberge aus konnte General von Wrangel das Gelände um Tauber= bischofsheim vorzüglich übersehen. Man nahm wahr, daß alle von Bischofsheim nach Osten führenden Wege mit Truppen und Fahrzeugen angefüllt waren. Indessen ließ sich nicht erkennen, ob der Feind die Stellung von Bischofsheim verlassen oder vielmehr besetzen wolle. Zu= nächst fuhren daher die 5 gezogenen 4=Pfünder der Batterie Cöster auf dem Immberge auf und begannen ihr Feuer. Gleich die ersten Granaten trafen eine Wagenkolonne von 30 Wagen und richteten eine derartige Verwirrung in derselben an, daß sie späterhin die Chaussee fast vollständig versperrte. Die ersten Schüsse fielen gegen 2 Uhr nachmittags.

Als die vorderste preußische Kompagnie, 5/15, sich der Stadt näherte, erhielt sie heftiges Infanteriefeuer. Es wurden daher preußischer= seits stärkere Kräfte entwickelt und zwar alle 4 Kompagnien von I/55 und der Schützenzug von 8/15. Die Württemberger hatten nicht die Absicht, Bischofsheim zu halten und zogen ab, nachdem sie nur kurze Zeit Widerstand geleistet hatten. Die Preußen drangen nun in die Stadt ein, nahmen 1 Offizier und 27 Mann gefangen und besetzten sofort den Ostsaum von Bischofsheim, von wo sie auf die abziehenden Württemberger ein lebhaftes Feuer eröffneten. Auch die glatte 12 pfdg. Batterie war unterdessen neben der Batterie Cöster aufgefahren und beide Batterien richteten nun ihr Feuer auf die feindliche Infanterie, welche die jenseitigen Hänge, außerdem auch noch im wirksamen Gewehr= feuer der an der Brücke und an dem Ostsaume Bischofsheims ein= genisteten preußischen Schützenschwärme, ersteigen mußten.

Dieses Feuer war sehr wirksam, die Wagenkolonne blieb endgültig stecken, die Vorspannbauern verließen eiligst ihre Wagen und so wurde die hohlwegartig tief eingeschnittene und dabei steil ansteigende Straße nach Würzburg so verstopft, daß sie für Truppenbewegungen fast nicht mehr zu benutzen war.

Die beiden württembergischen Geschütze, welche an der Straße nach Dittigheim gestanden hatten, fuhren neben den auf dem Hammberge be= findlichen 16 Geschützen auf, so daß hier eine Artilleriemasse von 18 Geschützen vereinigt stand, deren Feuer gegen die preußische Artillerie bald in verderblichster Weise sich geltend machte. Die glatte preußische Batterie mußte bald abfahren, weil die Entfernungen für sie zu groß waren; es blieben also nur die 5 gezogenen Geschütze des Hauptmanns Cöster im Feuer, welche gegenüber den 18 feindlichen Geschützen einen überaus schweren Stand hatten. Letzteres war um so mehr der Fall, als die preußischen Geschütze nicht die geringste Deckung fanden, während die württembergische Artillerie bekanntlich vorzüglich gedeckt stand.

Dennoch hielt Hauptmann Cöster $2\frac{1}{2}$ Stunden lang dies über= legene Feuer heldenmüthig aus und beschoß seinerseits soviel als möglich die feindliche Infanterie, allein nachdem ihm auch noch 1 Geschütz demontirt worden war, mußte er seine übrigen 4 Geschütze für einige Zeit zurücknehmen.

Das 2. württembergische Infanterie=Regiment ging, nachdem es Tauberbischofsheim geräumt hatte, nach dem Edelsberge zurück; nur 2 Kompagnien scheinen gegenüber dem Ostsaume der Stadt, an den Berghängen, verblieben zu sein. Die übrigen 8 Kompagnien des Regiments nahmen an dem ferneren Kampfe keinen Antheil.

Gegen alles Erwarten begannen nun aber die Württemberger eine Reihe äußerst heftiger Angriffe gegen dasselbe Städtchen, welches sie soeben, auf Grund ganz richtiger taktischer Erwägungen, freiwillig ge= räumt hatten.

Das 3. Jäger=Bataillon, Regiment Nr. 5 und II/1, zusammen 4 Bataillone, rückten längs der Würzburger Straße vor. I/3 und I/8 über die südlich der Straße befindlichen Hänge, II/8 und das 1. Jäger= Bataillon durch die an der Lorenzenkapelle hinziehende Schlucht gegen den rechten Flügel der Preußen, welche zunächst nur 5 Kompagnien diesem Ansturme entgegen zu setzen vermochten.

Die Angriffe der Württemberger erfolgten indessen keineswegs gleich= zeitig und mit voller Wucht unter einheitlicher Leitung, sondern vielmehr stets nur mit unzureichenden Kräften. Auch fehlte eine zielbewußte Vorbereitung durch Artilleriefeuer. Zwar dauerte das heftige Geschütz=

feuer der großen württembergischen Batterie ununterbrochen weiter, allein man wartete nicht ab, bis dieses Artilleriefeuer eine Erschütterung der Vertheidiger des Ostsaumes von Tauberbischofsheim hervorgebracht haben würde, sondern griff mit einzelnen Bataillonen an, ohne daß die höhere Führung zwischen diesen Angriffen und dem Artilleriefeuer ein zweck= entsprechendes Einvernehmen hergestellt hätte.

Zuerst griff das Bataillon II/5 an, um das zurückgehende Regiment Nr. 2 aufzunehmen. Das Bataillon löste 3 Kompagnien in Schützen= schwärme auf, sobald es in das wirksame Feuer der Preußen kam und drang bis über die Rektorskapelle hinaus vor; hier aber kam der An= griff in dem mörderischen Schnellfeuer zum Stocken. Die württem= bergischen Kompagnien suchten Deckung und begannen ihrerseits auf etwa 400 Schritte Entfernung das Feuergefecht.

Kurze Zeit später ging I/5 zum Angriffe vor, etwas rechts von II/5, allein auch dieser zweite Angriff kam in der Höhe der Rektors= kapelle zum Stehen. Die württembergischen Schützenschwärme deckten sich, so gut sie konnten, in den Weinbergen und Bodenfalten, während die geschlossenen Abtheilungen hinter den schützenden Kamm der Höhe zurückwichen. Es blieben also starke Schützenschwärme beider feindlichen Bataillone in der vordersten Linie zurück und unterhielten ein kräftiges Feuergefecht mit den Preußen, welche letzteren allerdings meist vor= trefflich gedeckt standen. Die 4. Kompagnie Regiments Nr. 55 gab übrigens viergliedrige Salven ab, weil sie keinen Raum zur Entwickelung fand; sie verließ ihre Deckung erst, wenn ein feindlicher Angriff durch= geführt wurde und ging alsbald wieder in diese Deckung zurück, sobald der Angriff abgeschlagen war.

Für die Preußen war es ein Glück, daß die beiden ersten Angriffe der Württemberger mit so geringen Kräften ausgeführt wurden. Einem Angriffe aller 12 verfügbaren württembergischen Bataillone würden die schwachen 5 preußischen Kompagnien kaum haben widerstehen können, denn es wäre sehr leicht gewesen, dieselben in der Front zu beschäftigen, auf beiden Flügeln aber Umgehungskolonnen anzusetzen, welche allerdings die Tauber durchwaten mußten, dann aber durch einen Druck auf beide Flanken die Vertheidiger zum Rückzuge zwingen konnten.

General von Wrangel hatte unterdessen auch II und F/55 nach Tauberbischofsheim vorrücken lassen und die Kompagnien 9. und 10/55 trafen eben noch rechtzeitig an der Brücke ein, um bei dem Abweisen des dritten Angriffs der Württemberger noch mitwirken zu können. Es war hohe Zeit, daß diese frischen Truppen an der Brücke erschienen, denn es begann bei den 5 im Gefechte stehenden Kompagnien bereits stark an Patronen zu mangeln.

Die Kompagnien 3., 4. und 1 Zug von 2/55 wurden nun ab= gelöst und sammelten sich auf dem Marktplatze, die übrigen Theile von I/55 und 5/15 nahmen jedoch bis zur Beendigung des Gefechtes am Kampfe theil. 11. und 12/55 blieben vorläufig auf dem Marktplatze, wurden aber sehr bald gleichfalls nach der Brücke vorgezogen, während II/55 auf den Markt rückte.

Die Kräfte der Brigade Wrangel waren nunmehr fast ganz ver= ausgabt, nur noch das Bataillon Lippe bildete eine geschlossene Reserve hinter der Stadt.

Der dritte Angriff der Württemberger erfolgte etwa um 3 Uhr. Zunächst ging das 3. Jäger=Bataillon vor, nur mit 4 Kompagnien, weil eine Kompagnie abkommandirt war, 3 Kompagnien befanden sich im 1. Treffen, die vorderen Halbzüge als Schützen ausgeschwärmt. Bis auf etwa 200 Schritte kamen die tapferen Jäger an die Brücke heran, dann aber scheiterte auch dieser Angriff. Etwas später als das dritte Jäger=Bataillon ging I/8 zum Angriffe vor, eine Kompagnie als Schützen vor der Front, vier Kompagnien geschlossen dahinter. Das Bataillon gelangte bis zur Rektorskapelle, hier aber ging der Angriff in ein stehendes Feuergefecht über, welches im Anschlusse an die bereits im Feuer stehenden Plänkler des Regiments Nr. 5 und des dritten Jäger=Bataillons geführt wurde. Vergeblich waren die Versuche, die Brücke zu stürmen, das Schnellfeuer der Preußen machte sie jedesmal scheitern. Nicht besser erging es dem Bataillon II/1, welches ebenfalls an diesem dritten Angriffe betheiligt war und ebenso vergeblich gegen die Gärten am rechten Tauberufer anstürmte.

Das Bataillon I/3 gehörte auch zu der Sturmkolonne der Württem= berger, verblieb aber anscheinend mehr rückwärts in einer Art von Auf= nahmestellung.

Soweit es sich aus den sehr spärlich vorliegenden Berichten ersehen läßt, nahmen also an diesem dritten Angriffe 4 württembergische Bataillone theil, das 3. Jägerbataillon, I/8, II/1 und I/3, von welchen jedoch nur die drei ersteren wirklich gestürmt zu haben scheinen.

Naturgemäß ging die Ordnung der württembergischen Kolonnen immer mehr verloren, einmal in Folge der großen Verluste, dann aber auch deshalb, weil bei jedem Angriffe starke Schützenschwärme in den

Weinbergen, an den Berghängen und in den Hohlwegen liegen blieben, welche nach jedem mißglückten Sturmversuche das Feuergefecht weiter führten, bei dem nächsten Angriffe aber größtentheils sich den stürmenden Kompagniekolonnen wieder anschlossen.

Da nun eine einheitliche Leitung fehlte, so mußten naturgemäß die Truppen sehr durcheinander kommen. Es mischten sich nicht nur die Brigaden und Regimenter, sondern auch die Bataillone und Kompagnien durcheinander.

Die Unerschrockenheit und Tapferkeit, mit welcher die Württemberger jedesmal zum Sturm vorgingen, muß in hohem Grade anerkannt werden; die Anordnung der einzelnen Angriffe aber erscheint in keinem günstigen Lichte. Den Einfluß einer höheren Führung auf die Truppen vermag man kaum zu erkennen, so daß das Urtheil über diese höhere Führung ebenso ungünstig ausfallen muß, wie es mit Recht über die unübertrefflich braven Truppen nur günstig lauten kann.

Um 4 Uhr befanden sich folgende württembergische Truppen gegen= über der Brücke: 5. und 10/2, 2 Kompagnien Regiments Nr. 8, Theile des 3. Jäger=Bataillons und des Regiments Nr. 5, weiter rückwärts 3 Kompagnien Regiments Nr. 8 und II/1, noch weiter rückwärts I/3.

Die Pausen, welche zwischen den einzelnen Angriffen lagen, waren zu kurz, sie dauerten immer nur $1/4$ bis $1/2$ Stunde. In so kurzer Zeit war es nicht möglich; bei den abgeschlagenen Sturmkolonnen die Ordnung völlig wieder herzustellen. Auch für eine gründliche Vor= bereitung der Angriffe durch Artilleriefeuer reichten die knappen Pausen nicht aus.

Nach 4 Uhr erfolgte der vierte Angriff. Während die bisherigen Sturmversuche immer längs der Würzburger Chaussee unternommen worden waren (nur I/8 ging über die südlich dieser Straße befindlichen Hänge vor), benutzte man diesmal die Schlucht, welche südlich der Höhe 867 sich hinzieht. Hier gingen das 1. Jäger=Bataillon und II/8 vor; wahrscheinlich wurden alle in erster Linie liegenden Schützenschwärme der Württemberger durch den frischen Vorstoß gleichfalls wieder zu einer Erneuerung ihrer Sturmversuche angespornt, jedenfalls machte auf die Preußen dieser vierte Angriff einen besonders lebhaften Eindruck.

Oberst Stolz, der Kommandeur des Regiments Nr. 55, zog in Folge der Heftigkeit des feindlichen Ansturmes auch noch 5. und 6/55 an die Brücke vor und ging mit diesen beiden Kompagnien dem Feinde ent= gegen. Der größte Theil von 11. und 12/55 schloß sich diesem Angriffe

11*

an, während 9. und 10/55 den Gegner ununterbrochen mit Schnellfeuer
überschütteten. Die Abtheilungen des rechten preußischen Flügels, 1/55,
ein Zug von 2/55 und 5/15, durchwateten die Tauber und drangen bis
zur Lorenzenkapelle vor, wo sie sich festsetzten und ein mörderisches
flankirendes Schnellfeuer auf die württembergischen Kolonnen und
Schützenschwärme eröffneten.

Auch der vierte Angriff der Württemberger scheiterte an diesem
gewaltigen Feuer, nur die Schützen=Kompagnien der beiden in der er=
wähnten Schlucht vorgegangenen Bataillone blieben am Feinde und
nahmen das Feuergefecht auf, die Kolonnen wichen überall zurück.

Jetzt wurden die auf dem rechten Tauberufer gelegenen Häuser
und Gärten von dem größten Theile der Kompagnien 5., 6., 11., 12/55
besetzt, während 7. und 8/55 an die Brücke heranrückten.

Es war jetzt 4½ Uhr geworden, eben mußten die vier Geschütze
der Batterie Cöster abfahren. Nunmehr ging die württembergische
Artillerie auf 1200 Schritte an den Ostsaum von Bischofsheim heran
und begann auf diese nahe Entfernung ein überaus heftiges und wirk=
sames Geschützfeuer gegen die Brücke und die Häuser in der Nähe der
letzteren. Alsbald züngelten an mehreren Stellen die Flammen hervor.
Die Lage wurde abermals für die Preußen recht peinlich.

Prinz Alexander von Hessen hatte die gesammte Reserve=Artillerie
und die 4. Division auf den Kampfplatz vorbeordert. Indessen konnte
die Reserve=Artillerie auf der Chaussee nicht vorwärts kommen, weil
dieselbe verstopft war; nur der reitenden hessischen Batterie gelang es,
in der Nähe der beiden in Reserve zurückbehaltenen württembergischen
Bataillone aufzufahren. Sie konnte jedoch nur ihre beiden gezogenen
Geschütze verwenden, da für die vier glatten Geschütze die Entfernungen
zu groß waren. Dagegen fuhren die beiden österreichischen Batterien
neben der württembergischen Artillerie auf. Die gezogene nassauische
Batterie fuhr zwar gleichfalls auf, feuerte jedoch nur wenige Schüsse
ab. Es standen mithin jetzt 18 württembergische, 16 österreichische und
2 hessische Geschütze im Feuer, zusammen 36 Geschütze.

Die Zahlenangaben gehen hier wieder einmal auseinander; das
preußische Generalstabswerk spricht von 40 feindlichen Geschützen, welche
Tauberbischofsheim beschossen haben sollen, das österreichische General=
stabswerk von 38 Geschützen, die übrigen Quellen geben die Zahl der
Geschütze gar nicht an. Rechnet man die hessische Batterie vollzählig
und die nassauische Batterie gleichfalls mit, so waren es 48 Geschütze.

Da jedoch die naffauifche Batterie fich nur fehr wenig am Kampfe betheiligte und die vier glatten Gefchütze der heffifchen Batterie bald zurückgingen, fo halten wir unfere Angabe von 36 gezogenen Gefchützen für am meiften zutreffend.

Jedenfalls war das Feuer der feindlichen Artillerie geradezu über= wältigend und machte fehr bald ein Ueberfchreiten der Brücke unmöglich.

Nachdem die Batterie Cöfter abgefahren war, wurde das Ver= bleiben ihrer Bedeckung (2 Züge von 8/15) auf dem Immberge über= flüffig. Diefelben eilten daher nach vorwärts, fetzten die Gewehre zu= fammen und begannen aus drei fchleunigft herbeigeholten Munitions= wagen den an der Tauber fechtenden Abtheilungen Patronen zu über= bringen. Da ein Ueberfchreiten der Tauberbrücke nicht mehr möglich war, fo wateten die Mannfchaften durch den Fluß. Diefe rechtzeitige Ueberweifung frifcher Munition war äußerft nothwendig; denn das Schützengefecht der preußifchen Kompagnien an der Lorenzenkapelle und vorwärts der Tauberbrücke hatte nicht einen Augenblick nachgelaffen, da ihnen gegenüber ununterbrochen ftarke feindliche Schützenfchwärme lagen, welche ihrerfeits die Preußen unter heftiges Gewehrfeuer nahmen.

Nachdem genügende Munition über den Fluß herübergefchafft worden war, griffen die beiden Züge thätig in das Gefecht ein, indem . fie fich mit den Gewehren der Todten und Verwundeten ausrüfteten.

Nunmehr erfchien auch die Batterie Cöfter wieder auf dem Kampf= platze und nahm den fehr ungleichen Kampf von neuem auf. Auch das letzte Bataillon der Brigade Wrangel, das Bataillon Lippe, wurde vorgeholt, 1., 2., 3/Lippe durchwateten die Tauber und brachten dem rechten preußifchen Flügel erwünfchte Verftärkung, 4/Lippe blieb auf dem Marktplatze zurück.

Die Gefechtslage befferte fich nun wefentlich für die Preußen. Von der Lorenzenkapelle beherrfchten fie die füdlich von derfelben hinziehende Schlucht, in welcher bisher die Württemberger faft ganz gedeckt hatten vormarfchiren können. Man hatte wieder ausreichende Munition, und endlich befchoß die feindliche Artillerie hauptfächlich nur noch die Stadt, in welcher fie zwar große Verwüftungen anrichtete, den Preußen jedoch fehr wenig Schaden beibrachte.

Immerhin blieb die Lage bedenklich, da auch die letzte frifche Truppe der Brigade Wrangel verausgabt war, und die übrigen Brigaden der Divifion Göben theils felbft im Kampfe, theils nach anderer Richtung hin in Marfch gefetzt waren.

Es führte nämlich die olbenburgisch=hanseatische Brigade selbständig das Gefecht von Werbach=Hochhausen, die Brigaden Kummer und Tresckow aber waren nur bis Harbheim gekommen und wurden von hier nach Eiersheim vorbeordert, also hinter die Front der olben= burgischen Brigade und nicht zur Unterstützung der Brigade Wrangel. Was endlich die Truppenabtheilung des Obersten von der Goltz betrifft, welche bekanntlich die rechte Flanke sichern sollte, so müssen wir uns etwas eingehender mit derselben beschäftigen.

Oberst von der Goltz hatte seine 2 Bataillone, 1 Schwabron und 2 Geschütze schon vormittags bei Königheim Stellung nehmen lassen. Gegen 11 Uhr früh unternahm er mit der 2. und 3. Kompagnie, der Schwabron und den beiden Geschützen eine gewaltsame Erkundung auf Tauberbischofsheim, wobei er bis dicht vor die Stadt gelangte. Von einem Uebersichtspunkte aus konnte man das Gelände um Tauber= bischofsheim einsehen, jedoch verdeckte die Höhe des Stammberges den Einblick auf die Straße Hundheim—Tauberbischofsheim, auf welcher zu dieser Zeit die Brigade Wrangel vorging. Man erkannte starke Truppen= massen jenseits der Stadt auf dem rechten Tauberufer, ebenso sah man, daß die Stadt selbst stark besetzt sei. Unter diesen Umständen befahl Oberst von der Goltz den Rückmarsch auf Königheim, da er von dem gleichzeitigen Vorgehen der Brigade Wrangel auf Tauberbischofsheim keinerlei Kenntniß hatte.

Nachdem die Truppen in Königheim etwa 1 Stunde geruht hatten, erhielt Oberst von der Goltz die Meldung: „Oberst Stolz stehe bei Bischofsheim im Gefechte und habe sich bereits theilweise verschossen." Sofort wurde die Truppenabtheilung in Königheim alarmirt und der Vormarsch auf Tauberbischofsheim angetreten. Als Oberst von der Goltz bis zu dem Thale gekommen war, welches nach Dittwar führt, traf die Meldung ein: „Tauberbischofsheim sei genommen, aber die starke feindliche Artillerie auf den jenseitigen Höhen verhindere ein weiteres Vorgehen." Nun ließ Oberst von der Goltz seine Truppen quer über die Berge auf Dittigheim marschiren, um hier über die Tauber zu gehen und den Feind von dort aus zu flankiren. Das Ersteigen der Berg= hänge war natürlich sehr anstrengend, und als die Truppen vor Dittig= heim eintrafen, erhielt Oberst von der Goltz den Befehl, nach Bischofs= heim zu rücken. Dieser Befehl wurde sofort ausgeführt, indessen trafen die Truppen erst nach der Beendigung des Kampfes ein.

General von Göben war für seine Person zur olbenburgisch=

hanseatischen Brigade geritten, hatte dort dem Kampfe beigewohnt und war erst nach der Beendigung desselben nach Tauberbischofsheim ge= ritten, woselbst er etwa um 6 Uhr nachmittags eintraf. Die Bitte des Generals von Wrangel um Unterstützung, namentlich an Artillerie, hatte unter diesen Umständen den General von Göben nicht erreicht.

Nachdem wir gesehen haben, auf welche Weise es geschah, daß die Brigade Wrangel in ihrer kritischen Gefechtslage ohne jede Unter= stützung blieb, kehren wir wieder nach Tauberbischofsheim zurück.

Nach 5 Uhr traf die österreichisch=nassauische Division auf dem Gefechtsfelde ein. Gegen 6 Uhr befahl Prinz Alexander von Hessen den Rückzug der Württemberger und ließ zu ihrer Ablösung die 4. Division vorgehen. Ueber diesen Schlußakt des Gefechtes gehen die Berichte sehr wesentlich auseinander.

Das preußische Generalstabswerk sagt, dieser fünfte Angriff sei mit mehr Ordnung, aber mit geringerer Energie als die früheren unter= nommen worden. Das Buch des Majors Knorr spricht von mörderischem Schnellfeuer, welches die Preußen von der Lorenzenkapelle her auf die vorrückenden feindlichen Bataillone abgegeben hätten und von der vor= züglichen Wirkung einiger Granaten der Batterie Cöster, welche bewirkt hätten, daß die dichten feindlichen Massen auseinander gestoben seien. Das Buch „Die Operationen des 8. deutschen Bundeskorps" läßt die Oesterreicher entlang der Würzburger Chaussee sich gegen das Thal herabsenken. Das österreichische Generalstabswerk endlich läßt die Oesterreicher und Nassauer zwar auf die Höhen vorrücken, aber nur ihre Stellungen behaupten, die übrigens gar nicht angegriffen wurden.

Wir glauben, daß diese Widersprüche sich sehr einfach lösen lassen. Es sind nämlich thatsächlich viele württembergische Abtheilungen, namentlich das 3. Jäger=Bataillon, bis zuletzt im Feuer geblieben und erst nach den Oesterreichern und Nassauern vom Kampfplatze abgezogen. Wir glauben nun, daß ein eigentlicher Angriff der österreichischen und der nassauischen Brigade überhaupt nicht stattgefunden hat, daß diese beiden Brigaden vielmehr nur auf den Höhen Stellung genommen haben. Wahrscheinlich haben einige Schützenschwärme sich am Gefechte betheiligt, vermuthlich aber hat das Vorgehen dieser frischen Truppen die vordersten württembergischen Schützenschwärme dazu veranlaßt, ihrer= seits nochmals zum Angriffe vorzubrechen. Auf diese württembergischen Abtheilungen nun wird das Schnellfeuer der Preußen von der Lorenzen= kapelle abgegeben worden sein.

Die Oesterreicher verloren nur 1 Offizier, 4 Mann, die Nassauer hatten gar keinen Verlust. Hätten diese beiden Brigaden wirklich ernst= haft angegriffen, so würden sie jedenfalls ganz andere Verluste erlitten haben.

Die feindliche Artillerie beschoß noch einige Zeit lang den Ostsaum von Tauberbischofsheim, jedoch fuhr bald eine Batterie nach der anderen ab und mit dem Einbruche der Dunkelheit erlosch der Artilleriekampf. Das Gefecht war zu Ende, auch die österreichisch=nassauische Division ging zurück.

Preußischerseits konnte man an eine Verfolgung des Gegners nicht denken, mußte sich vielmehr mit der Behauptung des gewonnenen Tauberüberganges begnügen. Gegen 8 Uhr abends traf die Brigade Kummer in Bischofsheim ein und bezog die Vorposten. Brigade Wrangel biwakirte in und bei der Stadt.

Sehr erwünscht war jetzt die Besitznahme der steckengebliebenen Wagenkolonne, welche sich als eine württembergische Proviantkolonne erwies und nun ihren Inhalt dem Sieger überlassen mußte.

Die Einbuße der Preußen belief sich auf 10 Offiziere, 116 Mann, darunter 3 Vermißte. Der Verlust betraf fast ausschließlich das Regiment Nr. 55.

Das 8. Bundes=Armeekorps verlor 28 Offiziere, 681 Mann, darunter 2 Offiziere, 190 Mann vermißt.

Preußischerseits hatten am Kampfe Theil genommen: Regiment Nr. 55, 5. und 8/15, Bataillon Lippe, 3 Schwadronen und 11 Ge= schütze oder 3550 Gewehre, 360 Säbel und 11 Geschütze.

Von Seiten des 8. Bundes=Armeekorps betheiligten sich am Ge= fechte 11⁴/₅ Bataillone, 7 Schwadronen und 18 Geschütze der Württem= berger, 24 Geschütze der 4. Division und 6 Geschütze der hessischen Division. In Reserve stand die Infanterie der 4. Division. Da die= selbe erst im letzten Augenblicke des Kampfes ins Gefecht kam und sehr wenig thätig eingriff, so kommen für den eigentlichen Kampf nur die Württemberger und die Artillerie in Betracht, zusammen also 11⁴/₅ Bataillone, 7 Schwadronen, 48 Geschütze oder 8600 Gewehre, 820 Säbel und 48 Geschütze.

Von dem Verluste der Württemberger entfallen 21 Mann auf die bei Impfingen befindlichen Truppen. Rechnen wir nun die beiden in Reserve gebliebenen Bataillone der Württemberger ab, so betrug ihr

Verluft rund 9 Prozent, war also verhältnißmäßig geringer, als derjenige der Hessen bei Frohnhofen. Dies liegt wohl im wesentlichen daran, daß die Württemberger in den Bodenverhältnissen Deckung fanden, die Hessen bei Frohnhofen aber nicht die geringste Deckung hatten. —

Gefecht bei Werbach-Hochhausen.

Hochhausen liegt am Fuße der hier um 400 Fuß höher gelegenen, steil abfallenden linken Thalwandhöhen der Tauber. Das Innere des Dorfes wird von diesen Höhen aus völlig eingesehen, dieselben bieten außerdem vorzügliche Stellungen für eine Artillerie dar, welche den Kampf gegen Truppen auf dem rechten Tauberufer aufnehmen will. Die Tauber hat bei Hochhausen eine sehr wechselnde Tiefe, man kann sie an einzelnen Stellen durchwaten, während sie an anderen Stellen 5 bis 8 Fuß tief ist.

Werbach liegt etwa 600 Schritte von der Tauber entfernt an ihrem rechten Ufer; auch dieses Dorf wird von den Höhen des linken Ufers vollständig eingesehen. Bei Werbach mündet der Welzbach in die Tauber, derselbe bildet ein schmales von steilen Höhen eingeengtes Thal, welches bis Werbachhausen hin gleichfalls von den Höhen des linken Tauberufers eingesehen wird.

Halbwegs zwischen Werbach und Tauberbischofsheim liegt Impfingen, ebenfalls am rechten Tauberufer.

Die Höhenunterschiede sind sehr bedeutend. Der Wald „das Großholz" weist Erhebungen von 1050 bis über 1080 Fuß auf, die Kapelle liegt auf 841 Fuß, Hochhausen auf 562 Fuß, Werbach auf 623 Fuß Höhe. Die Thalhöhen des Welzbaches erheben sich dagegen bis nahezu 1100 Fuß. Impfingen liegt auf 640 Fuß Höhe. Da, wo der Weg nach Hochhausen von der Chaussee Hundheim—Tauberbischofsheim sich abzweigt, befindet sich eine Höhe von 1257 Fuß.

Im allgemeinen haben die Höhen des linken Tauberufers eine beherrschende Stellung gegenüber denjenigen des rechten Ufers, da letztere weiter von der Tauber zurücktreten, während erstere fast unmittelbar an dem Flusse sich erheben.

Diese Beschreibung paßt übrigens nur für die Gegend von Hochhausen und Werbach, bei Impfingen ist das gerade Gegentheil zutreffend.

Eine Vertheidigung von Hochhausen und Werbach gegen einen von

Westen her vorbringenden Gegner bietet demnach gar keine Aussichten auf Erfolg und erscheint daher von vornherein zwecklos.

Badischerseits stand das 3. Infanterie-Regiment in Werbach, neben dem Kirchhofe fuhren später 6 gezogene 6-Pfünder auf, welchen eine Schwadron 2. Dragoner-Regiments als Bedeckung diente. In Hochhausen befanden sich 2 Kompagnien 2. Infanterie-Regiments, welche späterhin durch 2 weitere Kompagnien desselben Regiments verstärkt wurden.

Die Brücke über den Eisenbahneinschnitt westlich von Hochhausen war abgebrochen, über die Tauber eine Laufbrücke für Infanterie geschlagen; die steinerne Brücke über die Tauber, westlich von Werbach, war verbarrikadirt worden.

Der Rest der 2. badischen Brigade (2½ Bataillone, 3 Schwadronen und 6 gezogene 6-Pfünder) stand bei Werbachhausen. Die 1. badische Brigade befand sich weiter rückwärts bei Brunnthal.

Wir wissen bereits, daß von der Brigade Wrangel die Kompagnien 6 und 7/15 gegen Hochhausen abgezweigt wurden; diese beiden Kompagnien gingen gegen das Dorf vor und eröffneten ein Schützengefecht mit der Besatzung desselben. Gegen 2 Uhr nachmittags traf die oldenburgische gezogene 6pfdg. Batterie ein, fuhr gegenüber von Hochhausen bei der Kapelle auf und begann das Feuer gegen die 6 württembergischen gezogenen 6-Pfünder, welche bekanntlich bei Impfingen standen. Die Entfernung zwischen beiden Batterien betrug etwa 4200 Meter; es ist daher erklärlich, daß der Geschützkampf ziemlich wirkungslos war. Er wurde denn auch bald von den Württembergern eingestellt.

Etwas nach 2 Uhr fuhr die oldenburgische glatte 12pfdg. Batterie neben der gezogenen Batterie auf, beide Batterien richteten ihr Feuer auf die Badenser. Letztere zogen ihre Reserven nach dem Kampfplatze, dieselben mußten in dem der Länge nach eingesehenen Welzbachthale im feindlichen Feuer ihren Vormarsch ausführen.

Die beiden Batterien der 2. badischen Brigade fuhren bei dem Kirchhofe von Werbach auf. Diese Batterien fanden nicht die geringste Deckung, standen um 400 Fuß tiefer als die gegnerische Artillerie und konnten von derselben nichts weiter sehen, als den Pulverdampf. Unter diesen sehr ungünstigen Umständen mußten die badischen Batterien um so schneller unterliegen, als auch 6 gezogene 4-Pfünder der Division Beyer die oldenburgische Artillerie verstärkt hatten. Es wurden denn auch die badischen Geschütze in kurzer Zeit zum Rückzuge gezwungen, wobei ein demontirtes Geschütz liegen blieb.

Nunmehr konnten alle 18 preußischen und olbenburgischen Geschütze ihr Feuer auf die badische Infanterie richten, ohne selbst vom Feinde beläftigt zu werden.

Unterdessen hatten die preußischen Kompagnien 6 und 7/15 den Befehl erhalten, nach Tauberbischofsheim zu marschiren, sie rückten daher nach diesem Orte ab und wurden durch Abtheilungen der olbenburgischen Brigade abgelöst. Diese Brigade entwickelte sich nun im Schutze des Waldes, „das Großholz", zum Gefechte.

I/Olbenburg ging gegen Hochhausen vor, II/Olbenburg links vom 1. Bataillon, Bataillon Bremen auf dem äußersten linken Flügel, III/Olbenburg folgte als Reserve. Die 3 Bataillone des ersten Treffens gingen in Kompagniekolonnen vor.

Die Avantgarde der Division Beyer war inzwischen auf den Kanonendonner losmarschirt und näherte sich dem Gefechtsfelde. Wir haben bereits eine gezogene 4 pfdg. Batterie derselben im Feuer gesehen, nun betheiligte sich auch F/70 am Gefechte.

1. und 2/Olbenburg und 9. und 10/70 nahmen Hochhausen, welches von der badischen Besatzung sehr verständigerweise geräumt wurde.

Der Versuch der Olbenburger und Preußen, die Tauber zu durch-waten, mußte aber in Folge des heftigen Gewehrfeuers der Badenser aufgegeben werden.

3. und 4/Olbenburg besetzten nunmehr Hochhausen, während 1. und 2/Olbenburg auf die Brücke westlich von Hochhausen losgingen.

Um 3 Uhr hatte der Angriff auf Hochhausen begonnen; schon um 4 Uhr erfolgte das Vorgehen auf Werbach, und zwar gleichzeitig von drei Seiten. II/Olbenburg rückte über die gangbar gemachte Tauberbrücke vor, Theile derjenigen Abtheilungen, welche Hochhausen erobert hatten, richteten ihren Angriff gegen den linken Flügel der Besatzung von Werbach, während das Bataillon Bremen den Fluß weiter unterhalb durchwatete. Die Badenser hatten ein Bataillon der Reserve zur Unter-stützung herangezogen, mußten aber dem Drucke der Angreifer weichen, welche von drei Seiten zugleich in Werbach eindrangen und das Dorf erstürmten.

Die badische Division gab den Kampf auf und ging nach Ober-altertheim zurück, wo sie bivakirte.

Die 6 gezogenen württembergischen Geschütze bei Impfingen hatten trotz der weiten Entfernung den Kampf aufs Neue aufgenommen und beschossen Hochhausen, wurden aber durch die gezogene 4 pfdg. Batterie der Division Beyer, welcher noch eine gezogene 6 pfdg. Batterie derselben Division zu Hülfe kam, zum Schweigen gebracht.

Beide preußischen Batterien beschossen nun die aus Impfingen ab= ziehenden württembergischen Truppen; zuletzt betheiligte sich an diesem Feuer auch noch die gezogene oldenburgische 6 pfdg. Batterie.

Das Gefecht war nun zu Ende. Die Avantgarde der Division Beyer stellte die Vorposten aus, während das Gros dieser Division bei Werbach biwakirte. Ebendort lagerte auch die oldenburgisch=hanseatische Brigade.

Die Verluste waren auf beiden Seiten gering. Die Badenser ver= loren 1 Offizier, 82 Mann, davon 16 Mann vermißt; die Preußen 1 Offizier, 22 Mann, die oldenburgisch=hanseatische Brigade 6 Offiziere, 42 Mann, so daß der Verlust der Mainarmee bei Werbach sich auf 7 Offiziere, 64 Mann stellt. Ein demontirtes Geschütz blieb in den Händen der Sieger.

Während der Gefechte von Tauberbischofsheim und von Werbach= Hochhausen war die Division Flies auf die Höhe südlich von Urphar vorgerückt.

Die 1. bayerische Division versammelte in Folge dessen alsbald 8 Bataillone, 4 Schwadronen und 16 Geschütze bei Dertingen. Es kam zwischen den beiderseitigen Vortruppen zu leichtem Geplänkel, ohne daß jedoch an irgend einer Stelle ein wirklicher Kampf entbrannt wäre.

Am Abend des 24. Juli lagerten die beiderseitigen Heere an folgenden Orten:

- die württembergische und österreichisch=nassauische Division bei Großrinderfeld;
- die hessische Division bei Wenkheim;
- die badische Division bei Altertheim;
- die 1. bayerische Division bei Holzkirchhausen, Wüstenzell, Holz= kirchen, Helmstadt und Uettingen;
- die 2. bayerische Division wurde von Karlstadt auf der Eisenbahn nach Würzburg herangezogen und marschirte von hier nach Roßbrunn;
- die 3. bayerische Division, die Reserve=Infanterie=Brigade und die Reserve=Artillerie lagerten bei Roßbrunn;

die 1. leichte Kavallerie-Brigade befand sich bei Arnstein;

die 2. leichte Kavallerie-Brigade befand sich bei Remlingen;

die schwere Kavallerie-Brigade befand sich bei Kist;

die 4. bayerische Division lagerte mit ihrer Hauptmasse an dem Schnittpunkte der Straßen Marktheidenfeld—Wüstenzell und Remlingen—Lengfurt, die übrigen Theile dieser Division deckten die Einmarschwege in den Spessart bis Lohr.

Die Preußen lagerten am Abende des 24. Juli:

die Division Flies bei Urphar;

die Division Beyer bei Werbach bezw. bei Hundheim;

die oldenburgische Brigade der Division Göben bei Werbach;

die Brigaden Kummer und Wrangel der Division Göben bei Tauberbischofsheim;

die Brigade Tresckow der Division Göben bei Eiersheim.

Man gestatte uns an dieser Stelle wiederum einige Bemerkungen über die Gefechte des 23. und 24. Juli.

1. Wir sahen, wie am 23. Juli bei Hundheim die Badenser von Nordwesten, die Preußen von Westen auf denselben Ort hin marschirten. Da beide Theile ziemlich gleichweit von dem Dorfe Hundheim entfernt waren, so mußten sie naturgemäß aufeinander treffen.

Das Zusammentreffen kam für beide Theile überraschend; aber das vordere badische Bataillon benahm sich ausgezeichnet, warf sich ohne Zögern den Preußen entgegen und ermöglichte dadurch dem weiter rück-wärts folgenden badischen Bataillon, sich aus seiner ziemlich gefährdeten Gefechtslage recht glücklich herauszuwickeln.

2. Die Attacke der beiden Züge Dragoner Nr. 5 geschah am rechten Fleck und zu rechter Zeit, das Gelände bereitete indessen den tapferen Dragonern unangenehme Ueberraschungen, so daß ihre Attacke scheiterte. Schwerlich haben die Dragoner mehr als 50 Säbel in der Front gehabt, ein Verlust von 15 Pferden beträgt also 30 Prozent der Gefechtsstärke.

Eine Attacke mehrerer Schwadronen, treffenweise gegliedert und gleichzeitig einherbrausend, würde dem gezogenen Vorderladegewehr gegenüber wahrscheinlich gelungen sein, denn das Gelände begünstigte zwar sehr das plötzliche Auftauchen feindlicher Abtheilungen, brachte es aber in Folge seiner wellenförmigen Gestaltung auch mit sich, daß die feindliche Infanterie nur ein sehr geringes Schußfeld hatte.

Leider waren diese „mehreren Schwadronen" bei dem Mangel an Kavallerie eben nicht vorhanden.

3. Die Angriffe der Württemberger bei Tauberbischofsheim waren sehr wenig geschickt. Es lohnte sich überhaupt nicht, den Versuch zu machen, diesen Ort gegen einen von Westen her vordringenden Gegner zu halten, da das Gelände eine nachhaltige Vertheidigung des Ortes ausschloß. Ganz richtig gaben daher die Württemberger das Städtchen auf, sobald die Preußen ernsthaft vorgingen. Weshalb nun aber plötzlich sehr energische Versuche gemacht wurden, den Ort den Preußen wieder zu entreißen, nachdem man ihn freiwillig aufgegeben hatte, wird wohl niemals recht zutreffend erklärt werden können.

Die Angriffe geschahen stets mit ungenügenden Kräften, in der leider in Deutschland so beliebten Manier des successiven Einsetzens der Kräfte, ganz im Sinne des methodischen Gefechtes. Thatsächlich hat aber das successive Einsetzen der Kräfte unter solchen Verhältnissen, wie sie bei Tauberbischofsheim vorlagen, gar keinen Sinn, es kommt lediglich darauf hinaus, die Bataillone und Regimenter einzeln am Feuer des Feindes zersplittern zu lassen.

Ein einheitliches gut geleitetes, massenhaftes Einsetzen der Kräfte sichert den Erfolg, denn der Druck des Angreifers kann dann auf die Front und auf beide Flanken wirken.

Bei Tauberbischofsheim durfte man überhaupt nicht angreifen; that man es aber dennoch, dann mußte man den Vertheidiger frontal be= schäftigen, auf beiden Flügeln aber mit den Hauptkräften die Tauber durchwaten, wobei man nicht den geringsten Widerstand gefunden hätte und dann von beiden Flanken her den Vertheidiger erdrücken. Die ver= fügbaren 12 Bataillone der Württemberger, welche von Impfingen aus noch unterstützt werden konnten, reichten wirklich aus, um die 4½ preußischen Bataillone zu verdrängen.

Ganz richtig würden die Württemberger gehandelt haben, wenn sie lediglich ihre zahlreiche Artillerie gegen das Städtchen verwendet und sich darauf beschränkt hätten, ein weiteres Vordringen der Preußen über Bischofsheim hinaus zu verhindern. Dazu genügte aber eine Besetzung der jenseitigen Höhen mit starken Schützenschwärmen.

Die Angriffe selbst erfolgten mit Kompagniekolonnen und unter sehr starker Entwickelung von Schützenschwärmen, also taktisch durchaus richtig. Nur wartete man die Wirkung der eigenen Artillerie nicht ab. Dies ist jedoch ein Vorwurf, welcher nur die höhere Führung trifft;

denn der Bataillons=Kommandeur muß angreifen, wenn er den Befehl dazu erhält, er kann dann nicht mehr thun, als seinen Angriff so ver= ständig wie möglich anzuordnen. Das aber haben die württembergischen Regiments= und Bataillons=Kommandeure gethan.

Bei dieser Gelegenheit können wir nicht umhin, wieder einmal die Thatsache festzustellen, daß auch bei uns die Erfahrungen der Kriegs= geschichte keineswegs immer gebührend berücksichtigt worden sind. Wir haben 1866 das Glück gehabt, auf Kosten unserer Gegner oft genug zu sehen, wie verderblich die Zersplitterung der Kräfte beim Angriffe ist, wie die tapfersten Angriffe einzelner Bataillone von dem Schnellfeuer unserer in guter Stellung befindlichen Infanterie zerrissen wurden und nichts weiter herbeiführten, als massenhafte Verluste. So bei Frohnhofen, bei Tauberbischofsheim und im großen Maßstabe im Kampfe um den Swiepwald in der Schlacht von Königgräß. Dennoch haben wir 1870 immer noch öfter als es gut war, in ganz ähnlicher Weise mit einzelnen Bataillonen, bezw. mit einzelnen Regimentern an= gegriffen. Wir erinnern nur an die Schlacht von Wörth, an die Schlacht von Colombey=Nouilly, an die Angriffe gegen die Hochfläche von Moscou ferme—Point du jour am 18. August.

Wir erblicken in dieser offenbaren Nichtberücksichtigung der mit so vielem Blute erkauften Erfahrungen die naturgemäße Folge des ge= ringen Werthes, welcher bei uns auf das Studium der neueren und neuesten Kriegsgeschichte gelegt wurde. Das Schicksal hat uns sehr wohl gewollt, es ließ uns die einschlägigen Erfahrungen auf Kosten unserer Gegner machen, welche mit schweren Opfern die mangelhaften Anordnungen ihrer Führer bezahlen mußten. Nun aber hätte man erwarten dürfen, daß die Erfahrungen des Krieges von 1866 durch Wort und Schrift alsbald zum Gemeingut des ganzen großen deutschen Heeres gemacht worden wären. Daß dem nicht so war, lehren die oben= genannten Schlachten, denen noch viele andere Beispiele hinzugefügt werden könnten.

Wir erblicken aber auch noch in einem anderen Umstande die Ursache für jene Theilangriffe. Unsere Manövererfahrungen wurden bis 1870 fast ausschließlich in den sogenannten „Detachementsübungen" ge= wonnen. Hier waren auf beiden Seiten stets nur geringe Kräfte ver= fügbar, mit denen große, einheitlich geleitete Massenangriffe sich gar nicht durchführen ließen. Der eine Tag des Gefechtes gegen einen markirten Feind in der versammelten Division neigte oft genug mehr zu einer Uebung im Exerzieren, als zu einer Uebung in der Anordnung großer Angriffe im Gelände. Es fehlte also unseren höheren Führern an der nothwendigen Uebung im Anseßen und Durchführen eines Massenangriffs. Wir halten es keineswegs für überflüssig, an solche Dinge zu erinnern, denn in einem zukünftigen Kriege werden Massenangriffe eine große Rolle spielen, und wenn sie richtig angeseßt und energisch durchgeführt werden sollen, so müssen die betreffenden höheren Führer Uebung darin haben.

4. Wenn es selbst einem General von der hervorragenden Befähigung Göbens nicht erspart blieb, daß er einmal seine Reserven an eine Stelle beorderte, wo sie ganz überflüssig waren, so daß eine einzige, nicht einmal vollzählige Brigade gegen sehr große Uebermacht, ohne jede Unterstüßung fechten mußte, so ermahnt uns das zu großer Vorsicht bei der Kritik. Man urtheilt gar zu gern nach dem Bilde, welches die vorliegenden Berichte beider Gegner uns heute enthüllen, man vergißt gar zu gern, daß am Kampfestage alles das in nebelhaften Umrissen vor den Augen der höheren Führung lag, was heute scheinbar so klar in die Augen springt. Auch an solche Dinge erinnern wir absichtlich. Die Kritik ist leicht, die Kunst ist schwer.

5. Das Gefecht von Werbach-Hochhausen giebt wenig Veranlassung zu taktischen Bemerkungen. Unserer Ansicht nach hat Prinz Wilhelm von Baden sehr richtig gehandelt, indem er sich auf keinen hartnäckigen Kampf einließ. Seine rechte Flanke war von Wertheim her dauernd bedroht, das Gelände war ihm in hohem Grade ungünstig, auf Unterstüßung hatte er nicht zu rechnen. Er konnte also nichts besseres thun, als rechtzeitig den Rückzug anzutreten, besonders da dieser Rückzug in dem engen Thale des Welzbaches äußerst schwierig war.

Es gehörte die ganze Verbissenheit der Parteien im Jahre 1866 dazu, um aus dem Rückzuge des Prinzen von Baden „einen Verrath am Vaterlande" ableiten zu können.

Seither haben sich die Geister glücklicherweise beruhigt und heute wird wohl jeder vorurtheilsfreie, denkende Soldat das Verhalten des Prinzen von Baden nur durchaus billigen können.

Es wäre jedenfalls viel richtiger gewesen, wenn die Württemberger bei Tauberbischofsheim ebenso verständig gehandelt hätten, wie die Badenser dies bei Werbach-Hochhausen thaten.

X.

Das Gefecht von Helmstadt am 25. Juli.

In der Nacht zum 25. Juli erhielt Prinz Alexander von Hessen nachstehenden Befehl des Prinzen Karl von Bayern: „Das bayerische Armeekorps werde sich am 25. Juli bei Remlingen und Roßbrunn versammeln, das 8. Bundes=Armeekorps sollte daher sich sobald als möglich mit der 1. bayerischen Division in Verbindung setzen, welche bei Dertingen und Wüstenzell stehe. Die Lücke zwischen beiden Armeekorps bei Neubrunn sei auszufüllen."

In Folge dessen nahm Prinz Alexander von Hessen am 25. Juli früh folgende Aufstellung:

Die württembergische Division am Bayerthalerhofe und bei Wenk= heim; die badische Division bei Unteraltertheim, ihre Avantgarde bei Steinbach; die hessische Division bei Wenkheim, ihre Avantgarde in Brunnthal; die österreichisch = nassauische Division bei Großrinderfeld; die Reserve=Kavallerie bei Altertheim; die Reserve=Artillerie nördlich von Großrinderfeld.

Um 11 Uhr früh erhielt Prinz Alexander von Hessen folgende Meldung der badischen Division: „Die Bayern in der rechten Flanke der Badenser zögen ab, die Thalstraße nach Wenkheim sei durch die hessische Division gesperrt, welche erst zurück= dann wieder vorgegangen sei.

In Folge dessen beschloß der Prinz von Hessen, sein Armeekorps nach der Stellung von Gerchsheim zurückzuführen.

Wir haben die Stellung der Bayern in der Nacht zum 25. Juli bereits angegeben. Es fehlten bei der bayerischen Armee die nach= stehenden Truppentheile:

Von der 2. Division die Bataillone II/3, III/3, das 7. Jäger=
Bataillon und 8 glatte 12=Pfünder in Gemünden.

Von der 4. Division III/5 und 2 glatte 12=Pfünder in Lohr.

Von der Reserve=Infanterie=Brigade I/4, II/10 und 2/Chevaux=
legers Nr. 1 in Oberfranken.

Von der Reserve=Kavallerie 2 Schwadronen Chevauxlegers Nr. 5
bei Schweinfurt und Haßfurt, 2 Schwadronen desselben Regiments in
Urspringen; die 1. leichte Kavallerie=Brigade mit 6 Geschützen bei
Arnstein.

Außerdem waren noch mehrere Kompagnien abkommandirt und zwar:
von der 1. Division 1 Kompagnie;

       „   „ 2.   „   3 Kompagnien;

       „   „ 3.   „   2   „

       „   „ 4.   „   2   „

       „   „ Reserve=Infanterie=Brigade 6 Kompagnien.

Die bayerische Armee zählte mithin am 25. Juli an verfügbaren
Truppen:

1. Division	$11^5/_6$	Bataillone,	4 Schwabr.,	16	Geschütze;
2. „	$8^1/_2$	„	4 „	8	„
3. „	$11^4/_6$	„	4 „	16	„
4. „	$10^4/_6$	„	4 „	14	„
Reserve=Infanterie= Brigade	3	„	1 „	8	„
Reserve=Kavallerie			16 „	5	„
Reserve=Artillerie				68	„

zusammen: $45^4/_6$ Bataillone, 33 Schwabr., 135 Geschütze.

Unter den 135 Geschützen waren 64 gezogene 6 = Pfünder und
71 glatte 12=Pfünder.

Die Gefechtsstärke betrug rund 30500 Gewehre, 2570 Säbel.

Wir erinnern hier an die geringe Stärke der bayerischen Truppen=
theile, besonders bei der Kavallerie. Im Durchschnitt zählte ein Jäger=
Bataillon nur noch 535 Gewehre, ein Infanterie=Bataillon 690 Gewehre,
eine Schwadron nur 77 Säbel. Wenn man die Gefechtsleistung der
Bayern in den folgenden Kämpfen richtig beurtheilen will, so muß man
sich die geringe Gefechtsstärke ihrer taktischen Einheiten vergegenwärtigen.

Dagegen war die bayerische Artillerie verhältnißmäßig sehr zahl=
reich, es kamen nämlich auf 1000 Gewehre bezw. Säbel nicht weniger
als 4,08 Geschütze, während bei der preußischen Mainarmee auf

1000 Gewehre bezw. Säbel, selbst einschließlich der noch im Anmarsche befindlichen Truppen der Hansestädte Lübeck und Hamburg, nur 2,72 Geschütze kamen. Der Mangel an Artillerie bei der preußischen Mainarmee tritt denn auch in den Kämpfen vom 25. und 26. Juli scharf in die Erscheinung, besonders aber der Mangel an gezogenen Geschützen, von welchen die Mainarmee nur 67 führte, während die Bayern 64, das 8. Bundes-Armeekorps aber nicht weniger als 94 ge= zogene Geschütze besaßen.

Am Morgen des 25. Juli schob Prinz Karl von Bayern die 3. Division von Roßbrunn nach Helmstadt vor und ertheilte ihr den Befehl, gegen Neubrunn und Reinbach hin Erkundungen vorzunehmen. Bei Roßbrunn verblieben die 2. Division, die Reserve=Infanterie= Brigade und die Reserve=Artillerie; von letzterer waren jedoch 2 Batterien der 4. Division überwiesen worden.

Es sollten nun die 3. Division nach Oberaltertheim, die 1. Division nach Unteraltertheim marschiren, die Vorposten der letzteren sollten stehen bleiben, um den Flankenmarsch zu decken. Die 4. Division hatte in ihren Stellungen zu verbleiben, die 2. Division von Roßbrunn nach Waldbrunn zu rücken.

Als diese Anordnungen getroffen wurden, war Prinz Karl von Bayern fest davon überzeugt, daß die Höhen des rechten Tauberufers von dem 8. Bundes=Armeekorps noch festgehalten würden.

Die Stellung der Bayern war um 1 Uhr mittags folgende:

1. Division: II/Leib, II und III/8 auf dem Blasenberge; II und III/2 in Wüstenzell, jedoch waren 3 Kompagnien von II/2 zur Aufrecht= haltung der Verbindung mit Holzkirchhausen verwendet; das 4. Jäger= Bataillon, ½ Schwadron und 4 gezogene 6=Pfünder befanden sich im Marsche von Helmstadt auf Holzkirchhausen; das 2. Jäger=Bataillon, 1 Schwadron und 8 glatte 12=Pfünder im Marsche von Uettingen nach Holzkirchen; II/1 war ebenfalls im Marsche nach letzterem Orte; III/1 stand auf dem Sesselberge; I/8 auf den Höhen hinter Neubrunn; I/2, ½ Schwadron und 4 gezogene 6=Pfünder auf der Höhe nördlich von Helmstadt; III/Leib in Homburg.

Wir finden also die erste Division in einer beispiellosen Zer= splitterung vor, nirgends befand sich eine geschlossene Truppenmasse.

Die 3. Division sollte nach Oberaltertheim rücken, konnte jedoch diesen Befehl nicht mehr ausführen, weil das Vorgehen der Division

12*

Beyer sich bereits fühlbar machte. Die Division stand um 1 Uhr folgendermaßen vertheilt:

Regiment Nr. 11 am Wege Helmstadt—Walbbrunn, I und II/11 im 1. Treffen; die beiden Batterien der Division am Wege Helmstadt—Oberaltertheim, auf der Höhe nörblich des Lerchenberges; 1/6 auf der Kuppe des Lerchenberges, rechts davon III/6, links das 1. Jäger=Bataillon; weiter rückwärts im Walde des Lerchenberges II/14 und III/15; in dritter Linie 1/14; hinter der Artillerie das 2. Chevaurlegers=Regiment. II/15 auf dem Seffelberge; 1/15 mit einer Kompagnie in Neubrunn, mit zwei anderen Kompagnien auf dem Seffelberge, mit einer Kompagnie bei Holzkirchhausen, während eine 5. Kompagnie zur Verbindung zwischen den vorgeschobenen Abtheilungen und eine 6. Kompagnie anderweitig abkommanbirt war.

Das 5. Jäger=Bataillon stand nörblich von Helmstadt.

Die 4. Division befand sich noch am Main, nur 5 Bataillone, 3 Schwadronen und 18 Geschütze standen versammelt am Wegekreuz zwischen Lengfurt—Remlingen und Markt=Heidenfeld—Wüstenzell.

Die preußische Mainarmee stand am 25. Juli früh 10 Uhr an folgenden Punkten zur Verwendung bereit:

bie Division Göben bei Tauberbischofsheim;

„ „ Beyer „ Werbach;

„ „ Flies „ Urphar.

Die Absicht des Generals von Manteuffel ging dahin, mit der Division Göben frontal über Großrinderfeld vorzugehen, mit der Division Beyer aber sich gegen Unteraltertheim zu wenden, falls das 8. Bundes=Armeekorps Stand halten sollte. Damit die Division Beyer den nöthigen Vorsprung gewinnen könne, sollte Göben erst um $\frac{1}{2}$1 Uhr nachmittags antreten. Es sollte also das 8. Bundes=Armeekorps wenn möglich von Würzburg abgedrängt werden.

Wo die bayerischen Hauptkräfte standen, war dem General von Manteuffel völlig unbekannt; er vermuthete sie aber ganz richtig in seiner linken Flanke und ließ daher die Division Flies nur bis Dertingen vorrücken, um hier für alle Fälle eine geschlossene Truppenmasse verwendbar zu haben. Dieselbe stand dort bereit, einen eventuellen Angriffsstoß der Bayern abwehren zu können.

Die Verhältnisse sollten sich freilich ganz anders gestalten, als man im preußischen Hauptquartier vermuthete.

Wir betonen hierbei ausdrücklich, daß der General von Manteuffel über das Verbleiben der Bayern nichts wissen konnte, da die Division Flies am 24. Juli nichts Sicheres darüber in Erfahrung gebracht hatte. Allerdings wäre es der Division Flies wohl möglich gewesen, zuverlässigere Nachrichten über die Bayern einzuziehen, dies ist jedoch nicht geschehen. Wenn also hier überhaupt eine Unterlassungssünde vorliegt, so trifft dieselbe lediglich die Division Flies, keineswegs aber den General von Manteuffel.

Die Division Beyer hatte am 25. Juli folgende Truppeneintheilung:

Avantgarde: II/30, I und F/70, 5/Husaren Nr. 9, 6 gezogene 4=Pfünder;

Gros: Regimenter Nr. 20 und 32, 2/Husaren Nr. 9, 6 gezogene 6=Pfünder, 6 glatte 12=Pfünder;

Reserve: Regiment Nr. 39, F/30, 4/Husaren Nr. 9, 2 Schwabronen Landwehr=Husaren Nr. 10, 6 gezogene 6=Pfünder, 18 glatte 12=Pfünder.

II/70 und 1/Husaren Nr. 9 waren von ihrem Streifkommando gegen Markt=Heidenfeld noch nicht zurück, I/30 blieb in Werbach bezw. zur Bedeckung der Trains zurück, 3/Husaren Nr. 9 bildete die Bedeckung des Hauptquartiers.

Zur Deckung der rechten Flanke des Vormarsches wurden von Werbachhausen ab F/30 und 4/Husaren Nr. 9 das Welzbachthal aufwärts entsandt. Es hatten demnach die einzelnen Theile der Division Beyer nachfolgende Stärke:

Avantgarde: 3 Bataillone, 1 Schwadron, 6 Geschütze = 2500 Gewehre, 120 Säbel;

Gros: 6 Bataillone, 1 Schwadron, 12 Geschütze = 5000 Gewehre, 120 Säbel;

Reserve: 3 Bataillone, 2 Schwadronen, 24 Geschütze = 2500 Gewehre, 200 Säbel.

Die Avantgarde sollte von Werbach auf Böttigheim und Neubrunn vorgehen, das Gros auf Niclashausen und von hier auf Neubrunn, die Reserve von Impfingen über Hochhausen, Werbach, Böttigheim auf Neubrunn. Letztere erhielt gegen 11¾ Uhr den Befehl, der Avantgarde so schnell als möglich zu folgen.

Die Avantgarde trat ihren Vormarsch gegen 11 Uhr früh an, das Gros schon um 10¼ Uhr früh, die Reserve um 11 Uhr früh.

In Folge der verschiedenen Abmarschzeiten trafen Avantgarde und

Gros fast zur selben Zeit vor Neubrunn ein, erstere etwa um 1³/₄ Uhr, letzteres schon um 1¹/₂ Uhr nachmittags.

Die eine Kompagnie des bayerischen 15. Regiments, welche in Neubrunn stand, mußte den Ort natürlich sehr bald aufgeben. Die Preußen folgten, und zwar das Gros in der Richtung auf den Ameisenberg und Mausberg, die Avantgarde über Trieb und Klettenberg.

Bayerischerseits eilten die beiden Kompagnien von I/15 vom Sessel= berge herbei, so daß jetzt auf den Höhen hinter Neubrunn I/8 und 3 Kompagnien von I/15 standen, also 560 Gewehre der 1., 330 Ge= wehre der 3. Division.

Regiment Nr. 20 nahm Besitz vom Ameisen= und Mausberge, da jedoch vom Sesselberge aus weiter Entfernung lebhaftes Gewehrfeuer abgegeben wurde, so ging das preußische Regiment auch gegen diesen vor, voran F/20. Die Bayern räumten den Berg und gingen auf die Stellung der 3. Division zurück, die Kompagnie von I/15 aus Holz= kirchhausen und die Verbindungskompagnie desselben Bataillons ver= einigten sich mit dem 4. Jäger=Bataillon. Nur III/1 der 1. Division blieb vereinzelt auf dem Sesselberge zurück.

Die Artillerie der 3. Division griff in den Kampf um den Sessel= berg ein, ebenso die gezogene Batterie der 1. Division. Es hatten ferner die bayerischen Truppen in Holzkirchhausen den Befehl erhalten, nach Helmstadt zurückzukehren. Die Kavallerie und Artillerie konnten noch während des Kampfes um den Sesselberg durch Helmstadt hindurch= rücken, die Infanterie aber mußte auf Holzkirchen ausbiegen, um den Anschluß an ihre Division zu gewinnen.

Das vereinzelte bayerische Bataillon auf dem Sesselberge wurde nunmehr, trotz sehr tüchtiger Unterstützung Seitens der bayerischen Artillerie, nach Helmstadt zurückgeworfen. Das Bataillon, welches 675 Gewehre zählte, verlor 4 Offiziere und 92 Mann und zog sich mit 3 Kompagnien auf das 5. Jäger=Bataillon nördlich von Helmstadt zurück, mit den 3 anderen Kompagnien aber nach Uettingen.

Etwa um 2¹/₂ Uhr nachmittags befanden sich in Holzkirchen ver= einigt II/1, das 2. Jäger=Bataillon, III/Leib, 3 Kompagnien von II/2 (die anderen 3 Kompagnien dieses Bataillons sollten bekanntlich die Verbindung zwischen Wüstenzell und Holzkirchhausen herstellen), III/2, 1 Schwadron und 8 glatte 12=Pfünder, also 4¹/₂ Bataillone, 1 Schwadron und 8 Geschütze; General Stephan beschloß, mit diesen

Truppen auf Uettingen zu marschiren, um von diesem Orte gegen Helmstadt vorzubringen.

Bei Holzkirchhausen waren vereinigt II/Leib, II und III/8 und das
4. Jäger-Bataillon, welchem letzteren Bataillon sich noch 2 Kompagnien
von I/15 angeschlossen hatten. Um den Flankenmarsch dieser Truppen
über Holzkirchen nach Uettingen zu decken, wurde II/Leib in der Richtung
gegen den Frohnberg entsendet, wo wir es später in einen heftigen
Kampf verwickelt wiederfinden werden.

Es blieb also die 1. Division nach wie vor vollständig zersplittert.
Von ihren 12 Bataillonen befanden sich:

4 ½ Bataillone im Marsche von Holzkirchen auf Uettingen;

4 Bataillone im Marsche von Holzkirchhausen über Holzkirchen
auf Uettingen;

½ Bataillon war zur Aufrechthaltung der Verbindung zersplittert;

1 Bataillon war nach unglücklichem Gefecht in zwei Theile
gespalten und theils im Abzuge nach Uettingen, theils nördlich
von Helmstadt;

1 Bataillon war auf die 3. Division zurückgegangen;

1 Bataillon befand sich auf der Höhe nördlich von Helmstadt.

Die Befehlsertheilung und der Meldedienst haben hier wohl sehr
viel zu wünschen übrig gelassen, wir werden später sehen, wie Theile
der 1. Division in ein recht ungünstiges Gefecht verwickelt wurden,
weil sie über die Gefechtslage gar nicht unterrichtet waren.

Die Preußen gingen nun weiter auf Helmstadt vor, welches von
den Bayern geräumt wurde. I und II/20 blieben hier einstweilen stehen,
während F. 20 den Bayern in nördlicher Richtung folgte und die
Avantgarde südlich von Helmstadt verblieb.

Unterdessen mußte aber das 2. Treffen des Gros der Division
Beyer, das Regiment Nr. 32, nach rechts hin Front machen gegen die
3. bayerische Division. Das Regiment zog sich in Kompagniekolonnen
auseinander, I und II/32 im ersten Treffen, dann ging es, unterstützt
durch das Feuer der glatten 12 pfdg. Batterie des Gros, gegen den
Lerchenwald vor.

Auf Seite der Bayern war die gezogene Batterie der 1. Division,
weil ihr jede Bedeckung fehlte, auf Uettingen zurückgegangen, so daß die
Artillerie der 3. Division auf ihre eigenen Kräfte angewiesen blieb.
Die vom Sesselberge kommenden bayerischen Bataillone I/8, ½ I/15
und II/15 nahmen auf dem rechten Flügel der 3. Division Stellung.

Der erste Stoß der Preußen traf die beiden bayerischen Bataillone Regiments Nr. 6, sie wurden durch den wuchtigen Angriff geworfen, wichen und konnten von ihren Offizieren nicht wieder vorwärts gebracht werden. Auch das 1. Jäger-Bataillon wurde von den Weichenden mit fortgerissen. Nicht besser erging es den beiden in Reserve stehenden Bataillonen II/14 und III/15 und dem Bataillon III/11, welches vom rechten Flügel herbeigezogen wurde. Der Wald war sehr unwegsam, eine Umsicht unmöglich; die Bayern kamen daher im Zurückgehen sehr in Unordnung und verloren gänzlich den Zusammenhang der taktischen Verbände. Vergeblich gab Feldzeugmeister Prinz Luitpold persönlich das heldenmüthigste Beispiel, bei welcher Gelegenheit sein Sohn, der Prinz Ludwig, schwer verwundet wurde. Auch II/11 wurde vom rechten Flügel herbeigeholt, griff entschlossen an, wurde aber ebenfalls geworfen.

Trotz aller dieser Erfolge schritt jedoch das Gefecht des Regiments Nr. 32 nur langsam vorwärts. Die Preußen hatten einen hartnäckigen und zähen Widerstand zu brechen, denn die vordersten bayerischen Schützenschwärme wehrten sich sehr tapfer. Hinter den eigentlich fechtenden Truppen trat nämlich die panikartige Unordnung am heftigsten in die Erscheinung. Aehnlich geht es ja bei jeder Panik zu, meistens wissen die vordersten wirklich kämpfenden Truppen gar nichts von der heillosen Verwirrung, welche weiter rückwärts eingerissen ist. Die Verluste erklären übrigens diese Panik nicht. Die fünf auf dem Lerchenberge ins Gefecht verwickelten Bataillone verloren nämlich nur 9 Offiziere, 147 Mann, während allerdings die beiden Bataillone Regiments Nr. 11, welche vom rechten Flügel her in den Kampf eingriffen, also angriffsweise auftreten mußten, 4 Offiziere, 121 Mann verloren.

Nach etwa zweistündiger Dauer des Kampfes waren 7 bayerische Bataillone vorläufig kampfunfähig. Es war also den Preußen gelungen, mit 2500 Gewehren einer feindlichen Uebermacht von 4475 Gewehren nicht nur den Besitz einer bewaldeten Höhenstellung zu entreißen, sondern dieselben auch noch in einen Zustand zu versetzen, welcher zunächst ihre weitere Verwendung im Gefechte unmöglich machte.

Die Bayern wichen nach dem Hausackerholze, während I/14, verstärkt durch 40 Mann des Regiments Nr. 15, den Zottenrain mit ausgezeichneter Tapferkeit standhaft vertheidigte. Etwa 3—400 Schritte freien Ackerlandes trennten den Waldsaum des Lerchenberges von demjenigen des Hausackerholzes. Um nun auch dieses Gehölz den Bayern zu entreißen, wurde Regiment Nr. 39 vorgezogen.

Um 5¹/₂ Uhr nachmittags trat dieses Regiment an, im ersten Treffen III/39 in Kompagniekolonnen auseinandergezogen, im zweiten Treffen I/39 in Halbbataillonen, welchem II/39 geschlossen folgte. Die 12 pfdg. Batterie des Gros hatte vorher den Saum des Hausackerholzes beschossen. Die 4 Kompagnien von III/39 und Abtheilungen aller 3 Bataillone Regiments Nr. 32 warfen sich mit Hurrahruf auf den Waldsaum und drängten ben eiligst weichenden Gegner in das Innere des Waldes zurück. Die vier Schützenzüge von III/39 und 11/39 folgten durch den Wald bis zu dem nach Waldbrunn zu gelegenen Saume. Demnächst folgten die übrigen Kompagnien von III/39.

I und II/39 wurden nach Helmstadt befohlen, ebenso das Regiment Nr. 32.

Unterdessen war die gezogene 6 pfdg. Batterie des Gros der Division Beyer im Kreuzfeuer von 16 bayerischen Geschützen in eine sehr schwierige Lage gekommen. Sie stand auf dem nordöstlichen Abhange des Mausberges und mußte schließlich der großen Uebermacht gegenüber den Kampf aufgeben. Später kam jedoch die gezogene 4 pfdg. Batterie herbei und beide Batterien fuhren nun auf dem Katzenbuckel auf, etwas später auch noch eine glatte 12 pfdg. Batterie der Reserve, so daß hier endlich einmal eine Masse von 18 preußischen Geschützen vereinigt stand.

Unterdessen war die Avantgarde der Division Beyer mit allen 3 Bataillonen in der Richtung auf die Ziegelhütte vorgegangen. Die bayerischen Batterien mußten nun abfahren und begaben sich durch den Wald nach Waldbrunn. Zwei Schwadronen Chevauxlegers Nr. 2 folgten ihnen als Bedeckung. Der rechte Flügel der 3. bayerischen Division leistete hauptsächlich mit 1/8 und 1/11 der Avantgarde der Division Beyer lebhaften Widerstand. Erst das Eindringen von III/39 in das Hausackerholz zwang die eben genannten bayerischen Bataillone zum Abzuge. F/70 folgte den Bayern durch den Heergrundwald und trieb sie auf Mädelhofen zurück. Der Rest der Avantgarde sammelte sich zwischen der langen Höhe und der Ziegelhütte.

General von Manteuffel war persönlich auf dem Gefechtsfelde anwesend und gab der Bedeckungsschwadron seines Hauptquartiers, 3/Husaren Nr. 9, den Befehl, in das Gefecht einzugreifen. Rittmeister Klaatsch ging in Folge dessen mit dieser Schwadron in der Mulde vor, welche sich in östlicher Richtung von Helmstadt aus hinzieht. Er wollte eben die feindliche Infanterie verfolgen, als 2 Schwadronen Chevauxlegers gegen ihn anritten. Es waren dies 180 Säbel gegen 120 preußische Säbel.

Ueber das nun folgende Reitergefecht gehen die beiderseitigen Be= richte, wie dies fast immer bei Reiterkämpfen der Fall ist, sehr weit auseinander. Beide Theile wollen den Gegner geworfen haben. Ver= muthlich aber haben beide Parteien auf einem Flügel gesiegt, während sie auf dem anderen geworfen wurden, wahrscheinlich haben dann Bayern und Preußen nach dem Handgemenge sich rückwärts gesammelt. Uebrigens wäre es bei der Uebermacht der Bayern auch kein Wunder gewesen, wenn sie wirklich die Preußen geworfen hätten.

Jedenfalls wurden die Preußen mit dem Sammeln eher fertig als ihre Gegner. Jetzt erschienen drei Züge der 5. Schwadron Husaren Nr. 9. Alsbald ging auch Rittmeister Klaatsch wieder zur Attacke vor. Auch die Bayern attackirten ohne Zögern zum zweiten Male, obschon sie mit dem Sammeln nicht fertig waren und nur 1½ Schwadronen verwenden konnten. Es standen also diesmal etwa rund 200 Säbel der Preußen gegen etwa 130 Säbel der Bayern. Wie bei der Uebermacht nicht anders zu erwarten war, wurden diesmal die Bayern ganz ent= schieden geworfen und bis zum Walde verfolgt.

Die Verluste betrugen:

Bayern: 5 Offiziere, 28 Mann;

Preußen: 2 Offiziere, 26 Mann, einschließlich von 12 Leicht= verwunbeten, welche ebenso wie die beiden verwunbeten Offiziere in der Schwadron verblieben.

Die bayerische Infanterie hatte inzwischen Vierecke formirt und feuerte auf die preußischen Reiter, welche sich daher weiter rückwärts wieder sammelten.

Nach 6 Uhr schien der Kampf gegen die 3. bayerische Division be= endet. Zwischen der Ziegelhütte und Helmstadt, bezw. im Anmarsche dorthin, befanden sich II/30, I/70 und das Gros der Division Beyer, nur III/39 war noch im Hausackerholze, F/20 im „oberen Holze" nörd= lich von Helmstadt, F/70 im Heergrundwalde.

Unterdessen war General Stephan mit den oben erwähnten Truppen von Uettingen gegen Helmstadt vormarschirt und hatte die Höhe zwischen Uettingen und Helmstadt erreicht. Er hatte das 2. Jäger=Bataillon gegen die Höhe nördlich von Helmstadt, „das obere Holz", vorgesendet, III/Leib, 1 Schwadron und zwei 12=Pfünder nördlich der Straße Dertingen—Uettingen zurückgelassen und verfügte daher nur über ½ II/2, III/2, II/1 und III/1, welches letztere Bataillon unterwegs zu ihm gestoßen war, ferner über 6 glatte 12=Pfünder seiner Division, zu welchen noch 8 glatte 12=Pfünder der Reserve=Artillerie hinzutraten.

General Stephan nahm nunmehr auf der Höhe zwischen Uettingen und Helmstadt Stellung, die Batterien und die Abtheilungen des Regiments Nr. 2 in erster Linie.

Da die Truppen der Division Beyer mit der Front nach Osten ruhten, in welcher Richtung sie zuletzt gefochten hatten, so erschienen die Bayern fast im Rücken derselben. Alsbald wurden II/30 und 1. und 4/70 vorgesandt, um aufzuklären, ob man den Feind oder eigene Truppen der Division Flies vor sich habe. Auch die Bayern waren im Ungewissen darüber, ob sie preußische Truppen vor sich hätten, oder aber solche der eigenen 3. Division.

Zwei preußische Stabsoffiziere ritten auf etwa 300 Schritte an die Bayern heran und verschafften sich die Gewißheit, daß sie den Feind vor sich hatten. Das Gefecht begann alsbald, die bayerischen Geschütze eröffneten ein sehr heftiges Feuer, während preußischerseits 7/30 mit ihrer Schützenlinie die bayerische Artillerie unter Feuer nahm.

In Folge des wirksamen feindlichen Artilleriefeuers mußte II/30 hinter die nächste Bodenwelle zurückgehen, während 1. und 4/70 sich nach der waldigen Höhe des Frohnberges wandten, welche nördlich in dem Uettinger Gemeindewalde ihre Fortsetzung findet.

Die preußische 12pfdg. Batterie Hoffbauer erwiderte das Feuer der bayerischen Artillerie, bedeckt durch 11/70. II 30 zog sich nun nach dem Heergrundwalde, drang bis zum Hohenroth vor und begann von dort aus die bayerische Artillerie unter Feuer zu nehmen, während die übrigen Kompagnien von F/70 und 2. und 3/70 folgten.

In der Front wurden I und II/20 den Bayern entgegengeworfen. Es gelang diesen beiden Bataillonen, im hohen Korn mit sehr geringen Verlusten sich der bayerischen Artillerie zu nähern. Etwa ½ Stunde nach Eröffnung des Feuers mußten daher die bayerischen Geschütze auf Uettingen abfahren, die bayerische Infanterie folgte. Es mochte etwa 6½ Uhr abends sein, als der Abmarsch der Bayern begann. — — —

Inzwischen war das 2. Jäger=Bataillon nördlich von Helmstadt mit II/Leib zusammengetroffen, welches letztere Bataillon bekanntlich bei dem Abmarsche der Bayern von Holzkirchhausen und vom Blasenberge zur Deckung der Flanke nach dem oberen Holze entsendet worden war. Beide bayerische Bataillone stießen etwa in der Mitte dieses Gehölzes auf das dort befindliche preußische Bataillon F/20. Es entspann sich ein scharfer

Kampf, in welchen jedoch nach dem Abfahren der bayerischen Artillerie nun auch I und II/20 eingriffen, gefolgt von 1. und 4/70. Die Bayern befanden sich in Marschkolonnen, sie kamen in Folge des überraschenden heftigen Angriffs der Preußen gleich anfangs in Unordnung, dennoch aber führten sie mit der bekannten, bayerischen, zähen Tapferkeit ein sehr hitziges Waldgefecht, 1250 bayerische Gewehre gegen 2900 preußische Gewehre. Wie nicht anders zu erwarten war, konnten die Bayern der Uebermacht, welche sie noch dazu von verschiedenen Seiten anfiel, nicht auf die Dauer Stand halten und wurden unter großen Verlusten in den Uettinger Gemeindewald und weiter nach Uettingen hin zurückgeworfen, sie verloren dabei 5 Offiziere, 149 Mann = 11,9 Prozent ihrer Gefechtsstärke.

Die Avantgarde der Division Beyer setzte sich zu gleicher Zeit in den Besitz des Hohenroth und Schlehrbergwaldes.

General Stephan ging mit seinen Truppen nach Roßbrunn zurück, wo er seine Division vereinigte.

Es war also die 1. bayerische Division den ganzen Tag in Thätigkeit gewesen und dennoch hatte nur ein Theil ihrer Truppen gefochten. Ernsthafte Verluste hatten nur 4½ Bataillone gehabt, während vier andere Bataillone ganz geringfügige und 3½ Bataillone gar keine Verluste erlitten hatten. Die Division zählte am Morgen des 25. Juli 8125 Gewehre, sie kam in der Nacht zum 26. Juli bei Waldbrunn an, um hier zu biwakiren, erschöpft und mit dem Bewußtsein, überall Mißerfolge gehabt zu haben. Dennoch betrug ihr Gefechtsverlust, soweit er die Infanterie betrifft, nur 11 Offiziere, 299 Mann oder 3,68 pCt. Das ist kein Verlust, welcher andauernde Mißerfolge rechtfertigen kann. Die unglückselige Zersplitterung, die Vorliebe für das ganz unnütze Zurücklassen einzelner Truppentheile in rückwärtigen Aufnahmestellungen, die Verwendung der Infanterie zur Aufrechthaltung der Verbindung zwischen den weit auseinandergerissenen Gefechtsgruppen, die mangelhafte Befehlsertheilung und der vermuthlich ebenso mangelhafte Meldedienst brachten dies traurige Ergebniß hervor. Die tapferen Truppen verdienten jedenfalls ein besseres Geschick. Immerhin muß man aber zur Entlastung der höheren bayerischen Führung eine nicht wegzuleugnende Thatsache anführen: Das Losmarschiren auf den Kanonenbonner war den Bayern nicht in Fleisch und Blut übergegangen, sonst hätten die vereinzelten Gruppen sich sämmtlich am Gefechte betheiligen müssen, auch ohne einen Befehl hierzu erhalten zu haben. Bei den Preußen war das alles ganz anders und zwar ungleich besser!

Von der 3. Division hatte das 5. Jäger=Bataillon, welches anfangs nördlich von Helmstadt stand, gar keinen Verlust, jedenfalls hat also das Bataillon am Kampfe auch gar keinen Antheil genommen; die übrigen 11 Bataillone verloren 17 Offiziere, 339 Mann oder 4,87 pCt. ihrer Gefechtsstärke. Dabei war diese bayerische Division entscheidend ge= schlagen, 7 ihrer Bataillone waren sogar für einige Zeit kampfunfähig geworden!

Die bei der 3. Division ausgebrochene Panik setzen wir auf Rechnung der allzu kurzen Dienstzeit und der ungenügenden Ausbildung der bayerischen Infanterie, namentlich im Feldbienst. Daß es den Bayern nicht an Tapferkeit mangelte, haben sie wahrlich oft genug be= wiesen, also müssen andere Ursachen diese allerbings merkwürdige Panik hervorgebracht haben. —

Der bayerische Infanterist sollte 6 Jahre bei der Fahne bienen, that aber in Wirklichkeit während dieser ganzen 6 Jahre nur 13 bis 14 Monate Dienst, hatte also eine ganz entschieden ungenügende Aus= bildung. Vor allem aber mußte die Sicherheit und Festigkeit in der Truppe fehlen. Man denke sich nur ein Bataillon aus lauter Einjährig= Freiwilligen zusammengesetzt und stelle sich die Verzweiflung des Bataillons= kommandeurs und seiner Kompagniechefs vor, wenn sie mit solcher Truppe in einen Feldzug rücken müßten!! Und dabei wird es unseren Einjährig=Freiwilligen doch weder an Muth, noch an Vaterlandsliebe fehlen!

Rückwärts der 1. bayerischen Division waren inzwischen die ver= fügbaren Theile der 2. Division, die Reserve=Infanterie=Brigade, die verfügbare Reserve=Kavallerie und die Reserve=Artillerie eingetroffen. Die Bayern beschlossen baher, einem möglichen weiteren Vordringen der Division Beyer bei Roßbrunn ein Ziel zu setzen und nahmen hier folgendermaßen Stellung:

III/13 der Reserve=Infanterie=Brigade besetzte den Kirchberg, auf welchem 8 gezogene 6=Pfünder der Reserve=Artillerie auffuhren; III/12 derselben Brigade, I/7 der 2. Division und 8 gezogene 6=Pfünder der= selben Division besetzten den Oßnert; später gingen noch II und III/7, I und III/10 auf den Oßnert vor; das 3. Jäger=Bataillon auf den Geisberg; 16 gezogene 6=Pfünder der Reserve=Artillerie fuhren auf dem Vogelsberge auf; II/6 und III/14 der Reserve=Infanterie=Brigade be= setzten den Höhenzug nördlich vom Posthause, mit der Front nach Remlingen, ebendort fuhren 8 glatte 12=Pfünder der Reserve=Infanterie=

Brigade und 12 reitende Geschütze der Reserve-Artillerie auf; endlich nahmen 8 gezogene 6-Pfünder der Reserve-Artillerie nördlich des Post-hauses gegen den Frohnberg Stellung; I/3, I und II/12 standen im Himmelreichwalde; die Küraffier-Brigade, Ulanen Regiment Nr. 3 und 5 glatte 12-Pfünder stellten sich hinter der Reserve-Infanterie-Brigade auf, außerdem befanden sich noch zur Stelle: die Kavallerie der 2. Division und die der Reserve-Infanterie-Brigade.

Es standen also hier 13 Bataillone, 21 Schwadronen, 65 Geschütze zur Verfügung, durchweg frische Truppen.

Preußischerseits traten gegen die 40 gezogenen 6-Pfünder der Bayern nur 12 gezogene 6-Pfünder und 6 gezogene 4-Pfünder in Thätigkeit, welche naturgemäß gegen die mehr als doppelte Ueberlegenheit des Feindes die Oberhand nicht zu gewinnen vermochten.

Nach 8 Uhr abends machte die Dunkelheit dem ziemlich wirkungs-losen Geschützkampfe ein Ende.

Der Kommandeur der 4. bayerischen Division, General von Hartmann, war mit 5 Bataillonen, 3 Schwadronen und 18 Geschützen um 4 Uhr vor Wüstenzell erschienen; hier sah er überall preußische Truppen vor sich, marschirte in Folge dessen auf Remlingen und zog unterwegs noch 2 Bataillone an sich. Von hier wollte er auf Uettingen vorgehen, als der Befehl eintraf, über Remlingen auf Roßbrunn abzurücken.

Die Division Flies schickte am Morgen des 25. Juli das Bataillon II/36 gegen Dertingen var. Kembach, Bettingen und Dertingen wurden unbesetzt gefunden, letzterer Ort wurde zur Vertheidigung eingerichtet. 8/36 stieß südöstlich von Homburg auf bayerische Truppen der 1. Division, es kam jedoch nur zu einem unbedeutenden Gefechte.

Der weitere Vormarsch der Division Flies erfolgte erst gegen 5 Uhr nachmittags. Gegen Homburg und Holzkirchhausen wurden Abtheilungen abgezweigt, von welchen 9. und 10/36 bei Holzkirchhausen ein kleines Gefecht gegen Abtheilungen der 1. bayerischen Division hatten und 1 Offizier, 5 Mann verloren.

Die Vorposten der Division Flies wurden eben bei Wüstenzell aus-gesetzt, als gegen 7 Uhr abends der Befehl eintraf, zur Unterstützung der Division Beyer auf Uettingen vorzugehen. Dieser Befehl wurde so-fort ausgeführt, der Vormarsch über Dertingen, Wüstenzell und Holz-kirchen angetreten. Gegen 9 Uhr abends traf General von Korth mit dem Gros der Division Flies (Regimenter Nr. 11 und 59, 1 und 2/Dragoner Nr. 5 und 6 gezogene 6-Pfünder) in Uettingen ein, welches

vom Feinde verlaſſen gefunden wurde. Es wurden Alarmhäuſer be=
zogen, der Saum des Dorfes und die Obermühle beſetzt, wozu
2 Bataillone Regiments Nr. 59 verwendet wurden.

Die übrigen Truppen des Generals von Korth biwakirten ſüdweſtlich
von Uettingen, mit der Front nach Oſten, vorwärts der Vorpoſten der
Diviſion Beyer.

3 Schwadronen Dragoner Nr. 6 und 1 gezogene 4 pfdg. Batterie
rückten nach Helmſtadt zur Diviſion Beyer.

Die Avantgarde der Diviſion Flies (Regiment Nr. 36, 3. und
4/Dragoner Nr. 5, 6 gezogene 4=Pfünder) biwakirte zwiſchen Dertingen
und Wüſtenzell.

Die Reſerve (Regiment Nr. 25, I/Koburg=Gotha, das 9. Jäger=
Bataillon, 4/Dragoner Nr. 6, 6 gezogene 6=Pfünder und 12 glatte
12=Pfünder) biwakirte unmittelbar öſtlich von Dertingen.

F/Koburg=Gotha blieb in Wertheim zurück, um den dortigen Main=
übergang zu ſichern.

So ſtand denn General von Korth mit ſeinen Truppen zwiſchen
den Bayern und der Diviſion Beyer, welche bei Helmſtadt biwakirte
und ihre Vorpoſten am Nordſaume des Uettinger Gemeindewaldes und
am Heergrundwalde ausgeſetzt hatte.

Eine ähnliche Lage wird gewiß ſelten vorkommen. Sie war durch
die Ereigniſſe keineswegs gerechtfertigt und forderte den Feind eigentlich
zu einem nächtlichen Ueberfalle heraus.

Die Bayern ſtanden in unmittelbarſter Nähe, es konnte ihrer Auf=
merkſamkeit nicht entgangen ſein, daß ſtarke preußiſche Truppen=
abtheilungen bei ſchon eingetretener Dunkelheit (Sonnenuntergang am
25. Juli um 8 Uhr 2 Minuten abends) ſich vorwärts der Vorpoſten
der Diviſion Beyer ins Biwak legten. Dieſe Truppenabtheilungen kamen
aus einer ganz anderen Richtung wie die Diviſion Beyer und konnten
von der Gefechtslage gar keine oder höchſtens eine ſehr unklare Vor=
ſtellung haben.

Das Gewagte in den Handlungen des Generals von Korth ſpringt
in die Augen. General von Flies hielt mit Recht die Stellung ſeines
Gros für ſehr gefährdet und beſichtigte dieſelbe noch am Abende des
25. Juli. Auch befahl er ſeiner Avantgarde um 3 Uhr, ſeiner Reſerve
um 3½ Uhr früh am anderen Morgen aus den Biwaks aufzubrechen
und nach Uettingen vorzumarſchiren.

Die Verluste der Bayern im Gefechte von Helmstadt am 25. Juli betrugen:

36 Offiziere, 694 Mann todt, verwundet und vermißt, davon waren etwa 60 Mann unverwundet in Gefangenschaft gerathen.

Die Preußen verloren 13 Offiziere, 340 Mann todt, verwundet und vermißt.

Preußischerseits waren im Gefechte bezw. in Reserve gewesen: 10 000 Gewehre, 560 Säbel (einschl. der Bedeckungsschwadron des Generals von Manteuffel) und 42 Geschütze.

Die bayerische 1. und 3. Division zählten einschließlich einer Batterie der Reserve-Artillerie 15 575 Gewehre, 575 Säbel und 40 Geschütze. Hierbei muß des auffallend geringen Gefechtsstandes des 3. Chevaux-legers-Regiments Erwähnung gethan werden.

Dieses Regiment hatte am 10. Juli noch 384 Säbel gezählt, an diesem Tage nur einen Mann verloren, am 25. Juli wird seine Gefechts-stärke für 3 Schwadronen auf 162 Säbel angegeben. Es würde danach die Durchschnittsstärke einer Schwadron vom 10. Juli bis 25. Juli von 96 Säbeln auf 54 Säbel gesunken sein, ohne daß in der Zwischen-zeit ein Gefecht stattgefunden hat. Vielleicht erklären Abkommandirungen diese große Differenz, wir haben jedoch die Angabe des bayerischen Generalstabswerkes als unbedingt zuverlässig unseren Berechnungen zu Grunde gelegt.

Am Abend kamen noch die bei Roßbrunn aufgestellten Truppen der 2. Division, der Reserve-Infanterie-Brigade, der Reserve-Kavallerie und Reserve-Artillerie zur Geltung, oder 8100 Gewehre, 1705 Säbel und 65 Geschütze.

Die badische Division stand mittags bei Steinbach, nur ¹/₂ Meile südöstlich von Neubrunn. Man bemerkte hier die Staubwolken, welche den Vormarsch der Division Beyer begleiteten, man hörte den Kanonen-donner, griff aber nicht in den Kampf ein.

Um 3 Uhr nachmittags ging vielmehr die badische Division auf Oberaltertheim zurück, woselbst sie Stellung nahm und den rechten Flügel des 8. Bundes-Armeekorps bildete.

Hier traf ein bayerischer Generalstabsoffizier ein und bat um Unterstützung. Der Prinz von Baden wies jedoch diesen Offizier an den Prinzen von Hessen und gewährte die erbetene Unterstützung nicht.

Das Gefecht von Helmstadt bietet Gelegenheit zu recht vielen Ver-muthungen, wie die Dinge sich hätten entwickeln können, wenn überall die Kriegslage völlig klar gewesen wäre. Es konnten auf Seite der Süddeutschen sowohl die zuletzt bei Roßbrunn versammelten bayerischen Truppen, als auch die badische Division in den Kampf eingreifen. Erstere würden im Verein mit den Truppen der 1. bayerischen Division die linke Flanke der Division Beyer haben bedrohen können, letztere die rechte Flanke dieser Division. Beide Truppenmassen konnten jedenfalls recht unliebsame Ueberraschungen bereiten.

Auf Seite der Preußen konnte die Division Flies über Holzkirchen gegen die rechte Flanke der Bayern vorgehen und gleichfalls hier sehr unbequem werden.

Wir wollen jedoch diese Möglichkeiten nicht erörtern, denn am 25. Juli wußten die Preußen gar nicht, wo die Hauptkräfte der Bayern eigentlich zu suchen seien, und die Süddeutschen befanden sich ebenfalls völlig im Unklaren über die Absichten ihrer Gegner, ja selbst über die Handlungen ihrer Bundesgenossen.

Die wirklichen Ereignisse verliefen in großen Zügen auf folgende Weise:

Die Division Beyer ging in zwei Kolonnen auf Neubrunn vor, traf hier auf die Vorposten der 1. und 3. bayerischen Division und warf dieselben ohne große Mühe zurück, da sie jeder einheitlichen ziel-bewußten Leitung entbehrten. Es war ein großer Fehler, daß ein einziges bayerisches Bataillon auf dem Sesselberge den Kampf mit den weit überlegenen Preußen aufnahm. Dieser Kampf mußte natürlich für das vereinzelte Bataillon sehr ungünstig enden. Dann sah sich die Division Beyer gezwungen, nach ihrer rechten Flanke hin Front zu machen, um hier die 3. bayerische Division anzugreifen. In sehr glück-lichem Gefechte wurde diese Division geworfen, ohne daß andere bayerische Truppentheile ihr zu Hülfe gekommen wären.

Nachdem die Division Beyer diesen Kampf siegreich beendet hatte, erschienen plötzlich Truppen der 1. bayerischen Division fast in ihrem Rücken. Sofort machte sie nach Norden hin Front und zwang die an Zahl schwächeren bayerischen Truppen zum Abzuge, wobei das 2. bayerische Jäger-Bataillon im Walde überraschend angefallen, fast 20 pCt. seiner Gefechtsstärke einbüßte.

Frische bayerische Truppen setzten demnächst bei Roßbrunn einem weiteren Vordringen der Division Beyer ein Ziel. Der Kampf endete erst mit Sonnenuntergang.

Man muß die Führung der preußischen Truppen als sehr gewandt bezeichnen. Sie stießen unerwartet auf die Bayern, welche man weiter nordwärts geglaubt hatte. Dann mußte die Division einmal nach Osten, bald darauf wiederum noch Norden Front machen, um beide Male frische feindliche Truppen zurückzuwerfen. Dies gelang in sehr glücklicher Weise; es wurden beide feindliche Truppenmassen nacheinander geworfen, ohne daß dieselben sich hätten unterstützen können, denn die 3. Division war bereits entscheidend geschlagen, ehe noch die Truppen der 1. Division auf dem Gefechtsfelde erschienen.

Nicht so günstig kann man die Führung der Bayern beurtheilen, denn sie hat es nicht verstanden, die große Ueberlegenheit auszunutzen, über welche sie gebot.

Es wäre nämlich bei zweckmäßigen Anordnungen möglich gewesen, den Preußen bei Helmstadt mit 23 675 Gewehren, 2280 Säbeln und 105 Geschützen entgegenzutreten, d. h. mit der 1., 2., 3. Division, der Reserve=Infanterie=Brigade, der Reserve=Kavallerie und der Reserve= Artillerie. Dabei wäre noch immer die 4. Division verfügbar geblieben, um der Division Flies entgegenzutreten, falls diese der Division Beyer zu Hülfe gekommen wäre. Die letztere Division hatte nur 10 000 Ge= wehre, 560 Säbel und 42 Geschütze verfügbar und konnte gegenüber einer fast 2½fachen Uebermacht in eine sehr heikle Gefechtslage kommen, ja wenn die badische Division ihre 6800 Gewehre, 400 Säbel und 17 Geschütze rechtzeitig gegen die rechte Flanke der Division Beyer ins Gefecht geführt hätte, so konnte nur außerordentliche Geschicklichkeit und Tapferkeit die Preußen vor einer Niederlage bewahren. In Wirklichkeit kam jedoch alles anders, die Bayern vermochten nicht, auch nur auf einem Punkte eine erdrückende Ueberlegenheit zu entwickeln.

Man wird dem General von Manteuffel die Gerechtigkeit nicht ver= sagen dürfen, daß seine Kriegführung bei aller Kühnheit eine sehr vor= sichtige war. Dennoch ist es nicht zu vermeiden gewesen, daß bei Tauberbischofsheim eine preußische Brigade, bei Helmstadt eine preußische Division plötzlich großer Uebermacht entgegentreten mußte, ohne die Aus= sicht zu haben, in kurzer Zeit wirksame Unterstützung erhalten zu können.

Beide Male verstand der Gegner nicht, seine Ueberlegenheit aus= zunutzen, aber die Gefahr der Gefechtslage für die Preußen kann dadurch nicht vermindert werden.

Das Ungewisse im Kriege spielt eine so gewaltige Rolle, daß eigentlich nur derjenige sie voll und ganz würdigen kann, der selbst reiche Kriegserfahrungen besitzt. Um so vorsichtiger muß daher der Kritiker sein. —

In Bezug auf taktische Vorkommnisse haben wir schon bei der Beschreibung des Gefechtes selbst einiges hervorgehoben. Im wesentlichen war das Gefecht von Helmstadt ein Kampf um bewalbete Anhöhen. Besonders bemerkenswerthe Erscheinungen sind nicht zu Tage getreten. Die Vertheilung der Artillerie bei der Division Beyer ist für die noch 1866 maßgebenden Anschauungen recht bezeichnend. Wir finden bei der Avantgarde 6, bei dem Gros 12, bei der Reserve 24 Geschütze. Es ist wohl überflüssig, daran zu erinnern, daß dies falsch war. Artillerie in der Reserve nutzt gar nichts, und so sehen wir denn auch schließlich 18 preußische gezogene Geschütze in einen sehr ungleichen Kampf gegen 40 bayerische gezogene Geschütze verwickelt; es gelang nicht einmal, sämmtliche 42 Geschütze der Division Beyer zur Thätigkeit zu bringen, obschon die lange Dauer des Gefechtes dies wohl ermöglicht hätte.

Die bayerische Armee biwakirte am 25. Juli an folgenden Punkten:

die 1. Division östlich von Waldbrunn;

die 2. Division bei Roßbrunn und in den Stellungen, welche sie am 25. Juli abends eingenommen hatte;

die 3. Division östlich von Waldbüttelbrunn;

die 4. Division bei dem Posthause und zwar kam die 7. Brigade erst nach 10 Uhr abends ins Biwak, sie nahm die Front gegen den Kirchberg und gegen Uettingen;

die Reserve-Infanterie-Brigade nordöstlich vom Posthause;

die Reserve-Kavallerie westlich von Waldbüttelbrunn;

die Reserve-Artillerie bei Hettstadt und bei Roßbrunn.

XI.

Das Gefecht von Gerchsheim am 25. Juli.

———

Wir wissen bereits, daß Prinz Alexander von Hessen sein Armee=
korps um die Mittagsstunde nach der Stellung von Gerchsheim zurück=
führte. Bei dieser Gelegenheit kam ein Versehen vor. Die württem=
bergische Division wendete sich nämlich, statt vom Bayerthalerhofe ein=
fach geradeaus zurückzugehen, irrthümlich gegen Steinbach, gerieth hier
in Waldschluchten und Gelände, welches keine Wege hatte, und brauchte
in Folge dessen mehrere Stunden, ehe sie mit ihrer Spitze das freie
Feld östlich von Gerchsheim betrat. Die hessische Division folgte der
württembergischen, weil sie davon überzeugt war, daß diese den richtigen
Weg eingeschlagen habe. Bei der drückenden Hitze des 25. Juli waren
die durch dieses Versehen verursachten Strapazen für die Truppen doppelt
beschwerlich und hatten große Ermüdung derselben zur Folge.

Der Prinz von Hessen ritt persönlich nach Gerchsheim und empfing
hier gegen 12 Uhr mittags folgenden Befehl des Prinzen Karl von
Bayern: „Das 8. Armeekorps solle mit seiner ganzen Kraft die Tauber=
linie behaupten, während die Bayern über Oberaltertheim und Wald=
brunn sich auf der Straße Würzburg—Tauberbischofsheim versammeln
würden." Die Kriegslage hatte sich inzwischen derartig verändert, daß
an eine Ausführung dieses Befehls gar nicht mehr zu denken war. Es
verblieb daher für das 8. Armeekorps bei den einmal gegebenen
Befehlen.

Die 4. Division stellte sich vorwärts von Gerchsheim in zwei
Treffen auf, im ersten Treffen die nassauische, im zweiten Treffen die
österreichische Brigade, ihre 24 gezogenen Geschütze in vorderer Linie.
Links von der 4. Division stand die Reservereiterei mit 8 gezogenen

württembergischen und 6 gezogenen badischen Geschützen. Zwischen Oberaltertheim und dem Irtenberger Walde stand die badische Division,
nachdem sie von Steinbach zurückgegangen war, ihre Artillerie nahm
nebst der Reserve-Artillerie des Armeekorps Stellung auf dem Scheinberge, unmittelbar vor dem Irtenberger Walde und nordnordöstlich von
Gerchsheim.

Preußischerseits trat die Division Göben ihren Vormarsch auf
Würzburg gegen 1 Uhr nachmittags an, die Brigade Kummer in der
Avantgarde, ihr folgte die Brigade Weltzien und dieser die Brigade
Tresckow, während die Brigade Wrangel zur Deckung der rechten Flanke
über Grünsfeldhausen und Ilmspan vorging.

Etwas vor 4 Uhr nachmittags entdeckte die Spitze der Brigade
Kummer beim Heraustreten aus dem Hachtelwalde (zwischen Gerchsheim
und Großrinderfeld) die bei Gerchsheim aufmarschirten Truppenmassen
des 8. Bundes-Armeekorps. In Folge dessen entwickelte sich die Brigade
Kummer im Walde zum Gefecht, und zwar besetzten I und F/53 den
Waldsaum westlich, I/13 den Waldsaum östlich der Chaussee nach
Würzburg, II und F/13 standen dahinter als zweites Treffen, II/53
bildete die Reserve. 12 gezogene preußische Geschütze fuhren östlich der
Chaussee dicht vor dem Walde auf. Sobald die preußische Artillerie
aus dem Walde heraus sich entwickelte, ergoß sich ein furchtbares
Artilleriefeuer des Feindes von den Höhen von Gerchsheim her über
dieselbe. 16 gezogene Geschütze der österreichisch-nassauischen Division
nahmen das Feuer auf, sofort durch die zweite österreichische Batterie
unterstützt. Nach dem preußischen Generalstabswerk traten dann noch
16 württembergische Geschütze hinzu, so daß demnach 40 gezogene Geschütze des 8. Bundes-Armeekorps gegen 12 preußische Geschütze im
Feuer gestanden hätten. Einer solchen Uebermacht gegenüber konnte sich
die preußische Artillerie erklärlicherweise nicht lange behaupten, sie mußte
vielmehr nach einem Kampfe von etwa ³/₄ Stunden hinter den Wald
zurückgenommen werden, nachdem mehrere Geschütze stark beschädigt
worden waren. Jetzt richtete das feindliche Artilleriefeuer sich gegen den
Waldsaum. Das 1. nassauische Infanterie-Regiment rückte von der Hochfläche herunter gegen den Wald vor, angeblich nur um sich bessere
Deckung zu verschaffen.

Wenn das preußische Generalstabswerk hier von einem Angriff der
nassauischen Brigade spricht, so liegt ein Irrthum vor. Diese Brigade
wollte sich nur dem empfindlichen Feuer der preußischen Geschütze ent-

ziehen, welche sie mit Shrapnels beschossen. Zu diesem Zwecke suchte
das 1. nassauische Infanterie-Regiment nach vorwärts Deckung, wobei
es seine beiden Schützenkompagnien vorschob. Die übrigen drei nassauischen
Bataillone suchten weiter rückwärts eine gedeckte Stellung zu finden, was
ihnen auch bei Gerchsheim gelang.

Von einem Angriffe der Nassauer gegen den Wald war gar nicht
die Rede, also auch nicht von dem Abweisen eines solchen Angriffs.

Unterdessen waren auch die Württemberger und Hessen bei Gerchs=
heim angekommen, indessen derartig erschöpft durch ihren soeben zurück=
gelegten beschwerlichen Marsch, daß die 1. und 3. württembergische
Brigade sofort auf Rist zurückgenommen wurden.

Die 2. württembergische und die 2. hessische Brigade besetzten den
Rister Wald, zu beiden Seiten der Chaussee nach Würzburg.

General von Wrangel hörte auf seinem Vormarsche über Schönfeld
den Kanonendonner von Gerchsheim herüberschallen und beschloß, den
Feind in seiner linken Flanke zu fassen. Unterwegs erhielt er den Be=
fehl des Generals von Göben, auf Gerchsheim zu marschiren, weil die
Brigade Kummer aus dem Hachtelwalde sich nicht entwickeln könne: Der
Marsch der Brigade Wrangel auf schlechten steilen Bergwegen war über=
aus anstrengend gewesen, wiederholt hatte die Infanterie die Geschütze
auf die Höhen hinaufschleppen müssen. Dennoch beschloß General von
Wrangel, seinen Marsch über Ilmspan auf Schönfeld fortzusetzen, um
von hier aus noch besser die linke Flanke des Feindes fassen zu können.

Gegen 7 Uhr abends entwickelten sich die vordersten Abtheilungen
der Brigade Wrangel aus Schönfeld. Alsbald fuhr die gezogene 4pfdg.
Batterie Cöster zwischen dem Heuberge und dem Jägerhölzle auf. F/15
wurde in Kompagniekolonnen auseinandergezogen in das Jägerhölzle
geworfen, II/15 folgte in der Richtung auf Forsthaus Irtenberg. So=
bald die preußische Batterie erschien, richtete sich auf sie das Feuer von
8 gezogenen württembergischen und 6 gezogenen badischen Geschützen,
jedoch gingen ihre Granaten sämmtlich über die Batterie Cöster hinweg.
Etwa 2000 Schritte südlich von Irtenberg stießen 10., 11., 12/15 und
5., 6/15 auf feindliche Infanterie. Obgleich die feindliche Artillerie mit
Kartätschen feuerte, gelang es dennoch den Preußen, die feindliche Infanterie
zu werfen und die feindlichen Geschütze durch Gewehrfeuer zu belästigen.
Ein lebhaftes Schützengefecht entspann sich. Der Versuch von 12/15,
eine feindliche Batterie auf dem Scheinberge zu nehmen, mißlang jedoch,
weil dieselbe noch rechtzeitig aufprotzte und davon jagte.

Unterdessen war auch die Artillerie der Brigade Kummer, unter= stützt durch die gezogene 6pfdg. oldenburgische Batterie, wieder aus dem Hachtelwalde herausgetreten und behauptete sich diesmal mit besserem Erfolge.

Auch die Infanterie der Brigade Kummer und hinter ihr die olden= burgisch=hanseatische Brigade gingen gegen die Höhen von Gerchsheim vor. Indessen wartete der Feind den Angriff nicht ab, sondern trat den Rückzug an, welchen die 2. württembergische und die 2. hessische Brigade deckten.

Zuerst zog die 1. hessische Brigade ab, dann die österreichisch= nassauische Division, zuletzt die badische Division, schließlich auch die beiden eben genannten Brigaden, welche den Rückzug zu decken hatten.

Die Reserve=Kavallerie und die Reserve=Artillerie waren schon früher zurückgegangen, indessen blieb eine starke Artilleriemasse, angeblich 30 gezogene Geschütze stark, ziemlich lange am Eingange des Waldes halten, um den Vormarsch der Preußen zu verlangsamen.

Das hessische Scharfschützen=Bataillon, das 1. Bataillon 2. württem= bergischen Regiments und das 2. Bataillon 1. badischen Regiments hatten noch ein ziemlich lebhaftes Gefecht bei dem Forsthause Irtenberg mit II und F/15. Etwa um 9 Uhr machte die Dunkelheit auch diesem Gefechte ein Ende.

Der Rückzug des 8. Bundes=Armeekorps verlief sehr unregelmäßig. Innerhalb des Waldes nahm die Ordnung mehr und mehr ab. Die Truppen der verschiedenen Divisionen gerieten durcheinander, die Kavallerie mußte neben der Chaussee im Walde Schritt für Schritt vorwärts bringen. Eine doppelte, oft eine dreifache Wagenreihe auf der Chaussee bildete eine undurchdringliche, nur mit größter Mühe sich selbst fortschleppende Masse. Von Würzburg her kamen bayerische Munitions= kolonnen und Proviantkolonnen des 8. Bundes=Armeekorps den Truppen entgegen und versperrten die Chaussee vollständig. Der Kommandant von Würzburg hatte die Festungsthore schließen lassen, es fehlte also die Möglichkeit eines Abflusses der in furchtbarster Unordnung während der Nacht zusammengepferchten Wagenmasse. Zum Glück für das 8. Bundes=Armeekorps merkten die Preußen von dieser heillosen Ver= wirrung gar nichts, denn die Nachhut der Verbündeten hielt sich gut. Um die Unordnung zu vermehren, drängten sich auch noch bayerische Truppenabtheilungen, welche im Gefechte von Helmstadt abgedrängt worden waren, auf die Chaussee nach Würzburg.

Das vollständige Fehlen einer Verfolgung seitens der Preußen rettete das 8. Bundes-Armeekorps vor einer Katastrophe. Die Truppen des Prinzen Alexanders von Hessen sammelten sich bei Kist und Höchberg, die badische Division kam erst gegen 2 Uhr nachts ins Biwak. Die Division Göben lagerte die Nacht bei Gerchsheim.

Der Verlust der Preußen im Gefechte von Gerchsheim betrug 3 Offiziere, 57 Mann. Derjenige des 8. Bundes-Armeekorps stellte sich folgendermaßen:

Württemberger: 1 Offizier, 10 Mann, davon 1 Offizier, 5 Mann vermißt;

Badenser: 2 Mann;

Hessen: 5 Offiziere, 105 Mann, davon 4 Offiziere, 86 Mann vermißt;

Oesterreicher: 1 Offizier, 55 Mann, davon 39 Mann vermißt;

Nassauer: 65 Mann, davon 16 Mann vermißt;

Reserve-Kavallerie: 1 Offizier, 7 Mann;

Reserve-Artillerie: 1 Mann;

zusammen 8 Offiziere, 245 Mann, davon 5 Offiziere, 146 Mann vermißt.

Das Gefecht von Gerchsheim zeigt recht deutlich, wie es keineswegs genügt, auf dem Schlachtfelde eine bedeutende numerische Uebermacht zu versammeln, um den Sieg zu erringen, wie vielmehr der Sieg ganz allein von der richtigen Verwendung der Truppen abhängt. Das ge= sammte 8. Bundes=Armeekorps hätte schon am Morgen des 25. Juli vereinigt der Division Göben entgegentreten können, welche ihrerseits keinerlei Unterstützung erhalten konnte. Nach Abrechnung der Verluste von Tauberbischofsheim und Werbach=Hochhausen zählte die Division Göben (ausschließlich einer zur Bagage kommanbirten Kompagnie) am 25. Juli runb 14 300 Gewehre, 1450 Säbel und 43 Geschütze, unter welchen sich 25 gezogene befanden. Das 8. Bundes-Armeekorps verfügte am 25. Juli früh über runb 31 500 Gewehre, 3800 Säbel und 133 Ge= schütze, von welchen 93 gezogen waren. Das Geschütz zu 20 Mann be= rechnet ergiebt dies 16 600 Preußen gegen 38 000 Verbündete. Es war also eine erdrückende Ueberlegenheit der Verbündeten vorhanden. Man brauchte sie nur zu benutzen, um der Division Göben eine Niederlage beizubringen. Allein der Feldherr fehlte, welcher diese Ueberlegenheit nun auch rücksichtslos ausgenutzt hätte, ein großer Theil der Vor= bedingungen für einen Sieg fehlte gleichfalls.

Von Beginn des Feldzuges ab hatte man die Vereinigung des 7. und 8. Armeekorps angestrebt, jetzt war dieses Ziel endlich erreicht. Vor sich hatte das 8. Bundes-Armeekorps nur die Division Göben, das wußte man, denn man hatte am 24. Juli nur gegen Truppen dieser Division gefochten, welche allerdings bei Werbach durch die Spitzen der Division Beyer unterstützt worden waren. Diese letztere Division konnte man aber am 25. Juli ganz deutlich auf ihrem Marsche wahr= nehmen, Dank den großen Staubwolken und dem Kanonendonner, welcher von Helmstadt herüberschallte. Man sah deutlich, daß diese Division vollauf mit den Bayern zu thun hatte. Die Division Flies endlich be= fand sich auf dem linken Flügel der Preußen, was man ebenfalls wußte bezw. wissen mußte. Die Stärkeverhältnisse waren mit ziemlicher Sicher= heit gleichfalls bekannt. Man brauchte also bei Gerchsheim nur rück= sichtslos anzugreifen, um einen Erfolg zu erzielen. Die Truppen des Prinzen von Hessen waren durchweg sehr tapfer, was sie oft genug be= wiesen hatten. Eine gewaltige Uebermacht an gezogenen Geschützen gab die Gewähr für eine mehr als ausreichende Vorbereitung des Angriffs und für völlige Niederkämpfung der fast um das vierfache schwächeren preußischen gezogenen Artillerie. Wenn dann auch immerhin das Zünd= nadelgewehr in der Vertheidigung eine furchtbare Waffe war, so mußte doch die mehr als doppelte Ueberlegenheit des Angreifers, unterstützt durch vernichtendes Artilleriefeuer, auch mit dem Zündnadelgewehr fertig werden. Wir glauben, daß selten die Kriegslage einen Feldherrn so be= günstigt hat wie den Prinzen Alexander von Hessen am 25. Juli.

XII.

Das Gefecht von Uettingen am 26. Juli.

Wir wissen, daß in der Nacht zum 26. Juli das Gros der Division Flies bei Uettingen biwakirte, vorwärts der Vorposten der Division Beyer und in unmittelbarer Nähe der Bayern. Schon um 2 Uhr früh am 26. Juli meldeten die Feldwachen von 2. und 3/59, daß starke feindliche Truppenmassen bei Roßbrunn biwakirten.

Bayerischerseits gingen um 3¼ Uhr früh 3 Kompagnien von I/5 der 4. Division auf den Kirchberg vor, welchen der Rest des Bataillons etwas später nachfolgte.

Um 4½ Uhr früh erhielten die preußischen Truppen des Generals von Korth den Befehl, sich sofort zum Gefecht bereit zu machen; sie waren noch mit dem Umhängen des Gepäcks beschäftigt, als vom Kirch=berge her die ersten Schüsse in das Biwak fielen. Nun gingen II/11 und II/59 gegen den Kirchberg vor. Als Schützen zwei Züge von 5/11, je ein Zug von 7/11 und 8/11, dahinter ein Zug von 5/11 und zwei Züge von 8/11, als Reserven zwei Züge von 7/11, während 6/11 sich nach dem Saugraben wandte. Bei II/59 waren die Schützenzüge von 5., 6. und 8/59 aufgelöst, dahinter folgten alle 4 Kompagnien des Bataillons. I/11 folgte als zweites Treffen.

Die preußische gezogene 6 pfdg. Batterie des Gros der Division Flies feuerte in das Biwak der Bayern am Roßbrunner Posthause. Bayerischerseits wurde nun auch II/5 auf den Kirchberg gezogen, ebenso 2 Kompagnien von II/9. Die gezogene 6 pfdg. Batterie der 4. Division fuhr 800 Schritte nördlich der Straße Aschaffenburg—Würzburg auf, ihr dienten 2 Kompagnien von II/9 als Bedeckung, die beiden noch übrigen Kompagnien dieses Bataillons waren als Trainbedeckung ver=

wendet. Die preußischen Bataillone, begünstigt durch die Weinberge und den steilen Abfall der Westseite des Kirchberges, erklommen diese Höhe und machten ganz entschiedene Fortschritte. In Folge dessen ließ Oberst Bijot, der Kommandeur der 7. Brigade, I und II/13 nach seinem rechten Flügel vormarschiren, um sich durch einen Gegenangriff Luft zu machen. Hinter II/5 rückte das 8. Jäger=Bataillon vor.

Anfangs schien der Angriff der Bayern zu gelingen; die bayerischen Plänkler warfen die vordersten preußischen Schützen zurück, als nun aber an der Westseite des Berges die Bayern den Berg herabstürmten, erhielten sie plötzlich mörderisches Schnellfeuer vom Saugraben her, in welchen sich die preußischen Schützen geworfen hatten. Einzelne Ab= theilungen der Preußen waren sogar bis zur Straße nach Aschaffenburg vorgedrungen.

Nun gingen die Preußen ihrerseits zum Angriff vor. Der erste Stoß traf die beiden Kompagnien des 9. Regiments, sie wurden auf die beiden Bataillone Regiments Nr. 13 zurückgeworfen und dann mit diesen zusammen nach dem Heßnert gedrängt. Auch ein Theil von I/5 wurde mit fortgerissen, der Rest mußte bald folgen.

Während dieses für die Bayern sehr unglücklichen Gefechtes waren II/5 und das 8. Jäger=Bataillon vorwärts gedrungen und hatten schon nicht unbedeutend Boden gewonnen, als sie plötzlich hinter ihrer rechten Flanke mehrere schnell aufeinanderfolgende Salven hörten. Der Angriff der Bayern kam dadurch ins Stocken. Jetzt warfen sich die Kom= pagnien von II/59 auf die beiden bayerischen Bataillone, welche weichen mußten. Kaum waren diese letzteren den steilen Hang wieder hinauf= geklettert, als sie von den siegreichen Abtheilungen des Regiments Nr. 11 heftiges Feuer in Flanke und Rücken erhielten. Vergeblich versuchten die Bayern sich zu behaupten, sie mußten den Berg auf der völlig kahlen nordöstlichen Seite heruntergehen, welche Bewegung im preußischen Feuer sehr viele Opfer kostete. Schleunigst warfen sich nunmehr die geworfenen Bayern in den Waldsaum des Heßnert, ohne jedoch denselben behaupten zu können. Vielmehr drangen die Preußen in den Heßnert ein und zwangen die Bayern dazu, denselben zu räumen und auf Greußenheim zurückzugehen.

Die weitere Fortsetzung dieses Kampfes werden wir später kennen lernen.

Inzwischen hatte die gezogene 6 pfdg. Batterie der 4. Division ihre Stellung verlassen müssen und war 800 Schritte gegen Greußenheim zurückgegangen; von hier feuerte sie aufs neue, namentlich gegen die preußische Infanterie, welche gegen den Heßnert vordrang.

Auf der nördlich der Straße gegen Greusenheim ansteigenden Höhe waren bald nach Beginn des Gefechtes 10 bayerische glatte 12=Pfünder aufgefahren und hatten durch ihr Feuer das Sammeln der 8. Brigade erleichtert. II und III/4, I und III/9 der genannten Brigade nahmen nunmehr Stellung am Posthause nördlich der Chaussee, das 6. Jäger= Bataillon besetzte den Wald südlich von Greusenheim. Hinter der 8. Brigade stellten sich II/6, III/13, III/14, eine Schwadron Chevaur= legers Nr. 1 und 8 glatte 12=Pfünder der Reserve=Infanterie=Brigade auf. I/7 stand auf dem Oßnert, III/7 auf dem Vogelsberge, zwischen beiden II/7, hinter dem linken Flügel des Regiments Nr. 7, aber auch noch auf der Höhe befand sich das 3. Jäger=Bataillon.

Je 8 gezogene 6=Pfünder standen auf dem Oßnert und auf dem Vogelsberge. I und III/10 befanden sich in einer nach rückwärts ge= bogenen Hakenstellung rechts von I/7, endlich standen I/3, I und II/12 im Himmelreichwalde.

Die 7. Brigade (Oberst Bijot) hatte schwere Verluste erlitten:

8. Jäger=Bataillon	550 Gewehre,	6 Offiziere,	123 Mann;
I/5	675 „	6 „	114 „
II/5	675 „	3 „	129 „
I/13	690 „	2 „	50 „
II/13	690 „	4 „	55 „
II/9	455 „	3 „	35 „
6 Bataillone	3735 Gewehre,	24 Offiziere,	506 Mann,

davon über 100 Mann unverwundet gefangen.

Schon bald nach dem Beginne des Gefechtes um den Kirchberg hatte sich auch bei den Vortruppen der 2. bayerischen Division ein sehr lebhaftes Schützengefecht entsponnen. Die gezogene 6 pfdg. Batterie Girl der Reserve=Artillerie auf dem Vogelsberge fand kein Schußobjekt und eilte daher nach den Höhen hinter dem Posthause. Die gezogene 6 pfdg. Batterie Redenbacher der Reserve=Artillerie feuerte dagegen sowohl gegen die preußische Artillerie, als auch gegen die preußische Infanterie. Der bessern Uebersicht halber wollen wir an dieser Stelle eine kurze Be= schreibung der Thätigkeit aller in Betracht kommenden bayerischen Batterien geben:

1. 8 gezogene 6=Pfünder der 2. Division, Batterie Zeller. Die= selbe stand ursprünglich westlich vom Posthause, feuerte gegen Uettingen,

mußte indessen nach einiger Zeit wegen Munitonsmangels in eine Auf=
nahmestellung bei Hettstadt zurückgenommen werden.

2. 8 gezogene 6=Pfünder der 4. Division, Batterie Königer. Diese
Batterie stand zuerst 800 Schritte nördlich der Chaussee Aschaffenburg—
Würzburg, ging nach der Eroberung des Kirchberges durch die Preußen
etwa 800 Schritte weiter gegen Greusenheim zurück, um hier, 6¼ Uhr
früh, abermals aufzufahren; nach der Eroberung des Heßnert ging sie
südlich von Greusenheim in Stellung, um gegen den Kirchberg zu
wirken, konnte aber nur kurze Zeit hier verweilen, weil preußische Schützen
vom Heßnert her sich schon auf 800 Schritte genähert hatten, sie ging
daher nach der Gegend von Hettstadt zurück, wo wir sie wiederfinden
werden.

3. 6 glatte 12=Pfünder der 4. Division, Batterie Hang. Zwei
Geschütze befanden sich im Zentrum der bayerischen Stellung neben der
Batterie Will der Reserve=Artillerie, später vereinigten sie sich mit der
Batterie Minges der Reserve=Artillerie. Die übrigen 4 Geschütze der
Batterie Hang fuhren neben der Batterie Minges auf, wurden aber durch
das Artilleriefeuer der Preußen zum Abfahren gezwungen.

4. 8 glatte 12=Pfünder der Reserve=Infanterie=Brigade, Batterie
Gramich. Dieselbe stand östlich vom Posthause, links von der Batterie
Girl der Reserve=Artillerie, sie konnte zuerst sich nicht am Kampfe be=
theiligen, weil die Entfernungen zu groß waren. Erst später feuerte sie
gegen preußische Infanterie, welche von Uettingen gegen Roßbrunn
vorging.

5. 8 gezogene 6=Pfünder der Reserve=Artillerie, Batterie Neben=
bacher. Diese Batterie stand zwischen Oßnert und Vogelsberg, sie feuerte
gegen die preußische Artillerie und gegen die preußische Infanterie,
mußte aber später wegen Munitionsmangels zurückgenommen werden.

6. 8 gezogene 6=Pfünder der Reserve=Artillerie, Batterie Girl.
Dieselbe stand zuerst auf dem Vogelsberge, konnte hier aber kein Schuß=
objekt finden und ging daher auf die Höhen hinter dem Posthause zu=
rück, wo sie auf dem rechten Flügel der bayerischen Artillerie Stellung
nahm. Sie feuerte theils gegen preußische Infanterie bei Uettingen,
theils gegen eine preußische Batterie am Südhange des Kirchberges und
fuhr erst gegen Hettstadt ab, als sie ihre Munition nahezu ver=
braucht hatte.

7. 8 gezogene 6=Pfünder der Reserve=Artillerie, Batterie Mehn.
Diese Batterie stand südlich der Chaussee Aschaffenburg—Würzburg und

hatte fich durch Einschnitte gedeckt, fie kam jedoch bis auf wenige Granat=
würfe nicht zur Thätigkeit.

8. 8 gezogene 6=Pfünder der Referve=Artillerie, Batterie Kriebel.
Diefe Batterie war am 26. Juli früh 2 Uhr nach Waldbrunn gelangt.
Von hier war das Thal bis über Mädelhofen hinaus feiner ganzen
Länge nach einzufehen und beherrfcht. Die Batterie blieb daher ftehen,
auch nachdem die 1. bayerifche Divifion abmarfchirt war und griff zu
verfchiedenen Malen wirkfam in das Gefecht ein. Gegen ½10 Uhr früh
fuhr die Batterie ab.

9. 8 glatte 12=Pfünder der Referve=Artillerie, Batterie Minges.
Diefelbe ftand nicht weit von dem Pofthaufe und befchoß die von dem
Oßnert vorgehende preußifche Infanterie, bis fie durch das Feuer der
Artillerie der Divifion Beyer vom Vogelsberge her zum Abzuge ge=
zwungen wurde.

10. 8 glatte 12=Pfünder der Referve=Artillerie, Batterie Will.
Diefe Batterie nahm gleich bei dem Beginne des Gefechtes auf der
nördlich der Chauffee nach Würzburg gegen Greufenheim anfteigenden
Höhe Stellung und fuhr erft ab, als fie fich gänzlich verfchoffen hatte.

11. 8 glatte 12=Pfünder der Referve=Artillerie, Batterie Schropp.
Diefelbe fuhr nordöftlich des Pofthaufes auf, konnte aber nicht feuern,
dagegen litt fie felbft ftark unter dem Feuer der preußifchen Artillerie
und mußte fehr bald abfahren.

Preußifcherfeits fuhren bald nach 5 Uhr 6 gezogene 4=Pfünder auf
dem Taubenheerde auf, welchen ¼ Stunde fpäter 6 gezogene 6=Pfünder
folgten. Diefe 12 Gefchütze feuerten gegen bayerifche Infanterie auf
dem Oßnert und fpäter, als die feindliche Infanterie verfchwand, gegen
die feindliche Artillerie am Pofthaufe.

Die Stellung der Bayern auf dem Oßnert und den Brunnfchlag=
platten war fehr fchwer angreifbar. Der Wald auf dem Oßnert er=
ftreckte fich nur bis auf den halben Abhang herab, vor demfelben
breitete fich ein völlig überfichtliches und freies Gelände aus. Auf
1200 Schritte Entfernung gewährte daffelbe nur in der Wiefenniederung
einige Deckung, welche fich vom Brunnfchlage herabzieht. Aber auch
diefe Höhe war von den Bayern befetzt und jene Senkung von dort
aus völlig flankirt. Der weit vorfpringende Wald geftattete ihnen, jede
Annäherung an den Oßnert unter wirkfames Flankenfeuer zu nehmen.
Dadurch wurde der Angriff von felbft zunächft auf die Brunnfchlag=
platten hingewiefen, wo der Abfall minder fteil war und der Wald bis

in die Tiefe reichte, besonders da man ohne sich einem Kreuzfeuer aus=
zusetzen, die Brunnschlagplatten von der Seite des vom Gegner ge=
räumten Schlehrbergs erreichen konnte.

Gegen diese Stellung gingen nunmehr II und III/36 vor, das
erstere Bataillon wendete sich gegen die Brunnschlagplatten, das andere
auf dem linken Flügel gegen den Oßnert. 10. und 11/36 gingen im
ersten Treffen vor, ihre Schützenzüge aufgelöst vor der Front, dahinter
folgten 9. und 12/36. Das Bataillon erhielt sehr heftiges Feuer und
löste schließlich alles in der Schützenlinie auf, welche sich instinktiv mehr
dem Brunnschlage zuwandte. Letzterem gegenüber befand sich II/36 in
einer besseren Lage.

Bayerischerseits wurde III/4 vom Posthause her zur Unterstützung
vorgeführt. Vor 7 Uhr mußte die bayerische gezogene 6pfdg. Batterie
Rebenbacher ihre Stellung aufgeben, weil Munitionsmangel eingetreten
war, so daß die Bayern auf diesem Theile des Gefechtsfeldes jeglicher
Unterstützung durch Artillerie entbehrten. Gegen 7 Uhr drang II/36
in die Westspitze des Brunnschlagwaldes ein. Das Feuergefecht hatte
nun schon 1½ Stunden gedauert, von ½6—7 Uhr, ohne daß ent=
scheidende Ergebnisse erzielt worden wären. Jetzt wurde I/36 vorgeholt
und ging in zwei Halbbataillone formirt aus dem Schlehrbergwalde zum
Angriff vor und zwar zwischen II/36 und III/36. Der Angriff richtete
sich zunächst gegen die Brunnschlagplatten. Bayerischerseits war bereits
der Befehl zum Rückzuge ertheilt worden, indessen befanden sich die sehr
zahlreichen und dichten Schützenschwärme der Bayern noch in ihrer
Stellung und konnten daher das preußische Bataillon unter ein ver=
nichtendes Feuer nehmen. Schwere Verluste traten ein, da die Formation
in Halbbataillonen den Bayern ein nicht zu fehlendes Ziel darbot.
Dennoch blieb das Bataillon im Vorrücken, unterstützt durch das Feuer
der beiden anderen Bataillone. Die beiden Halbbataillone drangen in
die Brunnschlagplatten ein und wandten sich von hier aus gegen den
Oßnert, III/36 schloß sich an, ebenso zwei Züge von I/59 von der
oberen Mühle her, rechts ging II/36 vor. Der Waldsaum des Oßnert
wurde genommen und der Feind in blutigem, hartnäckigem Kampfe
durch den Wald zurückgedrängt. Um 7¼ Uhr früh besetzte 1., 10., 11.
und ein Zug von 12/36 den Höhenrand des Oßnert gegen Roßbrunn
hin, 3., 4., 9. und zwei Züge von 12/36 blieben dahinter im Walde.
2. und II/36 besetzten den Vogelsberg.

Das bayerische 3. Jäger=Bataillon und 1 Kompagnie Regiments

Nr. 7 unternahmen einen Gegenstoß gegen den Vogelsberg, kamen bis auf 50 Schritte heran, wurden aber dann durch das Schnellfeuer der Schützen von 2., 6., 7/36 abgewiesen. Ein zweiter Angriff gelangte wieder bis auf 50 Schritte an die preußischen Schützen, wurde aber dann ebenfalls abgewiesen.

Während dieses harten Kampfes war die 4. bayerische Brigade und III/4 über Roßbrunn und zum Theil über Mäbelhofen gegen den Himmelreichwald abgezogen. Die Verluste der Preußen waren groß, sie betrugen nach dem Generalstabswerke 22 Offiziere, 436 Mann allein für das Regiment Nr. 36, von welchen 11 Offiziere, 251 Mann auf das 1. Bataillon entfallen. Dies würde 28 pCt. der Gefechtsstärke dieses Bataillons betragen. Die Regimentsgeschichte des Regiments Nr. 36 beziffert den Verlust auf 24 Offiziere, 407 Mann. Wodurch diese Verschiedenheit in den Angaben zu erklären ist, vermögen wir nicht anzugeben.

Versuche der preußischen Truppen, von den eroberten Waldbergen aus weiter vorzudringen, scheiterten an dem heftigen Feuer der bayerischen Artillerie. Die 7 bayerischen Bataillone, welche dem Regiment Nr. 36 gegenüber gestanden hatten, zählten 4540 Gewehre und verloren 17 Offiziere, 266 Mann. Indessen sind anscheinend bedeutende Theile dieser Truppen nur sehr wenig ins Gefecht gekommen, auch waren einige Abtheilungen im bayerischen Zentrum gegen anderweitige preußische Truppen in den Kampf verwickelt, so daß sich der Verlust derjenigen Truppen, welche gegen das Regiment Nr. 36 gefochten hatten, nicht genau bestimmen läßt.

Die 7. bayerische Brigade war nach der Räumung des Heßnert über Greußenheim abgezogen. Preußischerseits war II/59 gegen den Heßnert vorgegangen und hatte den Feind zurückgeworfen. Zunächst sammelten sich die preußischen Bataillone an dem Waldsaume des Heßnert, welcher sogleich stark besetzt wurde. Demnächst gingen II/59 und zwei Schützenzüge von II/11 durch den Wald gegen Greußenheim vor. Etwa um 8 Uhr früh wurde der jenseitige Waldsaum erreicht und alsbald auf Greußenheim weiter vorgegangen. Das bayerische 6. Jäger-Bataillon hielt den südlich von Greußenheim gelegenen Wald besetzt, bis die 7. Brigade ihren Abzug bewirkt hatte. Auch I/9 rückte aus der Nähe des Posthauses ab, um nach Hettstadt zu marschiren.

III/9 besetzte das Posthaus, links von ihm stand III/12, in Roßbrunn selbst befanden sich Theile des 10. Regiments und von III/4, auch II/4; 1 Kompagnie von III/13 und 2 Kompagnien von III/14 nahmen hier am Kampfe Theil.

Um 9 Uhr früh erhalten wir folgendes Bild:

Auf dem rechten Flügel der Bayern befand sich die 7. Brigade im Rückzuge auf Hettstadt, das 8. Jäger=Bataillon bildete die Arrieregarde, links von diesem Bataillone ging das 6. Jäger=Bataillon in derselben Richtung zurück.

Oestlich des Posthauses standen 8 gezogene 6=Pfünder (Batterie Girl) und 22 glatte 12=Pfünder (Batterien Gramich, Minges und Hang) in Thätigkeit, jedoch mußten 4 Geschütze der Batterie Hang sehr bald abfahren.

Die Reserve=Infanterie=Brigade unterhielt links von dieser Artillerie die Verbindung mit dem Himmelreichwalde auf der Linie Posthaus— Roßbrunn, in erster Linie III/9 der 4. Division und III/12, dahinter II/6, III/13 und III/14. Roßbrunn war durch Theile der 4. Brigade besetzt, deren Gros sich eben hinter die 3. Brigade zurückzog, welche letztere mit 3 Bataillonen den Himmelreichwald besetzt hielt. Die 3. Division und die Reserve=Kavallerie standen bei Waldbüttelbrunn, die 1. Division war eben im Begriff, auf der Linie Waldbüttelbrunn— Höchberg Stellung zu nehmen.

Auf preußischer Seite hatte zwar auf beiden Flügeln der Division Flies ein heftiges Infanteriegefecht getobt, in der Mitte der Stellung aber war bisher nur ein Artilleriekampf geführt worden. Die bayerische Artillerie am Posthause hatte zunächst ein Vordringen der Preußen über Uettingen hinaus im Thale des Aalbaches unmöglich gemacht. Etwa um 6 Uhr früh räumte die bayerische Artillerie ihre Stellung am Post= hause und nun gingen sofort die 12 gezogenen preußischen Geschütze, welche bis dahin auf dem Taubenheerde gestanden hatten, durch Uettingen hindurch vor, fuhren nördlich dieses Ortes auf, woselbst 6 glatte preu= ßische 12=Pfünder bereits einige Zeit gefeuert hatten. Gegen 7 Uhr früh traf hier auch noch die gezogene 4pfdg. Batterie der Division Flies ein, welche am 25. Juli nach Helmstadt entsandt worden war. Es entspann sich aufs neue ein äußerst heftiger Geschützkampf gegen die östlich des Posthauses stehende bayerische Artillerie.

Die Division Beyer war früh morgens alarmirt worden und marschirte alsbald auf den Kampfplatz.

II/30, F/70, 5/Husaren Nr. 9 und 6 gezogene 4=Pfünder richteten ihren Vormarsch durch den Heergrundwald gegen Mädelhofen=Roßbrunn;

biefen Truppen folgte I/39, während bas Regiment Nr. 20 gleichfalls auf Roßbrunn gesandt wurde. Späterhin zogen sich die zuerst ge= nannten Truppentheile der Division Beyer unter Oberst von Woyna nach rechts und wandten sich gegen Mädelhofen, Regiment Nr. 20 ging über die Brunnschlagplatten vor.

Alle übrigen Truppen der Division Beyer, also I/70, Regiment Nr. 32, II und III/39, 2/Husaren Nr. 9 und 30 Geschütze folgten auf der Straße nach Uettingen bis zur Höhe östlich des Uettinger Ge= meindewaldes, um hier für eine weitere Verwendung bereit zu stehen. II/70 war von seinem Kommando auf dem rechten Mainufer noch nicht zurückgekehrt, I/30 war zur Bedeckung der Bagage kommandirt (bezw. zur Besetzung von Werbach), 1 Kompagnie von F/30 war ebenfalls zur Bedeckung der Bagage abkommandirt, F/30, 1/Husaren Nr. 9 und 6 Geschütze standen zur unmittelbaren Verfügung des Generals von Manteuffel, 3/Husaren Nr. 9 bildete die Bedeckung des Hauptquartiers.

4/Husaren Nr. 9 und die beiden Schwadronen 10. Landwehr= Husaren=Regiments waren der kombinirten Kavallerie=Brigade zugewiesen worden, welche am 26. Juli unter dem Oberst Krug von Nidda zu= sammengestellt wurde. Dieselbe bestand aus 3 Schwadronen Dragoner Nr. 6, 2 Schwadronen Dragoner Nr. 5 und den ebengenannten 3 Schwadronen, ihr wurde die reitende Batterie der Division Flies beigegeben. Ihre Stärke betrug $7^3/_4$ Schwadronen, 6 Geschütze, da 1 Zug Landwehr=Husaren Nr. 10 anderweitig abkommandirt war.

Bayerischerseits hatte man die Absicht, die gesammte bayerische Armee bei Waldbüttelbrunn zu vereinigen. Die 1. und 3. Division standen um 9 Uhr früh bereits daselbst, die 4. Division war fast ganz bei Hettstadt versammelt, somit wurde daher bald nach 9 Uhr auch an die noch kämpfenden Truppen der 2. Division und der Reserve=Infanterie= Brigade der Befehl ertheilt, sich nach und nach· auf Waldbüttelbrunn zurückzuziehen.

Dieser Rückzug fiel mit dem erneuten Vorgehen der Preußen zu= sammen. II/30 nahm Mädelhofen im ersten Anlauf, Regiment Nr. 20 ging von den Brunnschlagplatten aus gegen den Himmelreichwald vor. 2 gezogene Batterien der Division Beyer nahmen den Himmelreichwald unter Feuer, in welchen alsdann die genannten Truppentheile von drei Seiten zugleich einbrangen. Die bayerischen Schützenschwärme konnten sich nur allmählich aus dem Feuergefechte losmachen, die Kolonnen aber zogen unbelästigt ab. Der jenseitige Waldrand wurde von den

Truppen der Division Beyer besetzt. Ein Versuch der gezogenen 4 pfdg. Batterie Blottnitz der Division Flies, auf der Höhe nördlich des Himmelreichwaldes aufzufahren, mußte gegenüber der starken, bei Hettstadt befindlichen feindlichen Artillerie aufgegeben werden.

Im preußischen Zentrum waren inzwischen die verfügbaren Bataillone gleichfalls zum Angriffe vorgegangen, sobald die bayerische Artillerie das Vorgehen nicht mehr hindern konnte. An der Spitze befand sich F/59, dahinter I/59 und F/11. Der Angriff richtete sich gegen den Nordabhang des Oßnert. Die letzten bayerischen Abtheilungen wurden vertrieben, nicht ohne daß F und I/59 noch ziemlich erhebliche Verluste erlitten. Demnächst setzten sich die 3 genannten preußischen Bataillone in den Besitz von Roßbrunn, des Posthauses und der nördlich davon gelegenen Höhen. Auch die Reserve der Division Flies wurde bis zu dem Posthause vorgenommen.

Auf dem äußersten linken Flügel der Preußen ging II/59 bis über Greusenheim hinaus vor. Das 9. Jäger-Bataillon wurde ebenfalls nach dem linken Flügel herangezogen.

Gegen 11 Uhr verstummte das Gefecht vollständig.

Wir müssen jetzt die Thätigkeit des 8. Bundes-Armeekorps am 26. Juli nachholen.

Prinz Karl von Bayern hatte ursprünglich die Absicht gehabt, am 26. Juli einen entscheidenden Schlag gegen die preußische Mainarmee zu führen. Das 8. Bundes-Armeekorps sollte die Division Göben angreifen, die 1. und 3. bayerische Division nebst der Reserve-Kavallerie gegen die Division Beyer vorgehen, während der Rest des bayerischen Armeekorps auf Uettingen vorbringen sollte. In der Nacht zum 26. Juli erfuhr jedoch Prinz Karl die Ereignisse von Gerchsheim und den Zustand des 8. Bundes-Armeekorps; er verzichtete daher auf die Offensive, wollte aber wenigstens nicht ohne Kampf hinter den Main zurückgehen und die Hochfläche von Waldbüttelbrunn behaupten.

Das 8. Bundes-Armeekorps sollte nunmehr die Stellung bei Höchberg und den Nikolausberg besetzen und Flanke und Rücken der Bayern gegen die Division Göben sichern.

Demgemäß nahm am 26. Juli früh das 8. Bundes-Armeekorps folgende Stellungen ein:

Die württembergische Division besetzte Höchberg und Gegend.

Die badische Division und dahinter die hessische Division nahmen

14*

auf dem Nikolausberge Stellung; die österreichisch=nassauische Division bildete bei Heidingsfeld den linken Flügel.

Die Reserve=Artillerie und die Reserve=Kavallerie überschritten schon am Morgen des 26. Juli den Main. Bis 11 Uhr früh blieb das 8. Bundes=Armeekorps in diesen Stellungen stehen. Um diese Zeit aber glaubte Prinz Alexander von Hessen den Rückzug hinter den Main antreten zu sollen. Wie lange die einzelnen Truppentheile desselben jedoch wirklich auf dem linken Mainufer verblieben, ist mit Sicherheit nicht festzustellen. Jedenfalls war im Wesentlichen schon um 12 Uhr mittags das 8. Bundes= Armeekorps auf dem rechten Mainufer angelangt. Anscheinend hat der Rückzug begonnen, nachdem das Nachlassen des Geschützdonners bei den Bayern wahrgenommen wurde, also schon vor 11 Uhr. Die Meldung über die Ausführung des Rückzuges datirt von 11 Uhr vormittags.

Der Rückzug des 8. Bundes=Armeekorps hinter den Main hat bei den Bayern große Entrüstung hervorgerufen. Von den Preußen wurde das genannte Armeekorps nicht gedrängt, denn die Division Göben blieb bei Gerchsheim stehen. Der Zustand der Truppen des Prinzen Alexander mag nicht gerade vortrefflich gewesen sein, indessen haben alle seine 4 Divisionen, wo sie auch immer aufgetreten sind, ihre Tapferkeit und Kriegstüchtigkeit glänzend bewiesen; zuletzt noch am 25. Juli bei Gerchs= heim. Der nächtliche Rückzug unter den erschwerendsten Umständen mag ja die Ordnung etwas gelockert haben, auch ist wohl die Ver= pflegung der Truppen bei dieser Gelegenheit keineswegs so reichlich und gut gewesen, wie letztere es verlangen durften, indessen erklärt dies Alles doch noch durchaus nicht den Entschluß zum Rückzuge. Die Ge= fahren, welche der Rückzug aus der Stellung von Höchberg in sich barg, sobald der Feind gedrängt hätte, waren allerdings sehr groß, denn das Gelände bot außergewöhnliche Schwierigkeiten dar. Die Rückzugslinie führte nicht nur über einen Strom, sondern auch noch durch eine Festung, die Truppen mußten also durchweg Engwege durchschreiten. Eine pessimistische Anschauung der Kriegslage mag im Hauptquartiere des Prinzen Alexander auch vorgewaltet haben, kurz der Rückzug wurde bereits vormittags durchgeführt und dadurch die Flanke der bayerischen Armee vollständig bloßgestellt.

Die württembergische Division nahm Stellung in und bei Würz= burg bezw. Heidingsfeld, die österreichisch=nassauische Division hinter Heidingsfeld, die badische und hessische Division bei Rottendorf, eben=

bort die Reserve-Kavallerie und Reserve-Artillerie. Es hatte also im Wesentlichen das 8. Bundes-Armeekorps den Main vor der Front, seinen rechten Flügel an Würzburg gelehnt und stand mit der Hauptmasse südöstlich dieser Festung eng versammelt.

Die Mittagsstunde fand die bayerische Armee in folgenden Stellungen: Nördlich der Hettstädter Höfe stand die 3. Brigade, hinter ihr die Reserve-Infanterie-Brigade. 1 Bataillon (I/3) der ersteren Brigade war nach dem Margetshöchheimer Walde abgezweigt = 7 Bataillone. Längs des Weges Hettstädter Höfe—Waldbüttelbrunn hatte sich die 3. Division entwickelt = 12 Bataillone. Von der Front standen 8 gezogene 6-Pfünder und 8 glatte 12-Pfünder der 3. Division, 8 glatte 12-Pfünder (Batterie Minges) der Reserve-Artillerie und 5 glatte 12-Pfünder der reitenden Batterie Massenbach der Reserve-Kavallerie = 8 gezogene 6-Pfünder und 21 glatte 12-Pfünder.

Links von der 3. Division stand die 1. Division mit 12 Bataillonen.

Vor dem rechten Flügel der Bayern, also in der Gegend der Hettstädter Höfe, befanden sich, 800—1000 Schritte vor der Front der Infanterie, 8 gezogene 6-Pfünder der 2. Division, 16 gezogene 6-Pfünder der Reserve-Artillerie (Batterien Girl und Mehn), 8 gezogene 6-Pfünder der 4. Division und 2 glatte 12-Pfünder derselben Division, endlich 6 glatte 12-Pfünder (reitende Batterie Hellingrath) der Reserve-Artillerie, zusammen 32 gezogene 6-Pfünder und 8 glatte 12-Pfünder.

Die 4. Division stand als Hauptreserve in der Nähe der Hettstädter Höfe mit 11 Bataillonen, sie entsendete jedoch 2 Bataillone und ihre letzten 4 glatten 12-Pfünder zum Schutze des Brückenschlages nach Veitshöchheim, so daß nur 9 Bataillone verfügbar blieben.

Bei den Hettstädter-Höfen befanden sich ferner in Reserve 8 gezogene 6-Pfünder der Reserve-Artillerie, 8 glatte 12-Pfünder der Reserve-Infanterie-Brigade und 14 glatte 12-Pfünder der Reserve-Artillerie (Batterie Schropp und reitende Batterie Lepel), zusammen 8 gezogene 6-Pfünder und 22 glatte 12-Pfünder.

Links von der 4. Division standen die 3 Kürassier-Regimenter und das 3. Ulanen-Regiment.

Die 4. Brigade mit ihren 6 Bataillonen scheint noch im Rückmarsche über Waldbüttelbrunn gegen die Hettstädter Höfe begriffen gewesen zu sein.

Es befanden sich also auf der Linie Margetshöchheimer Wald—Hettstädter Höfe—Zeller Wald versammelt:

46 Bataillone, 33 Schwadronen, 64 gezogene 6-Pfünder und

67 glatte 12=Pfünder. Wir haben bei dieser Zusammenstellung die Bataillone für voll gezählt, gleichgültig ob einzelne Kompagnien fehlten oder nicht, auch haben wir angenommen, daß die Batterien Kriebel und Will der Reserve=Artillerie, über deren Stellung zur Mittagszeit sich eine Auskunft nicht vorfindet, gleichfalls bei der bayerischen Armee sich befanden. Sollten letztere beiden Batterien etwa sich dem Rückzuge des 8. Bundes=Armeekorps angeschlossen haben, so würde sich die verfügbare Artilleriemasse der Bayern um 8 gezogene 6=Pfünder und 8 glatte 12=Pfünder vermindern.

Die Gefahr, in welcher die Bayern sich um die Mittagszeit be= fanden, war eine große.

Unmittelbar gegenüber der bayerischen Armee standen nämlich:

bie Division Flies 13 Bataillone, 3 Schwadr., 30 Geschütze;
bie „ Beyer 12³/₄ „ 3 „ 42 „
bie Kavallerie=Brigade 7³/₄ „ 6 „

25³/₄ Bataillone, 13³/₄ Schwadr., 78 Geschütze.

In der linken Flanke befand sich:

bie Division Göben 19³/₄ Bataillone, 12 Schwadronen, 43 Geschütze.

Die Bayern zählten nach Abrechnung der Verluste vom 25. Juli und vom 26. Juli höchstens noch 27 500 Gewehre, 2500 Säbel. Sie standen unter dem Eindrucke unglücklicher Gefechte, auch wird die Zahl von 27 500 Gewehren um die Mittagszeit kaum verfügbar gewesen sein, da schwerlich alle in den Waldgefechten von der Truppe abgekommenen Mannschaften schon wieder eingerückt waren.

Die Preußen zählten nach Abrechnung der Verluste etwa rund:

Division Flies 10 000 Gewehre ⎫
„ Beyer 10 200 „ ⎬ zusammen rund
„ Göben 14 200 „ ⎭ 34 400 Gewehre,

ferner etwa rund 3000 Säbel und 121 Geschütze.

Man darf hierbei nicht vergessen, daß die Preußen durch das stolze Gefühl fortwährender Siege gehoben waren, daß sie ein unvergleichlich besseres Gewehr hatten als ihre Gegner, und daß sie ihren Führern blind vertrauen durften.

Es lag also unzweifelhaft um die Mittagsstunde des 26. Juli die Möglichkeit vor, den Bayern eine Katastrophe zu bereiten. Indessen wußte General von Manteuffel noch nichts von dem Rückzuge des 8. Bundes=Armeekorps hinter den Main, auch waren die Truppen in hohem Grade ermüdet und die Munition stark erschöpft. Es blieb da=

her die günstige Kriegslage unausgenützt. Wir sind der Meinung, daß dies ein Glück war. Deutschland sollte endlich einmal einig werden, und eine Zersprengung der bayerischen Armee würde nur das ohnehin schon bittere Gefühl der Besiegten noch ungeheuer vermehrt, an der politischen Lage aber nicht das mindeste geändert haben. Eine gütige Vorsehung ersparte Deutschland diesen Ausgang des Krieges.

Während die preußische Infanterie und Artillerie nach dem Verstummen des Gefechtes stehen blieben, folgte die kombinirte Kavallerie-Brigade den Bayern bis ¼ Meile von Hettstadt. Diese Bewegung wurde bayerischerseits rechtzeitig bemerkt und in Folge dessen die Reserve-Kavallerie nördlich der Chaussee nach Würzburg vorgezogen, im ersten Treffen die Kürassier-Regimenter Nr. 1 und 2, im zweiten Treffen das Kürassier-Regiment Nr. 3 (nur mit 3 Schwadronen, weil eine Schwadron als Geschützbedeckung abkommandirt war) und das Ulanen-Regiment Nr. 3. Zur Bedeckung der Batterie Girl war außerdem das 6. Chevaurlegers-Regiment herbeigeholt worden, so daß hier 19 Schwadronen versammelt standen.

Um Gewißheit über Stärke und Stellung der Preußen zu erhalten, ließ das 6. Chevaurlegers-Regiment eine Schwadron in zwei Halb-schwadronen formirt vorgehen. Diese wurden von der 2. Schwadron Dragoner Nr. 6 und der 3. Schwadron 10. Landwehr-Husaren geworfen. Eine zweite Schwadron Chevaurlegers hatten dasselbe Schicksal, dann aber attackirten auch die beiden letzten Schwadronen Chevaurlegers. Preußischerseits warfen sich ihnen die 4. Schwadron Husaren Nr. 9 und drei Züge der 4. Schwadron 10. Landwehr-Husaren-Regiments entgegen. Nach längerem Handgemenge mußten die Chevaurlegers weichen. Bisher waren 290 Säbel der Bayern gegen 400 Säbel der Preußen im Gefechte gewesen, das Zurückgehen der Bayern war also einfach naturgemäß.

Jetzt erschienen nun aber die bayerischen Kürassier-Regimenter Nr. 1 und 2 mit 695 Säbeln. Sofort trat ein Umschwung ein, obschon die Kürassiere gar nicht erst den Aufmarsch abwarteten, sondern sofort mit ihren vordersten Zügen attackirten, sobald sie die Preußen sahen. Dem wuchtigen Stoße mußten die preußischen Husaren weichen. Jetzt stürzten sich die beiden noch unberührten Schwadronen Dragoner Nr. 6 in der Flanke, die wiedergesammelten übrigen Schwadronen in der Front den Kürassieren entgegen, allein die beiden linken Flügelschwadronen der 2. bayerischen Kürassiere schwenkten halblinks und warfen auch die Dragoner zurück.

600 Schritte hinter dem linken Flügel des ersten Treffens folgten die drei Schwabronen Küraſſiere Nr. 3, ohne jedoch zum Einhauen zu gelangen.

Der ganze Reiterſchwarm wälzte ſich nunmehr weiter, die ſiegreichen Bayern hinter den weichenden Preußen herjagend gerade auf die reitende Batterie der Preußen los, welche hinter ihrer Kavallerie gehalten hatte. Dieſelbe protzte ſchleunigſt ab und empfing den Reiterſturm mit einem Hagel von Kartätſchen, ſo daß die Reiter auseinanderſtoben.

Ueber den nun folgenden Moment gehen die beiderſeitigen Berichte ſehr weſentlich auseinander. Die Preußen behaupten, daß die beiden Schwabronen Dragoner Nr. 5 und ½ Schwabron Dragoner Nr. 6, welche noch hinzugekommen war, ſich auf die Küraſſiere geworfen und ſie zum Rückzuge gezwungen hätten. Friſche feindliche Kavallerie hätte aber die geworfenen Küraſſiere wieder vorwärts getragen. Nach einer Lesart hätte die preußiſche reitende Batterie erſt jetzt mit Kartätſchen gefeuert, während ſie vorher nicht hätte feuern können. Eine andere preußiſche Lesart behauptet, daß durch das rückſichtsloſe Einhauen der Dragoner Nr. 5 es den preußiſchen Reitern ermöglicht worden wäre, ſich aus dem Getümmel loszuwickeln und ſich, ſowie die Batterie weiteren Angriffen zu entziehen.

Aus den bayeriſchen Berichten gewinnt man die Anſicht, daß die Küraſſiere überhaupt nicht Kehrt gemacht, ſondern den Feind völlig ver= trieben hätten. Nur Theile des 3. Küraſſier=Regiments wären durch den Wald hindurchgeritten und jenſeits deſſelben erſt auf die preußiſche Batterie geſtoßen, welche ſie mit Kartätſchen empfangen hätte, während ſie, in einem Durchhaue des Waldes reitend, ſich nicht hätten entwickeln können.

Die Verluſte betrugen:

Bayern   4 Offiziere, 27 Mann;

Preußen 7   „   80   „   ohne den Verluſt der Dragoner Nr. 5 alſo = 12,7 pCt.

Wenn wir ganz unparteiiſch die Dinge abwägen, ſo ſteht zunächſt zweifellos feſt, daß die bayeriſche Reiterei einen vollſtändigen Sieg er= rang. Ferner möchten wir aus den beiderſeitigen Verluſten ſchließen, daß das preußiſche Kartätſchfeuer hauptſächlich die eigenen Reiter traf, wie dies auch kaum anders ſein konnte, da jedenfalls die Bayern erſt hinter den Preußen herjagten und alſo dieſe letzteren als ſchützenden

Wall vor sich hatten. Wir glauben, daß die bayerischen Küraffiere überhaupt nicht geworfen wurden, daß es vielmehr nur durch das Kartätschfeuer gelang, den Reitersturm zum Stußen zu bringen, daß dann durch das Eingreifen der beiden frischen Schwadronen Dragoner Nr. 5 es möglich wurde, die fliehenden Reiter und die Geschüße zu retten und schließlich, daß die verfolgende Schwadron Küraffiere Nr. 3, welche das Signal zum Sammeln nicht hörte, auf der jenseitigen Seite des Waldes durch Kartätschfeuer zum Rückzuge gezwungen wurde.

Uebrigens war auch das 4. Chevaurlegers-Regiment auf das Attacfenfeld herangezogen worden, ohne jedoch zur Wirksamkeit zu ge= langen. Ebensowenig kamen die 3. Ulanen zur Thätigkeit.

Die bayerische Kavallerie fammelte sich bei den Hettftädter Höfen und blieb hier in der Stärke von 23 Schwadronen zunächst halten.

Die preußische Kavallerie hatte den Kampfplaß völlig geräumt, so daß der nun beginnende Rückzug der Bayern über den Main ohne jede Störung vor sich gehen konnte.

Die einzelnen bayerischen Divifionen bezogen folgende Stellungen:

bie 1. Division bei Würzburg;

bie 2. „ „ Veitshöchheim;

bie 3. „ „ Rottenborf;

bie 4. „ „ Versbach;

bie Referve=Infanterie=Brigade schloß sich der 3. Division an;

bie Referve=Kavallerie bei Eftenfeld.

Die Batterien der Referve=Artillerie verblieben bei den Divifionen, mit welchen sie zuleßt zusammen gefochten hatten. Die Brücken über den Main bei Veitshöchheim und bei Zell wurden zerstört, sobald die Truppen den Fluß überschritten hatten.

Die Bayern hatten am 26. Juli ins Gefecht gebracht:

bie 2. Division	5 945	Gewehre,	8	Geschüße;	
bie 4. „	6 855	„	14	„	
bie Referve=Infanterie=Brigade	2 155	„	8	„	
bie Referve=Artillerie			68	„	
bie Referve=Kavallerie u. Chevaurlegers=Regiment Nr. 6			5		1595 Säbel,

14 955 Gewehre, 103 Geschüße, 1595 Säbel.

Außerdem standen in Reserve:

bie 1. Division   7 825 Gewehre, 16 Geschütze;

bie 3.   „   7 100   „   16   „

bie Divisions-Kavallerie   945 Säbel

14 925 Gewehre, 32 Geschütze, 945 Säbel.

Dies ergiebt zusammen 29 880 Gewehre, 2540 Säbel und 135 Geschütze.

Die Verluste der Bayern betrugen: 47 Offiziere, 871 Mann, davon 3 Offiziere, 189 Mann vermißt.

Die Preußen hatten im Gefecht gehabt:

Division Flies   10 800 Gewehre,   940 Säbel,   36 Geschütze,

„   Beyer   10 300   „   640   „   42   „

21 100 Gewehre, 1 580 Säbel, 78 Geschütze.

Wir wissen bereits, daß das Regiment Nr. 25 und das 9. Jäger-Bataillon der Division Flies so gut wie gar nicht, von der Division Beyer aber überhaupt nur einzelne Bataillone zur Thätigkeit gelangten. Der Verlust der Preußen betrug 39 Offiziere, 817 Mann, davon 40 Mann vermißt.

Regiment Nr. 11 verlor   3 Offiziere, 101 Mann;

„   Nr. 36   „   22   „   436   „

„   Nr. 59   „   7   „   184   „

Da das Reitergefecht bei den Hettstädter Höfen den Preußen verhältnißmäßig große Opfer gekostet hatte, so ergiebt sich daraus, daß die Verluste der Division Beyer äußerst gering waren.

Das Gefecht von Uettingen bildet in der neueren Kriegsgeschichte insofern ein Unikum, als es damit begann, daß beide Gegner sich gegenseitig in das Biwak hineinschossen. Indessen trat weder bei den Preußen noch bei den Bayern in Folge dessen nennenswerthe Unordnung oder etwa gar Panik ein, vielmehr entwickelte sich das Gefecht alsbald in voller Ordnung.

Der Kampf um den Kirchberg zeigt wieder einmal die hervorragende Tüchtigkeit der preußischen Infanterie in hellem Lichte. Das Gelände wurde geschickt ausgenutzt, auch wurden sofort 3 preußische Bataillone gleichzeitig zum Angriffe verwendet, welcher nicht nur gelang, sondern auch den Bayern schwere Verluste beibrachte.

Die Bayern entwickelten gleich bei dem Beginne des Gefechtes eine zahlreiche, der preußischen weit überlegene Artillerie und verhinderten dadurch im Zentrum jedes Vorbringen der Preußen im freien Felde.

Besonders verlustreich für die Preußen war der Kampf um den Oßnert und die Brunnschlagplatten. An und für sich war das Gelände hier den Bayern überaus günstig. Ueberall mußten die Preußen über völlig freies Feld vorwärtsstürmen, denn das hohe Korn, mit welchem der Boden stellenweise bewachsen war, gewährte natürlich nicht die mindeste Deckung. Aber auch die Formation von I/36 in 2 Halb= bataillonen trug wesentlich zur Erhöhung der Verluste bei. Dieses Bataillon verlor nicht weniger als 28 pCt. seiner Gefechtsstärke, während II/36 nur wenig mehr als 8 pCt. und III/36 etwa 12,4 pCt. ein= büßten. Schlagender kann man die Unzweckmäßigkeit der Anwendung von Kolonnen zum Angriffe einer stark besetzten Infanteriestellung nicht beleuchten, als es das preußische Generalstabswerk durch die einfache Verlustangabe der 3 Bataillone thut.

Auch bei dieser Gelegenheit möchten wir wiederum darauf auf= merksam machen, wie unendlich nutzbringend das Studium der Kriegs= geschichte ist. Hätten unsere Regiments= und Brigade=Kommandeure im Kriege von 1870/71, namentlich im Beginne des Krieges, stets das Gefecht des Regiments Nr. 36 bei Uettingen vor Augen gehabt, so würden wir viel kostbares Menschenblut erspart haben. Aber die Kriegsgeschichte ist nun einmal das Stiefkind unter den Militärwissen= schaften. Hoffentlich wird auch das bei uns anders werden, wie ja schon so vieles anders und besser geworden ist. Es wäre Zeit!

Der Rückzug der Bayern wurde mit anerkennenswerthem Geschick eingeleitet und durchgeführt, wobei die Thätigkeit der bayerischen Artillerie eine hervorragende Rolle spielte. In dieser Beziehung lohnt es sich, das Gefecht von Uettingen recht gründlich zu studiren. Ohne ihre zahlreiche und gute Artillerie wären die Bayern jedenfalls arg in die Klemme gekommen. Auffallend erscheint die geringe Fürsorge, welche bayerischer= seits anscheinend der rechtzeitigen Ergänzung der Munition gewidmet wurde. Bei zweckmäßigen Anordnungen in Bezug auf den Ersatz der verschossenen Artilleriemunition würden die Bayern von ihrer Artillerie noch weit mehr Nutzen gezogen haben, als dies ohnehin schon der Fall war.

Jedenfalls sehen wir auf Seite der Bayern das Bestreben, die Artillerie in Masse zu verwenden, und schon dies Bestreben verdient hohe Anerkennung.

Daß preußischerseits nicht sämmtliche Artillerie sobald als möglich in Thätigkeit gesetzt wurde, müssen wir als fehlerhaft bezeichnen. Die

Divisionen Flies und Beyer verfügten zusammen über 24 gezogene 6-Pfünder, 18 gezogene 4-Pfünder und 36 glatte 12-Pfünder. Soweit dies aus den Gefechtsberichten ersichtlich ist, traten aber nur 12 gezogene 6-Pfünder, 18 gezogene 4-Pfünder und 6 glatte 12-Pfünder bei Uettingen in Thätigkeit. Es blieben also 12 gezogene 6-Pfünder und 30 glatte 12-Pfünder in Reserve, obschon man unmittelbar vor sich eine weit überlegene bayerische Artilleriemasse hatte. „Weshalb?" fragen wir. Es scheint die gemeinsame Leitung gefehlt zu haben. Uettingen ist das einzige Gefecht der Mainarmee, in welchem endlich einmal 2 preußische Divisionen nebeneinander am Kampfe Theil nahmen. Hier mußte also eine einheitliche Gefechtsleitung Platz greifen, dies scheint aber in wünschenswerther Weise nicht der Fall gewesen zu sein, sonst konnte es bei der Nähe der Division Beyer nicht schwer fallen, im preußischen Zentrum die nicht zur Thätigkeit gelangten 42 Geschütze in einer einzigen großen Batterie zu vereinigen. Gelang es, die bayerische Artillerie niederzukämpfen, dann würde es jedenfalls mit dem Rückzuge der Bayern übel ausgesehen haben!

Ueber das Reitergefecht bei den Hettstädter Höfen gestatte man uns folgendes zu sagen:

Die Division Göben stand bei Gerchsheim. Auf der ganzen Strecke von Gerchsheim bis Würzburg verbot das Gelände eine wirksame Thätigkeit der Reiterei, außerdem blieb die Division Göben am 26. Juli stehen, brauchte also ihre 12 Schwadronen nicht. Das Oberkommando der Mainarmee konnte recht gut 8 Schwadronen von der Division Göben fort und auf den linken Flügel der Armee ziehen, wo einzig und allein die Kavallerie gebraucht werden konnte. Auch die Divisionen Flies und Beyer konnten noch mehr Kavallerie zur kombinirten Brigade abgeben, welche bekanntlich nur 7³/₄ Schwadronen zählte, während die beiden eben genannten Divisionen am 26. Juli 13³/₄ Schwadronen besaßen. Von Gerchsheim bis Uettingen sind 1¹/₂ Meilen. Um 10 Uhr früh konnten daher recht bequem 20 preußische Schwadronen bei Uettingen versammelt stehen. Mit einer solchen Reitermasse konnte man etwas ausrichten, sie war stark genug, um der bayerischen Kavallerie eine Niederlage beizubringen, während in Wirklichkeit das Umgekehrte eintrat.

Allerdings können wir heute leicht klug reden; im Drange der Ereignisse macht sich alles anders, auch übersah das Oberkommando der Mainarmee am 25. Juli abends die Kriegslage durchaus nicht so klar, wie dies heute mühelos möglich ist. Das wollen wir nicht vergessen. Immerhin aber ist über das Reitergefecht an den Hettstädter Höfen auch heute noch nicht alles klar gestellt. Die Preußen hatten einschließlich der zuletzt angekommenen halben Schwadron Dragoner Nr. 6 im Ganzen 8¼ Schwadronen zur Stelle, oder rund 920 Säbel. Die Bayern attackirten mit 985 Säbeln, welchen 530 Säbel in Reserve folgten; rechnet man das 4. Chevaurlegers-Regiment mit, so folgten sogar 860 Säbel. Sie hatten also die doppelte Uebermacht.

Allerdings war die größte bayerische Reitermasse, welche auf einmal attackirte, nur 695 Säbel stark, also schwächer als die Preußen, wenn diese letzteren alles auf eine Karte gesetzt hätten. Da aber starke Reserven jenen 695 Säbeln folgten, so würde selbst ein augenblicklicher voller Erfolg der Preußen nur größere Verluste zur Folge gehabt haben, denn die frischen Reserven der Bayern würden den Sieg doch entschieden haben. Ohne Zweifel hat der Anblick der 530 Säbel des zweiten bayerischen Treffens auf den Ausgang des Gefechtes einen großen Einfluß ausgeübt.

Es frägt sich, ob unter den obwaltenden Verhältnissen die preußische Reiterei überhaupt attackiren durfte. Wir glauben „nein".

Es war gar keine Aussicht vorhanden, die doppelte Uebermacht vom Gefechtsfelde zu vertreiben. Das bloße Raufen aber hatte keinen Zweck. Der thatsächlich eintretende ernste Mißerfolg konnte der preußischen Reiterei recht gut erspart werden.

Leider sind die Verluste der preußischen Reiter nicht genau bekannt. Das Buch von Besser: „Die preußische Kavallerie in der Kampagne 1866" giebt ausschließlich der Dragoner Nr. 5 einen Verlust von 6 Offizieren, 81 Mann an. Danach würden die preußischen Reiter breimal so viel verloren haben als die bayerischen.

Dies läßt sich nur dadurch erklären, daß die bayerischen Küraffiere durch den Stahlhelm und den Küraß recht gut geschützt waren, bezw. dadurch, daß das Kartätschfeuer der reitenden preußischen Batterie hauptsächlich die preußischen Reiter wegraffte.

So viel steht fest, daß die bayerische Kavallerie den Unfall von Hünfeld gründlich wett machte.

XIII.

Der Artilleriekampf vor Würzburg am 27. Juli und der Schluß des Feldzuges.

Preußischerseits biwakirten am 26. Juli die Division Flies bei Roßbrunn, die Division Beyer bei Mädelhofen, die Divison Göben bei Gerchsheim.

Die Pontonbrücken des 8. Bundes=Armeekorps bei Heidingsfeld wurden abgebrochen, ebenso diejenige von Würzburg.

Am 27. Juli rückte die preußische Mainarmee gegen Würzburg vor, die Division Flies nach den Hettstädter Höfen, die Division Beyer nach Walbbüttelbrunn, die Division Göben nach Höchberg, von letzterer Division marschirte eine Seitenabtheilung gegen Heidingsfeld vor.

Die Spitzen der Brigade Kummer erhielten jenseits von Höchberg Artilleriefeuer aus schwerem Festungsgeschütz vom Marienberg her. Der Marienberg, eine Bergfestung für sich, bildete auf dem linken Ufer des Mains einen Brückenkopf im Verein mit der auf dem rechten Ufer des Mains gelegenen festen Stadt Würzburg. Die Besatzung dieser Festung wurde am 27. Juli noch durch das bayerische Bataillon II/8 verstärkt und zählte nunmehr 3700 Mann, darunter 1100 Rekruten. Von den 158 verfügbaren Festungsgeschützen konnten 86 in Thätigkeit treten.

Die Division Göben entwickelte sich folgendermaßen: Brigade Kummer nordöstlich von Höchberg, Brigade Wrangel rechts daneben auf dem Nikolausberge, Brigade Weltzien weiter rückwärts in Reserve.

Die Beschaffenheit des Geländes ermöglichte es den Preußen, sich fast überall gut gedeckt aufzustellen.

Da das Feuer von dem Marienberge her ununterbrochen fort= dauerte, zog General von Göben seine Artillerie vor. 6 gezogene

6=Pfünder der olbenburgischen Batterie Nieber und 4 gezogene 4=Pfünder
der Batterie Cöster fuhren auf dem Nordwestabhange des Nikolaus=
berges auf, südlich der Chaussee. 6 gezogene 6=Pfünder der Batterie
Eynatten I und 6 gezogene 4=Pfünder der Batterie Weigelt fuhren
nördlich der Chaussee auf dem Südostabhange des Hexenbruches auf.
Diese 22 gezogenen Geschütze standen sämmtlich gut gedeckt. Die Ent=
fernungen von den bayerischen Festungswerken betrugen 1600 bis
1800 Schritte.

Das Feuer wurde zwischen 12 und 1 Uhr eröffnet.

Von Seiten des 8. Bundes=Armeekorps erwiderten 16 gezogene
österreichische, 8 gezogene nassauische und 16 gezogene württembergische
Geschütze das Feuer der Preußen, zusammen also 40 gezogene Geschütze.
Auch 8 gezogene 6=Pfünder der Bayern feuerten von der Ruine
Schenkenschloß aus flankirender Stellung. Diese Batterien feuerten jedoch
auf sehr große Entfernungen, 3500—4500 Schritte, und vermochten
der gut gedeckt stehenden preußischen Artillerie nur wenig anzuhaben.

Preußischerseits wurden auch noch 6 glatte olbenburgische 12=Pfünder
ins Feuer gebracht. Man überzeugte sich jedoch bald von der Zweck=
losigkeit eines solchen Artilleriekampfes und richtete das Feuer haupt=
sächlich gegen die Gebäude. Das Arsenal wurde in Brand geschossen,
dann aber das Feuer eingestellt und die Batterien zurückgezogen.

Der Verlust der Preußen belief sich auf 3 Offiziere, 22 Mann,
derjenige der Bayern auf 1 Offizier, 8 Mann.

Es war dies der letzte Kampf der Mainarmee.

Der Waffenstillstand machte demnächst dem Kriege auch in Süd=
deutschland ein Ende.

Es liegt nicht in unserer Absicht, die Operationen des preußischen
2. Reservekorps in den Rahmen dieser Arbeit hineinzuziehen, da dieselben
mit der kriegerischen Thätigkeit der Mainarmee in direktem Zusammen=
hange nicht standen, auch nur wenig Stoff für Belehrung bezw. für
taktisches Studium bieten.

———

Man gestatte uns jetzt, die Ereignisse, welche wir kennen gelernt
haben, nochmals im Fluge zu überblicken.

Bei Beginn des Feldzuges lagen die Dinge nichts weniger als
günstig für Preußen. Ganz Süddeutschland stand ihm feindlich gegen=
über, außerdem Sachsen, beide Hessen und Hannover. Alles was Preußen
für den Krieg in Deutschland zusammenbringen konnte, bestand in den

spätherhin unter dem Namen der Mainarmee zusammengefaßten Divisionen Manteuffel, Göben und Beyer. Dieselben zählten am 15. Juni rund 39 000 Gewehre, 3100 Säbel und 66 Geschütze. Es fehlten dieser geringen Truppenmacht, namentlich aber der erst bei der Mobilmachung neu zusammengestellten Division Beyer, sehr viele Verwaltungszweige, Munitionskolonnen, Brückentrains, Proviantkolonnen u. s. w., so daß, streng genommen, die preußischen Divisionen kaum als völlig operationsfähig bezeichnet werden können. Außerdem wurden sie auch erst nachträglich unter einheitlichen Oberbefehl gestellt. Günstig waren diese Vorbedingungen nicht. —

Allein die Energie der diplomatischen Leitung Preußens riß bald alles mit sich fort und hauchte auch der militärischen Leitung eine Thatkraft und Schaffensfreudigkeit ein, welche an die schönsten Zeiten Friedrichs des Großen erinnerte.

Auf Seite der deutschen Bundesstaaten war man mit den Rüstungen noch keineswegs fertig. Niemand ahnte, mit welcher Schnelligkeit die Preußen handeln würden. Am wenigsten waren gerade die beiden Staaten gerüstet, welche am meisten bedroht waren, Kurhessen und Hannover. Wirklich kriegsbereit war eigentlich nur Sachsen.

Wir haben gesehen, wie der bloße Einmarsch der Preußen sowohl die hannoversche, als die kurhessische Armee zum Verlassen ihrer Länder zwang.

Die ersten Operationen gegen die Hannoveraner entbehrten noch der Einheitlichkeit des zielbewußten Handelns. Die hannoversche Armee hätte ohne große Schwierigkeiten nach Süddeutschland entkommen können, ja sie mußte sogar glücklich dorthin gelangen, wenn ihre Heeresleitung nur einigermaßen zielbewußt und thatkräftig gehandelt hätte. Wir haben die Reibungen kennen gelernt, deren Folgen die zwecklosen Hin- und Hermärsche starker preußischer Heeresabtheilungen waren, wir wissen, daß schließlich die oberste preußische Heeresleitung selbst thätig eingriff, und daß Dank diesem Eingreifen den Hannoveranern auf der Linie Erfurt—Gotha—Eisenach ein wenn auch schwacher Riegel vorgeschoben wurde. Allerdings war dieser Riegel mehr eine Maske, als ein wirkliches Hinderniß, aber er genügte, um die schwächliche Heeresleitung der Hannoveraner noch unentschlossener zu machen, als sie ohnehin schon war.

Die Tage, welche dem Treffen von Langensalza unmittelbar vorhergingen, offenbarten uns sowohl auf Seite der Preußen als auf derjenigen der Hannoveraner ein wenig erfreuliches Bild. Ueberall Unſicherheit, Unentſchloſſenheit, Zögern, Schwanken, halbe Maßregeln. Endlich war jedoch eine genügende Maſſe preußiſcher Truppen verſammelt, um die Hannoveraner zur Kapitulation zwingen zu können, da erſchienen die Bayern in bedrohlicher Nähe und es folgte abermals eine ziemlich weitgehende Verwirrung in den preußiſchen Maßregeln, eine Verwirrung, welche alles, was bisher mühſam gut gemacht worden war, wieder zu vernichten drohte.

Eine ſchwache preußiſche Truppenabtheilung rückte am 27. Juni gegen die hannoverſche Armee vor, griff dieſelbe an, verbiß ſich in den Kampf gegen eine große Uebermacht, ſchlug ſich zwar mit glänzender Tapferkeit, erlitt aber dennoch eine Niederlage.

16 300 Hannoveraner ſchlugen 8700 Preußen.

Nun aber trafen von der oberſten preußiſchen Heeresleitung gebieteriſche Befehle ein, endlich mit den Hannoveranern ein Ende zu machen. Dieſe kategoriſchen Befehle wurden unverzüglich ausgeführt und 48 Stunden ſpäter hatte die hannoverſche Armee aufgehört zu exiſtiren.

Unterdeſſen hatten die Preußen feindlich geſinnten Bundesſtaaten zwei Heeresgruppen gebildet; die Bayern 4½ Infanterie-Diviſionen, ein Reſerve-Kavalleriekorps und eine ſtarke Reſerve-Artillerie auf der Linie Meiningen—Hildburghauſen; das 8. Bundes-Armeekorps 4 Infanterie-Diviſionen, eine Reſerve-Kavallerie-Diviſion und eine ſtarke Reſerve-Artillerie bei Frankfurt a. M.

Nun begann der zweite Theil der Operationen der Mainarmee, welcher eine ununterbrochene Reihe glänzender Erfolge darſtellt. Die früheren Reibungen erreichten mit der Kapitulation der Hannoveraner ihr Ende; einheitliche, zielbewußte, überaus thatkräftige Leitung war von nun an das Kennzeichen aller Handlungen des Oberkommandos der Mainarmee.

General von Falckenſtein hielt an dem Grundgedanken feſt, unter allen Umſtänden eine Vereinigung der beiden getrennten feindlichen Heeresgruppen zu verhindern. Nun ſtanden aber zunächſt die Bayern der Mainarmee ſo nahe, daß ein Zuſammenſtoß unvermeidlich wurde. Es bot ſich hier eine günſtige Gelegenheit dar, den Bayern gleich bei dem Beginne des Feldzuges eine gründliche Niederlage beizubringen. Indeſſen kannte einerſeits General von Falckenſtein weder die Stärke, noch die Stellungen der Bayern genau, andererſeits ließ er ſich von dem Plane, ſeine Armee zwiſchen beide feindlichen Heere hineinzudrängen, ſo vollſtändig beherrſchen, daß die günſtige Gelegenheit unbenützt vorüberging.

General von Falckenstein wollte in der Richtung auf Fulda vor=
gehen, die beiden feindlichen Heeresgruppen wollten ihre Vereinigung in
der Richtung auf Hersfeld bewirken.

Um den Marsch seiner Armee gegen etwaige Beläftigungen Seitens
der Bayern zu sichern, sandte General von Falckenstein die Division
Göben am 4. Juli nach Dermbach. Dies führte zu den Gefechten von
Zella und von Roßdorf. General von Göben entledigte sich seines
schwierigen Auftrages in musterhafter Weise. 12 300 Preußen fochten
siegreich gegen 15 600 Bayern, dann gingen sie ihrer Bestimmung ge=
mäß zurück, nachdem sie das Gefecht in tabelloser Weise abgebrochen
hatten. Da auch die Bayern anderweitige Bestimmung erhielten, so
konnte der Rückmarsch der Preußen unbeläftigt stattfinden.

In Folge der Meldungen über die Gefechte des 4. Juli beschloß
General von Falckenstein, seine Armee am 5. Juli eng zu versammeln
und den Bayern eine Entscheidungsschlacht anzubieten. Indessen erfuhr
man alsbald den Rückzug der Bayern und setzte daher den Vormarsch
auf Fulda fort.

Dieser Vormarsch führte zu dem für die bayerische Reserve=Kavallerie
so unglücklichen Zusammenstoß von Hünfeld.

Das 8. Bundes=Armeekorps war am 5. Juli mit seiner vordersten
Division auf 1½ Meilen an Fulda herangekommen, machte nun aber
schleunigst Kehrt und ging auf Frankfurt a. M. zurück, unbekümmert
um das Schicksal der Bayern.

Letztere hatten an der Saale Stellung genommen und beabsichtigten,
ihre Armee bei Poppenhausen zu versammeln, behielten aber die Saale=
übergänge bei Walbaschach, Hausen, Friedrichshall, Kissingen und Hammel=
burg mit starken Kräften besetzt.

Der weitere Vormarsch der Mainarmee führte zu dem Treffen von
Kissingen und zu dem Gefechte von Hammelburg am 10. Juli:
29 300 Preußen schlugen 22 900 Bayern, indessen war die Vertheilung
der Kräfte in beiden Gefechten sehr ungleich. Bei Kissingen standen
17 100 Preußen gegen 19 300 Bayern im Kampfe, während bei
Hammelburg 3600 Bayern eine Uebermacht von 12 200 Preußen sich
gegenüber hatten. Die Kämpfe am 10. Juli waren recht ernsthaft, be=
sonders das Treffen von Kissingen, der Tag endete jedoch auf allen
Punkten mit einem entschiedenen Siege der Preußen. Schlimmer aber
als der Ausgang des Kampfes selbst wurde für die Bayern der Rück=
zug am folgenden Tage, welcher ohne planmäßige höhere Leitung unter=

nommen, die bayerische Armee nach drei verschiedenen Richtungen hin zersplitterte. Wir wissen, daß General von Falckenstein diese günstige Lage zu einem Hauptschlage gegen die Bayern benutzen wollte, und daß nur ein Telegramm des Ministerpräsidenten von Bismarck ihn veran= laßte, von seinem Plane abzustehen.

Es folgte nun der Vormarsch der Mainarmee auf Frankfurt a. M. Bei dieser Gelegenheit beging General von Falckenstein den Fehler, seine Armee nicht vorher zu versammeln und den Marsch gleichzeitig auf mehreren parallelen Straßen anzutreten. Thatsächlich ließ er die Division Göben allein durch den Spessart vorrücken, ohne jede Möglich= keit, von den anderen Divisionen rechtzeitig unterstützt zu werden. Das Glück begünstigte die Preußen indessen auch hier wieder. Das 8. Bundes= Armeekorps war erst recht zersplittert und machte auch nicht einmal einen Versuch, mit Uebermacht über die gänzlich vereinzelte Division Göben herzufallen. Diese Division konnte vielmehr bei Frohnhofen am 13. Juli der hessischen Division und bei Aschaffenburg der österreichischen Brigade eine gründliche Niederlage beibringen. Bei Frohnhofen schlugen 4000 Preußen die wiederholten Angriffe von 6500 Hessen zurück, wo= bei letztere einen um das 12 fache größeren Verlust erlitten, als die Sieger. Bei Aschaffenburg schlugen 12 900 Preußen 8800 Oesterreicher und Hessen und brachten denselben einen um das 15 fache größeren Ver= lust bei, als sie selbst erlitten.

Als Frucht dieser beiden Siege fiel den Preußen Frankfurt a. M. zu. Das 8. Bundes=Armeekorps verließ das rechte Mainufer und ging auf die Tauberlinie zurück.

Mit der Besetzung von Frankfurt a. M. schloß der zweite Abschnitt der Operationen der Mainarmee, deren siegreicher Oberfeldherr gleich= zeitig von dem Schauplatze seines Ruhmes abtrat.

Eine kurze, aber sehr wohlthätige Ruhe belohnte die siegreichen Preußen für die überstandenen Strapazen und ermöglichte zugleich das Heranziehen bedeutender Verstärkungen. Die Mainarmee hatte den zweiten Theil des Feldzuges mit 35 000 Gewehren, 2850 Säbeln und 97 Geschützen begonnen, sie konnte trotz aller Verluste mit 39 300 Ge= wehren, 3250 Säbeln und 121 Geschützen in den dritten Theil ihres Feldzuges eintreten, auch folgten ihr weitere 1650 Gewehre und 270 Säbel nach.

Die Gegner Preußens verfügten dagegen in abgerundeten Zahlen über 67 500 Gewehre, 7600 Säbel und 285 Geschütze. Sie besaßen also zunächst eine ungeheuere numerische Ueberlegenheit, dann aber waren sie durch den Gang der Ereignisse endlich zur Vereinigung gelangt, während sie bis dahin stets getrennt gewesen waren. Die Aufgabe des neuen Oberfeldherrn der Mainarmee, des Generals von Manteuffel, war also eine ungemein schwierige. Um so mehr muß die Umsicht und Thatkraft anerkannt werden, mit welcher General von Manteuffel sich dieser schweren Aufgabe entledigte.

Auf gut preußische Manier schwankte er nicht lange, sondern ergriff am 22. Juli die Offensive.

Bei einer einigermaßen einheitlichen, planmäßig vorgehenden und energischen Leitung mußten die Süddeutschen am 22. Juli nicht nur vereinigt, sondern eng versammelt stehen, um ihrerseits die bisher begangenen Fehler durch eine rücksichtslose Offensive wieder gut zu machen. Wir wissen jedoch bereits, daß sie in Wirklichkeit weder eng versammelt, noch überhaupt vereinigt waren. Zwar wollten sie in der That die Offensive ergreifen, aber in einer Richtung, welche sie den Flankenstößen der Mainarmee aussetzen mußte. Außerdem rechnete der feindliche Operationsplan mit allen möglichen Dingen, nur nicht mit der Hauptsache, nämlich mit der preußischen Armee.

Wir sehen hier wieder einmal den uralten Widerstreit zwischen Theorie und Praxis, der sich noch immer zu Gunsten der letzteren entschieden hat. Theoretisch war der Plan nicht übel, mit beiden Armeekorps auf dem rechten Mainufer durch den Spessart gegen Frankfurt a. M. vorzubringen. Er hatte aber zur Voraussetzung, daß die Mainarmee ruhig bei Frankfurt a. M. stehen bleiben würde. Da nun General von Manteuffel an ein solches Abwarten gar nicht dachte, vielmehr selbst mit voller Energie und eng versammelt eine höchst thatkräftige Offensive ergriff, so fiel der Plan von vornherein ins Wasser.

Schon am 23. Juli kam es zu einer ganzen Reihe von Zusammenstößen, vorwärts der Tauberlinie, deren bedeutendster das Gefecht von Hundheim herbeiführte. Am 24. Juli folgten die Gefechte bei Tauberbischofsheim und bei Werbach-Hochhausen, welche für die Preußen sehr glücklich verliefen. Bei Tauberbischofsheim nahmen 4100 Preußen den dortigen Uebergang über die Tauber und wiesen dann die mit großer Tapferkeit, aber mit geringer Umsicht ausgeführten Angriffe von 10 300 Württembergern ab, welchen die österreichisch-nassauische Division zur Reserve diente, ohne jedoch ernstlich einzugreifen. Die Sieger erlitten einen Verlust, welcher 5½ mal geringer war, als die Einbuße der Besiegten.

Das Gefecht bei Werbach=Hochhausen war ein einfaches Rückzugs=
gefecht, welches Theile der badischen Division der olbenburgisch=hansea=
tischen Brigade und den vordersten Abtheilungen der Division Beyer
lieferten. Die Badenser handelten durchaus richtig und wurden geschickt
geführt. Dies drückt sich schon dadurch aus, daß die Sieger fast ben=
selben Verlust erlitten, wie die Besiegten.

Die Tauberlinie befand sich am Abende des 24. Juli vollständig
im Besitze der Preußen. — Wenn bis zum 24. Juli ein Zweifel über die Absichten der Preußen
noch allenfalls denkbar war, so lagen dieselben am Abende dieses Tages
klar vor Augen. Sofort mußte eine enge Versammlung aller süd=
deutschen Truppen erfolgen, um dann, sobald die Preußen in getrennten
Kolonnen die Tauber überschritten, über dieselben mit erdrückender
Uebermacht herzufallen. Nichts von dem geschah jedoch. Zwar ver=
sammelte sich das 8. Bundes=Armeekorps am 25. Juli bei Gerchsheim,
aber zögernd und fern von jeder offensiven Absicht.

Das Gefecht von Gerchsheim trägt wiederum nur den Charakter
eines Rückzugsgefechtes. Das 8. Bundes=Armeekorps konnte hier den
16 600 Mann des Generals von Göben nicht weniger als 38 000 Mann
entgegenstellen und war sicher, daß General von Göben im Laufe des
Tages nicht **einen einzigen** Mann Verstärkung erhalten konnte.

Allein diese überaus günstige Gelegenheit zu einem Hauptschlage
blieb unbenutzt. Das Gefecht wurde vielmehr von Seiten des 8. Bundes=
Armeekorps so matt geführt, daß die Preußen einen unbestreitbaren Er=
folg davon trugen, und daß die Besiegten mehr als viermal so viel
Menschen verloren, als die Sieger.

Noch weniger günstig verliefen die Dinge bei den Bayern. Ihre
Armee war noch immer nicht versammelt. Das Gefecht von Helmstadt
offenbarte vielmehr den Preußen die völlige Zersplitterung ihrer Gegner.
17 000 Bayern wurden bei Helmstadt von 11 400 Preußen geschlagen,
ihr Verlust überstieg das Doppelte der Einbuße der Sieger. Dies Er=
gebniß wurde hauptsächlich durch eine beispiellose Zersplitterung der
Kräfte und den völligen Mangel einer einheitlichen Leitung auf Seite
der Bayern herbeigeführt.

Die Kriegslage war trotz des doppelten Mißerfolges vom 25. Juli
noch keineswegs verzweifelt für die Süddeutschen, allein hier wie immer
im Laufe des Feldzuges zeigten sich die Nachtheile einer Koalition. Die
Sonderinteressen der süddeutschen Staaten haben im Mainfeldzuge eine

sehr große Rolle gespielt, und ist gerade in dieser Beziehung der Main= feldzug überaus lehrreich.

Am 26. Juli ging das 8. Bundes=Armeekorps über den Main zurück, ohne von den Preußen im Mindesten gedrängt zu werden. Die Bayern standen also allein einem überlegenen Gegner gegenüber. 35 100 Bayern befanden sich im Angesichte von 40 700 Preußen.

Das war also das Schlußergebniß der Sonderpolitik, welche in engherziger Weise stets nur ihre kleinen und kleinsten Interessen in den Vordergrund stellte und darüber die Hauptsache völlig aus den Augen verlor.

Fast möchte man glauben, daß die Vorsehung den Deutschen noch einmal in recht drastischer Weise vor Augen führen wollte, wohin die unselige Neigung, ihre Kräfte in hundert verschiedenen Staaten und Stäätchen zu zersplittern, führen muß.

Das Gefecht von Uettingen am 26. Juli war der letzte ernsthafte Kampf des Mainfeldzuges. Uebrigens zeigte sich die Führung der Bayern am 26. Juli in ungleich besserem Lichte, als am vorhergehenden Tage. Nach schwerem verlustreichem Ringen wurden die bei Uettingen und Roßbrunn lagernden 2½ bayerischen Divisionen von den Preußen zurückgedrängt und zogen sich auf die beiden Divisionen zurück, welche am Tage vorher bei Helmstadt geschlagen worden waren. Die Ver= luste der Bayern waren nur wenig größer, als die Einbuße der Preußen.

Beide Gegner lernten noch einmal sich gegenseitig achten.

Der Rückzug der bayerischen Armee wurde von den Preußen nicht gestört. Am 27. Juli kam es noch zu einer zwecklosen Beschießung des Marienberges durch Feldgeschütz. Der Feldzug war zu Ende.

Zum letzten Male, so Gott will, haben Deutsche gegen Deutsche gefochten. Die Zeiten der unglückseligen Zersplitterung sind endlich vor= über. Einheitlich zusammengefaßt hat die deutsche Kraft schon im Kriege von 1870/71 genügt, Frankreich, den mächtigsten Militärstaat Europas, niederzuwerfen. Seitdem hat die Kraft des deutschen Volkes und Heeres sich noch gewaltig vermehrt und wird in einem etwaigen zu= künftigen Kriege zu ungeahnter Kraftentfaltung sich fähig zeigen.